犯罪心理学：理论与实务

马立骥　姚　峰　著

ZHEJIANG UNIVERSITY PRESS
浙江大学出版社

前　言

犯罪是人类文明的阴影，它既是人类面临的一道永恒的难题，又是人类文明进程中的正常社会现象。它早已存在于人类社会之中。由于它对社会的危害严重，至今仍是世界各国普遍关注的问题。无论是西方还是东方，从古至今，人们都在不断探求犯罪到底是怎么产生的？有哪些因素对犯罪现象的产生起到了至关重要的作用？是什么原因促使犯罪人实施了危害他人或社会的行为？如何预防、减少犯罪现象的发生？等等。为解决这些问题，便形成了犯罪科学的庞大学科体系。随着科学的发展，特别是随着心理学、精神病学、医学等科学的发展，人们又从心理学的角度来探讨犯罪的问题，为研究犯罪现象、犯罪原因开辟了一个新天地，形成了一门犯罪学的分支学科——犯罪心理学。

本著作则较全面地反映了国内外犯罪心理学的理论发展和最新成果。本著作由上下两篇组成，上篇为理论篇，系统地阐明了犯罪心理学的概述、发展概况、主要理论观点、犯罪心理的形成机制、精神障碍与犯罪、几种主要犯罪类型的心理分析、犯罪心理预测等犯罪心理学的基本理论。下篇为实务篇，系统地论述了关于犯罪心理的预防与矫正的重要问题，主要包括犯罪人格的形成与预防、犯罪人分类与罪犯危险性评估、罪犯心理健康教育与矫正以及与传统文化的关系、罪犯心理危机干预等内容，下篇的每一章后面还补充了相关分析案例供参考。

该专著可以着重作为相关专业学生的犯罪心理学的教材，也可以给对犯罪心理学感兴趣的人士以及预防犯罪工作者提供参考。由于时间仓促，该专著尚有很多不够完善的地方，有待广大读者批评指正。

该专著由浙江警官职业学院心理学教授马立骥、安徽警官职业学院心理学副教授姚峰、宁夏司法警官职业学院丁蕾等合作完成，全书共十三章，具体分工：浙江警官职业学院马立骥教授、朱华军讲师，宁夏司法警官职业学院丁蕾、刘畅讲师，陕西中医学院张颖副教授共同完成上篇（一至七章）；安徽警官职业学院心理学副教授姚峰完成下篇（八至十三章）。

著　者

2014 年 11 月

目 录

上篇 犯罪心理学的基本理论

下篇　犯罪心理的预防与矫正

上　篇

犯罪心理学的基本理论

第一章　犯罪心理学概述

第一节　犯罪心理学的研究对象

犯罪心理学(criminal psychology)是一门研究犯罪人的意志、思想、意图及反应的学科,与犯罪人类学相关联。主要深入研究的部分在于有关"是什么导致人犯罪"的问题。

一、犯罪心理学的研究对象和内容

任何一门学科都有自己的研究对象和研究内容,犯罪心理学也不例外。要了解犯罪心理学的研究对象和研究内容,就必须先弄清楚什么是犯罪心理学。

(一)犯罪心理学的含义

犯罪心理学的含义历来有广义和狭义两种理解,至今仍如此。

狭义的犯罪心理学是指运用心理学的基本原理研究犯罪主体的心理和行为的一门学科;广义的是指运用心理学的基本原理,研究犯罪主体的心理和行为以及犯罪对策中的心理学问题的一门学科。可见,广义的犯罪心理学包括狭义的犯罪心理学和有关预测预防犯罪的心理学问题。在我国,罗大华教授是广义说的代表,他认为:"犯罪心理学是研究影响和支配犯罪人实施犯罪行为的心理结构的形成、发展和变化规律以及犯罪对策的心理学依据的一门学科。"而邱国梁教授则是狭义说的代表,他认为:"犯罪心理学是研究实施犯罪行为的主体——犯罪人的一系列心理活动及其客观规律的一门学科。"也就是说,犯罪心理学不仅研究犯罪主体的犯罪心理产生、形成及发展规律,还要研究如何运用这些规律对付犯罪的心理对策,包括侦查心理、审讯心理、被害人心里、知情人心理、犯罪心理的预测、预防等犯罪对策心理,以便人们更好地应用犯罪心理学为实践服务。本书根据社会实践的需要,认为广义说更具有现实意义,故采用广义说。

既然犯罪心理学研究犯罪人的心理和犯罪对策中的心理学依据,那我们就必须要弄清楚与之相关的几个概念。

1. 犯罪与犯罪人

(1)犯罪。犯罪是具有严格刑法意义的概念。《中华人民共和国刑法》第13条明确规定:"一切危害国家主权、领土完整和安全,分裂国家、颠覆人民民主专政的政权和推翻社会主义制度,破坏社会秩序和经济秩序,侵犯国有财产或者劳动群众集体所有的财产,侵犯公民私人所有的财产,侵犯公民的人身权利、民主权利和个人权利,以及侵害社会的行为,依照法律应当受刑罚处罚的,都是犯罪……"因此,所谓犯罪就是危害社会的、触犯刑事法律的、依法应受刑罚处罚的行为。可见,犯罪有三个基本特征:社会危害性、刑事违法性和依照刑法的规定应受刑罚惩罚性。

值得注意的是,关于犯罪心理学中犯罪的概念和刑法学中犯罪的概念是否一致的问题,一直存在着争论。一种观点认为,"犯罪心理学中'犯罪'的概念必须与刑法学中'犯罪'的概念相一致",也即犯罪心理学中的"犯罪"概念是以刑法学中"犯罪"的概念为限的。否则,容易造成刑事法学理论和刑事司法实践的混乱。另一种观点认为,"犯罪心理学中的'犯罪'概念与犯罪学中的'犯罪'概念是一致的,是泛指一切比较严重的危害社会的行为。它不仅包括刑法上的犯罪行为,而且还包括其他法律文件所规定的违法行为,以及人们、特别是青少年的不良行为"。比如梅传强教授就认为,第一种观点是合理的。

主要理由如下:"第一,犯罪概念是整个刑事法律科学最基本的概念,在'刑事一体化'思想越来越深入人心的今天,如果各门学科之间对犯罪这个最基本的概念的认识都存在较大分歧,势必引起人们思维的迷茫和学科之间的混乱,不利于学科的发展;第二,为了研究犯罪行为发生的规律和预防犯罪的需要,虽然犯罪心理学要研究违法行为、精神病人的危害行为、未达到刑事责任年龄的人的不良行为等,但上述行为在犯罪学和犯罪心理学中并未称作犯罪行为,他们与刑法意义上的犯罪行为显然是有区别的,因此,不能说犯罪学和犯罪心理学扩大了刑法学的犯罪概念的外延。事实上,所有刑事法学科关于犯罪的认识,都是以刑法学中关于犯罪的概念为基础的。"当然,刑法学和犯罪心理学是从不同的角度来研究犯罪问题的,所以他们对犯罪问题的研究各有侧重点。刑法学主要研究犯罪行为的构成要件和处罚原则,以及如何准确地根据行为人的具体行为表现定罪量刑。而犯罪心理学侧重研究犯罪行为发生的心理原因、心理规律,目的在于寻找治理犯罪的心理依据和心理对策,因而更注重对犯罪行为发生原因及过程的研究。由此,犯罪心理学所指的"犯罪"比刑法学的"犯罪"概念更为宽泛,它把一般违法行为也纳入研究范围。但不管怎样,犯罪心理学对犯罪心理现象的探讨应以刑法学对犯罪的规范为基础。

(2)犯罪人。犯罪人是指实施了犯罪行为,被认定为有罪的人。这是严格法律意义上的概念。而犯罪心理学所研究的行为主体比法律意义上的犯罪人要宽泛得多。

犯罪,作为人类的一种特殊的社会行为,其发生、发展和完成总是受到人的特定的心理活动支配和制约的,所以要研究犯罪人的行为还必须明确心理与犯罪心理的概念。

2. 心理与犯罪心理

(1)心理。心理也叫心理现象、心理活动,是人脑的机能,是人脑对客观现实的主观能动反映,是人所共有的现象。人的心理现象包括心理过程(认识过程——感觉、知觉、记忆、思维、想象;情绪情感过程——情绪、情感;意志过程——意志行动、行为习惯等)、个性心理(个性心理倾向性——需要、动机、兴趣、理想、信念、世界观等和个性心理特征——气质、性格、能力)和心理状态三部分内容,我们进行任何活动都有这些心理现象的参与,实施犯罪也有这些心理现象的参与。人的心理是客观现实作用于人的大脑后"内化"的结果,它一经形成,就会对外界环境影响做出能动反映,这种反映就是行为。行为是人的心理"外化"的结果,受心理的调节和控制。

(2)犯罪心理。犯罪心理是指影响和支配犯罪人准备和实施犯罪的各种心理因素的总称,或者说是指挥或控制犯罪人准备和实施犯罪行为的全部心理活动的总称。它具有内隐性、整体性和危害性的特征。

(3)犯罪行为。犯罪行为是指犯罪人在一定的犯罪心理影响与支配下,所实施的危害社会的、触犯刑律的、应受刑罚处罚的各种行为的总称。是犯罪心理外化的结果。

3. 犯罪心理与犯罪行为的关系

犯罪心理与犯罪行为的关系可以归纳为以下三点:

(1)犯罪心理是犯罪行为发生的内在根据。正如心理是行为发生的内在根据一样,犯罪心理是犯罪行为发生的内在根据。犯罪行为依犯罪心理的存在而发生。即先有犯罪心理,后有犯罪行为。任何犯罪活动(过失犯罪除外)都具有一定的动机和目的,而只有具有犯罪心理的人才会产生犯罪动机,并进而把它演化为犯罪行为。不受犯罪心理影响的犯罪行为是不存在的。正因为如此,我们对犯罪心理的研究,才具有意义。

(2)犯罪行为是犯罪心理的外化。行为是心理的外化,是心理的外部表现。犯罪行为同样是犯罪心理的外化,是犯罪心理的外部表现。犯罪心理是犯罪人大脑活动的结果,具有内隐性,在没有用语言和动作的形式表现出来即没有发生犯罪行为之前,是看不见、摸不着、听不到的。而犯罪行为则是外显的,其表现形形色色。因此,我们必须通过观察、分析和研究犯罪人的犯罪行为来推断、分析其犯罪心理活动,以找到犯罪心理形成、发展和变化的规律。

(3)犯罪行为受犯罪心理的调节和控制,犯罪心理又会因犯罪行为的实施而得到巩固和强化。任何犯罪行为都是在犯罪心理的支配下发生的,即有什么样的犯罪心理就会发生什么样的犯罪行为(指故意犯罪而言),并随着犯罪心理的发展变化而随之发展变化;犯罪行为的实施又会对原有的犯罪心理起到强化和巩固的作用,使得犯罪心理进一步受到影响。

总之,犯罪心理具有内隐性特征,而犯罪行为则具有外显性特征;犯罪心理具有相对的独立性,而犯罪行为则具有依存性;犯罪心理形成在先,犯罪行为发生在后。

4.犯罪心理与一般心理现象的关系

犯罪心理与一般心理活动,从心理现象上说并无本质区别。一般人有感觉、知觉、记忆、思维、想象、情感、意志、需要、动机、气质、性格、能力等,犯罪人也有这些心理活动。但是从心理活动的内容和方式来看,则有本质的区别。比如:一般人和犯罪人都有需要,但是他们需要的内容、层次和满足需要的方式则显著不同;一般人和犯罪人都有情感,但犯罪人缺乏高级的社会性情感;一般人和犯罪人都会在社会生活中因某种原因而产生心理失衡感,但是他们解决心理失衡的方式方法截然不同,或者说他们的心理反应机制是不同的;一般人和犯罪人都有认知活动,但是他们认知选择的内容却完全不同,守法者在进行认知选择时,更多选择的是积极因素,而犯罪人在进行选择时多是消极因素。

犯罪心理活动仍要遵循一般的心理规律,如心理是脑的机能,脑是心理活动的物质器官;心理是人脑对客观现实的主观能动反映;心理是在社会实践中产生和发展的。犯罪心理也是如此。但是,犯罪心理的发生、发展、变化在遵循一般心理活动规律的同时,也有某些个性的东西,因为犯罪人毕竟是人类社会中一个特殊的人群,犯罪心理学正是研究这一特殊人群中具有共性的心理特征和规律的科学。

人的心理具有发展性和相对稳定性的特点,犯罪心理同样如此。发展性是指犯罪心理形成后并不是一成不变的,而是随着主客观条件的变化而发生着变化;相对稳定性是指犯罪心理一旦形成,便会保持一段相对稳定的时期。当然,在犯罪心理保持相对稳定的同时,其内部的构成要素仍然在发展变化着,只不过这种发展变化不足以破坏犯罪心理的稳定性。

所以,犯罪心理与一般心理既有联系,又有区别。

(二)犯罪心理学的研究对象与内容

根据犯罪心理学有狭义和广义之说,犯罪心理学的研究对象也有狭义和广义之分。狭义的犯罪心理学把犯罪主体的心理与行为即犯罪心理与犯罪行为作为其研究对象。广义的犯罪心理学的研究对象,除包括狭义的犯罪心理学的研究对象外,还应该把侦查心理、审讯心理、被害人心理、证人心理、审判心理以及犯罪心理的预测预防和矫治等作为其研究对象。也就是说,广义的犯罪心理学既研究犯罪人的心理和行为,又研究与犯罪作斗争的对策心理学部分,即被认为是司法心理学的有关内容。本书采用广义的犯罪心理学的理论体系与架构,其研究对象具体包括:

1.研究对象所涉及的行为人的范围

(1)犯罪人。这是犯罪心理学的主要研究对象。

(2)一般违法人。它是指虽然违反了法律,但情节显著轻微、危害不大和违反《治安管理处罚法》的行为人。虽然犯罪行为与一般违法行为在法律上有比较明显的界定,但从心理机制上看,违法与犯罪的心理之间却是一脉相承,难以区分的。往往犯罪行为是由一般违法行为演变而来的,因此,为了预防犯罪,致力于将犯罪消灭在萌芽状态,犯罪心理学有必要把一般违法人作为研究对象。

(3)虞犯。虞犯是指可能犯罪的人。一般指那些人格有严重缺陷的人。他们经常出入不良场所;与有犯罪习性的人交往;经常旷课、逃学或离家出走;参加不良组织;经常携带凶器,寻衅滋事等。这些人在犯罪心理形成之前,往往在认知、需求、情感与行为上表现出异常的征兆。犯罪心理学之所以把这些人的心理作为研究对象,是为了探求其心理逐渐恶变的规律,为犯罪心理的预测、预防提供理论和实践依据。

(4)刑满释放与解除劳动教养人员。实践表明,刑满释放与解除劳动教养人员(还有被拘留、强制戒毒过的)中那些未被真正矫正好的,容易重新犯罪,而且不少大案、要案、恶性案件都由他们所为,对社会危害性极大。为了预防和及时制止他们重新犯罪,犯罪心理学把他们作为研究对象,是非常必要的。

(5)揭露与惩治犯罪的有关人员。揭露与惩治犯罪是公安、司法部门的主要任务,因此担负这项任务的工作人员的心理状况直接影响着任务的完成。为了提高办案质量,犯罪心理学有必要把这部分人的心理作为研究对象。此外,在揭露犯罪的过程中,证据起着至关重要的作用。而证据的主要来源除犯罪人的供述外,还有被害人的陈述和证人证言等。为了取得有效的、可靠的证据,犯罪心理学不能不研究被害人和证人的心理。

(6)监管矫治罪犯的人员。监管矫治罪犯的工作主要由监狱(对在狱内服刑的罪犯进行监管矫治)和司法行政机关(对在社区服刑的罪犯进行监管矫治)的工作人员来完成,他们的心理素质和心理状况如何,直接影响着罪犯犯罪心理矫治的成效。因此,犯罪心理学同样有必要研究这部分人的心理。

2.研究内容

犯罪心理学的研究内容十分广泛,主要研究:

①犯罪心理学的研究对象、任务和方法。

②犯罪心理学的研究历史与现状。

③犯罪心理的成因——研究各种犯罪原因的理论流派;研究犯罪心理的形成机制和犯罪心理形成的影响因素;研究犯罪主体犯罪心理的各种表现。

④不同类型犯罪人的心理特征及表现。

⑤被害人、知情人心理。

⑥犯罪的对策心理——研究侦查对策心理;研究犯罪的预测和预防;研究犯罪心理的矫正对策等。

(三)犯罪心理学的学科性质

1.犯罪心理学既是一门交叉性学科,也是一门边缘性学科

犯罪心理学从它用于与犯罪作斗争而研究犯罪人的犯罪行为而言,属"犯罪学

科",从把普通心理学原理延伸用以研究社会的特殊心理而言,又属"社会心理学"的范围,或叫"应用心理学",是社会心理学的一个分支。可见,犯罪心理学既是犯罪科学体系中的一个分支学科,又是心理科学体系中的一个分支学科,它是介于这两门学科之间的一门交叉性学科或叫边缘性学科。在犯罪学科体系中,广义犯罪心理既涉及犯罪原因学领域,又涉及刑事司法学领域,还涉及犯罪防治学领域;在心理学科体系中,犯罪心理学是应用心理学领域——法律心理学的一个分支学科。但犯罪心理学绝不是犯罪科学的部分领域与心理科学的部分领域的简单拼凑,而是采用了大量的心理科学的理论、方法、研究成果,研究犯罪科学的基本对象——犯罪人及犯罪对策,从而形成一门独立的学科——犯罪心理学。故这门学科的主体内容是心理学与犯罪学的彼此结合、渗透和交叉。

2.犯罪心理学是一门侧重于社会科学的综合性学科

犯罪是一种常见的社会现象,是在一定的社会历史条件下阶级矛盾和社会其他各种矛盾的综合反映。某种行为是否被视为犯罪行为,是由一定社会的统治阶级通过法律的形式来规定的。由于人是社会的人,所以某个体或群体犯罪,社会因素往往起着主要的作用,是各种社会因素相互作用的结果。犯罪人的犯罪心理是各种消极的、不良的社会客观现实在其头脑中的反映,其犯罪行为又总是危害社会的行为。因此,把犯罪人的心理和行为作为其基本研究对象的犯罪心理学必然属于社会科学的范畴,具有明显的社会科学性质,这是犯罪心理学的学科性质占主导性的一面。但人是自然属性和社会属性的统一体,而且自然属性在先,社会属性在后。尤其是从犯罪心理与人脑的关系来看,犯罪人的犯罪心理的形成、发展或犯罪行为的发生,又都离不开一定的生理机制的作用。所以研究犯罪人实施犯罪行为的心理形成、发展和变化规律的犯罪心理学,又不能不具有一定的自然科学的性质。由此可见,犯罪心理学是介于社会科学和自然科学之间而偏重于社会科学的一门学科,具有综合性学科的特点。这一特点反映了犯罪心理学与某些社会学科、自然学科以及其他介于这两门学科之间的学科的密切关系。研究犯罪心理学,需要综合运用哲学、法学、经济学、政治学、犯罪学、社会学、心理学、社会心理学、生理学、精神病学等多学科的理论知识,才能对复杂的犯罪心理现象进行深入而有效的研究。

3.犯罪心理学是一门兼有理论性和实践性特点的学科

犯罪心理学从心理学的角度研究犯罪原因、犯罪心理机制,揭露犯罪心理形成和发展变化的规律,为预防犯罪、揭露和惩治犯罪以及矫治罪犯提供了心理科学的理论依据,具有一定的理论性。但是犯罪心理学研究的课题直接来源于与犯罪做斗争的实践,是一门在打击和预防犯罪的实践中产生并逐步发展起来的学科,因此它具有重要的应用价值。犯罪心理学研究的结论,为公安、司法等执法机关及工作人员提供了揭露、惩治犯罪的心理学依据和方法,也为家庭、学校、社会提供了一些犯罪心理学的科学知识,为更好地培养和保护青少年健康成长,有效地预防、控制、减少犯罪，为保护社会的稳定、和谐做出贡献。

4.犯罪心理学是注重实证研究的学科

犯罪心理学与犯罪学、心理学一样都很注重实证研究。著名的意大利犯罪学家龙勃罗梭首先倡导对犯罪的实证研究，开创了犯罪实证研究的先河。他对后来的犯罪心理学的研究产生了重要的影响。很多从事犯罪心理学研究的前辈们都非常注重从实践中获取大量的第一手材料。这种注重实证研究的传统对犯罪心理学的迅速发展起到了巨大的推动作用。

5.犯罪心理学是一门或然性的学科

许多科学研究的结论只具有相对性，它只告诉人们在某种特定条件下其可能性(概率)有多大，绝对准确的预测是难以做到的。犯罪心理学的研究也不例外。影响犯罪心理形成和犯罪行为发生的因素是极其复杂的，它涉及许多的变量，即使很小的差异，也可以改变结果。因此，犯罪心理学研究的结论并不完全适用于任何犯罪人和任何犯罪情境。例如，犯罪心理学研究表明，由于青少年特有的生理和心理特征(尤其是处在青春期)，接触过淫秽物品的比没有接触过的更容易实施性犯罪。但这并不意味着凡是接触过淫秽物品的青少年都会实施性犯罪，因为还有很多其他因素足以遏止犯罪心理形成和犯罪行为的发生，因人而异。所以，犯罪心理学的研究结论具有一定的或然性，它只告诉人们在某种情况下的心理或行为过程可能如此，并不是必然如此。但这绝不意味着犯罪心理学的研究成果不准确或没有价值。实践证明，它揭示的犯罪规律，提供的犯罪概率，对于预防、控制、打击犯罪，发挥了重要的作用。为进一步提高犯罪心理学研究结论的可靠性，降低研究结论的或然性，还需在已有成果的基础上深入研究。

6.犯罪心理学是一门发展性的学科

犯罪心理学作为一门独立学科问世迄今为止不过百多年的历史，是一门十分年轻的发展学科，在许多方面还很不成熟，还有很多问题有待探讨和研究。如，我们还没有把影响犯罪心理形成和犯罪行为发生的全部因素及其相互关系搞清楚，还需进一步探讨和研究。随着社会的发展，犯罪现象的增加，犯罪类型的不断分化，尤其是黑社会犯罪、具有国际性质的恐怖犯罪不断增多等，我们必须加大研究力度，探明其存在的根源、影响因素等，为预防和打击犯罪做贡献。

二、犯罪心理学与邻近学科的关系

犯罪心理学在形成和发展过程中，受到了大量的其他学科的影响，并在这种影响和渗透中不断发展、完善自己。其中对其影响比较大、关系最密切的学科主要有以下几种：

(一)犯罪心理学与心理学的关系

1.犯罪心理学与普通心理学的关系

普通心理学和犯罪心理学都是研究人的社会行为和心理的,但前者主要研究个体的一般社会行为和心理,而犯罪心理学则运用普通心理学的原理,着重研究特殊的社会行为和心理,即犯罪行为和犯罪心理。普通心理学是研究犯罪心理学的基础,犯罪心理学是对普通心理学原理的具体运用和延伸。因此,普通心理学的发展必定带动犯罪心理学的发展,而犯罪心理学的研究成果又可丰富和发展普通心理学的理论。但二者的研究重点毕竟不同。

2.犯罪心理学与社会心理学的关系

社会心理学是研究社会心理与社会行为,个体心理与社会心理的相互关系的科学。在探讨社会心理对个体心理的作用、影响方面,它着重研究社会文化、道德、信仰、风俗习惯、舆论等社会意识对个体心理的影响,特别是在探讨社会进步、社会制度和社会组织的变革中,人与人在社会生活中的相互影响。由于犯罪行为也是一种社会行为,只不过它是反社会行为,犯罪心理也是一种社会心理,只不过是一种特殊的反社会心理现象,因此犯罪心理也是在社会心理,即已经形成的概念、观念、思想、文化的影响下产生和发展的,是与各种社会现象紧密联系着的,所以社会心理学有助于弄清犯罪人犯罪心理的形成和发展的规律以及应当采取何种矫正措施等。

3.犯罪心理学与教育心理学的关系

为了提高对罪犯的教育矫正的质量和效果,需要运用教育心理学的基本理论,遵循教育心理的基本原则。所以,犯罪心理学要借用教育心理学的研究成果来丰富和发展自己的内容。

(二)犯罪心理学与犯罪科学的关系

1.犯罪心理学与犯罪学的关系

犯罪学是研究犯罪的综合学科。它研究犯罪产生的原因、性质、对社会的影响、犯罪的预防和救治的原理原则等。它和犯罪心理学研究的客体——犯罪人和犯罪行为是一致的。在历史上,犯罪心理学一直是犯罪学研究的一个重要内容。直到 20 世纪初,在心理学特别是应用心理学有了发展后,犯罪心理学才从犯罪学中分化出来,成为一门独立的学科。在探讨个体犯罪原因方面,犯罪心理学的研究成果可为犯罪学的研究提供丰富的资料,且还可提供不同于其他研究的手段和方法,使得我们对犯罪现象的探讨更有深度,提出的对策更具有针对性。

2.犯罪心理学与犯罪社会学的关系

犯罪心理学与犯罪社会学的关系密切,在理论方面他们相互吸收和借鉴,在研究对象、研究方法上有许多共同之处。它们的区别在于:犯罪社会学是从社会环境方面寻找犯罪原因。它承认人类学、生物学和心理学因素与犯罪的联系,但认为这些不是犯罪的主要原因。它运用社会学方法,研究犯罪的社会性质。犯罪心理学是研究人的心理状态同犯罪的关系的学科,特别注重研究犯罪者的动机、目的和犯罪行为的内在联系。它注意发现犯罪者的心理状态、精神状态及下意识活动与社会环境的联系,以此解释犯罪现象,揭示犯罪动机和行为的关系。它更多地借助于医学、生理学等自然科学的知识和技术。

(三)犯罪心理学与法学的关系

1. 犯罪心理学与刑法学的关系

从法律上看,犯罪心理学与刑法学的研究有共同之处。因为犯罪心理学研究的犯罪行为,必须是在刑法上已构成犯罪的为限,它受刑法学犯罪概念的约束。但它们也有不同之处,如犯罪人实施犯罪行为前的心理现象,刑法学是不研究的,刑法也不予处罚,而犯罪心理的形成结构及其原因却是犯罪心理学研究的重点,特别是犯罪动机问题更是犯罪心理学着重研究的课题,因为犯罪人的一切行为都是受其动机支配的,可是动机在刑法学上只是作为某些罪的构成要件,对某些罪只是在量刑时做适当的考虑。可见,二者研究的侧重点不同。

2. 犯罪心理学与刑事诉讼法学的关系

犯罪心理学要研究刑事诉讼过程中的心理现象,要研究诉讼参与人的心理活动,因此,不可避免地要与刑事诉讼法学发生关系。特别是在当事人主义诉讼模式下,诉讼的进程和结果很大程度上依赖于对抗的双方当事人的心理交锋,所以,对诉讼过程中的心理现象的研究可以提高诉讼的效率和公正性。当然,研究刑事审判心理学、审讯心理学等必须遵循诉讼法学的基本程序,借用诉讼法学的基本理论。

总之,犯罪心理学与以上各门学科之间存在着密切的关系,它们相互借鉴,相互促进,取长补短,共同发展、完善。

第二节　犯罪心理学的研究任务

犯罪心理学是基于犯罪现象日益复杂、形势严峻,为打击和防范犯罪提供必要的心理学依据这一社会需要而产生的。它既要探讨理论问题,为预防、打击犯罪的实践提供理论依据,又要解决实际应用问题,为理论研究提供素材。所以,犯罪心理学的研究任务既有理论任务,又有实践任务。总之,犯罪心理学的研究任务就是运用心理学的基本原理和方法,探索犯罪心理形成的原因、机制和发展变化的过程、规律,阐明与犯罪有关的心理活动规律,为预防犯罪、揭露和惩治犯罪,以及教育改造罪犯提供科学的心理学依据;并在此基础上制定出符合心理规律的工作方法和措施,为治理日益严重的犯罪问题服务,以达到维护社会治安,保障社会安全,为构建和谐社会,使社会主义现代化建设顺利进行的目的。

理论来源于实践,又指导实践。理论若不以实践为基础,就会变成空洞的理论;实践若没有理论的指导,就成为盲目的实践。所以,犯罪心理学的研究任务既包括理论任务又包括实践任务,二者缺一不可。

一、理论方面的任务

(一)完善自身的理论体系

犯罪心理学是一门发展中的学科,特别是在我国,面临着不断提高自身的理论水平,构建具有中国特色的、坚实的理论基础的完整的理论体系的紧迫任务。这就要求我们不断吸收心理学、犯罪学、刑法学以及自然科学等相关学科的理论,借鉴前人和国外学者对犯罪心理学的研究成果,结合我国的具体情况,探讨犯罪心理形成、发展、变化的规律,以丰富和发展我国犯罪心理学的理论研究水平,逐步构建、完善自己的犯罪心理学的学科体系,使之成为一门既具有独立理论,又具有实践价值的新学科。

(二)推动相邻学科的发展与完善

随着犯罪心理学研究的不断深入、发展,在积极汲取相邻学科研究成果的基础上,也应以自身的研究内容,不断推动相邻学科的发展与完善。

1.积极推动心理科学的发展与完善

犯罪心理学对犯罪人心理和行为的研究,运用的是普通心理学的基本原理和方法。但犯罪心理和犯罪行为是一种反社会的心理和行为,属社会心理的范畴。而对犯罪人的教育、矫治又是教育心理学的内容。因此,犯罪心理学的研究成果,可以丰富心理学的研究内容,拓宽心理学的研究领域,完善心理学的基本理论,推动心理学向更加全面和现实的方向发展。尤其是犯罪心理学研究的新发现、新成果,不但有利于自身的发展和完善,对整个心理科学的发展都是一个贡献。

2.积极推动犯罪科学的发展与完善

犯罪心理学是犯罪科学的一个组成部分,尽管人类社会在出现了犯罪以后,人们就开始对犯罪问题进行了诸多的探讨,但时至今日仍有许多问题没有得到解决。如犯罪的深层次原因;犯罪的生理机制;犯罪的预测预防等。对于这些问题,犯罪心理学的研究具有不同于其他犯罪学科的独特视角,犯罪心理学更注重对个体的研究,特别是犯罪心理机制的研究;注意把犯罪心理的形成放在个体心理发展过程中加以研究,注意社会文化、社会意识、社会背景对个体心理发展变化的影响研究;在研究方法上注重研究的量化和成果的操作性,这是其他学科所不能代替的。故其研究成果必将充实犯罪科学的内容,推动犯罪科学的发展与完善;为揭露、惩治与预防犯罪,制定犯罪心理对策与矫治措施提供科学依据。

3.积极推动刑法学的发展与完善

犯罪心理学要研究犯罪心理,需要以一定的法律法规为准绳。因此,犯罪心理学要借助刑法学的研究成果,以对犯罪做出明确的界定,增强其针对性。但从另一方面来说,犯罪心理学是从主体自身发展冲突中去探讨犯罪行为发生发展的规律,并更注重主体的生理成熟年龄和心理年龄,所以,它可为刑法学上具体案例的定罪量刑提供参考依据。从这个角度说,犯罪心理学的研究内容可为刑法学的不断改进提供理论依据,推动刑法学科更加客观地为现实生活服务。

除以上几门学科之外,犯罪心理学的研究成果还可为社会学、伦理学、教育学等相关学科的发展与完善提出新问题,丰富它们的理论内容,拓宽它们的研究领域,促进其共同发展。

二、实践方面的任务

犯罪心理学是一门在预防、打击犯罪的实践中产生和发展起来的学科,它的根本任务和最终目的就是为社会实践服务,维护社会的安全、稳定、和谐,积极预防、控制和减少犯罪现象的发生。具体表现在以下几方面:

(一)犯罪心理学的研究成果,为党和政府制定刑事司法政策提供依据

刑事司法政策是党和政府根据社会治安中出现的犯罪特点、趋势,为有效地预防、打击犯罪并维护社会治安稳定而制定的。犯罪心理学的研究认为,犯罪心理的形成和犯罪行为的发生,是由多种因素共同作用的结果。为了达到社会的稳定和安宁,就必须通过多种途径和方法来预测犯罪动向,及时掌握犯罪发展趋势,消除诱发因素。这些研究对于刑事司法政策的制定,社会综合治理的落实无疑会产生积极的作用。

(二)犯罪心理学的研究成果,可提高公安、司法工作的效率

犯罪心理学通过对犯罪人在不同情境中的心理状态和不同类型的犯罪人心理的研究,有助于提高公安、司法部门工作人员对犯罪心理和犯罪行为规律的认识,为他们揭露和惩治犯罪,以及矫正犯罪提供心理依据和方法,增强他们的业务能力,提高侦查破案、审讯以及监狱改造等环节的工作效率。特别是近年来,一些犯罪人为达到自己的罪恶目的,费尽心机地总结和掌握反侦查、反审讯的经验和方法,而且犯罪的智能化、科技化与组织化程度不断提高。在这种情况下,犯罪心理学的研究成果对于打击犯罪的意义就显得更为重要。

1. 提高侦查破案能力和效率

侦查破案是公安机关的一项重要工作,是指刑事侦查部门运用专门的技术和手段去查明犯罪事实,揭露和证实犯罪。侦查活动中涉及许多方面的心理学问题,侦查人员可以将有关犯罪心理学的知识运用到现场勘查、案件调查、心理画像等方面,尤其是近年来在刑侦破案过程测谎技术的运用,犯罪心理痕迹的分析技术等为缩小侦查范围和明确侦查方向做出了一定的贡献。例如,侦查人员掌握犯罪人在犯罪前、犯罪过程中、犯罪后的心理状态,并运用心理活动的变化规律,对现场勘查

中获取的物证痕迹进行心理分析，就可以推测案件的性质、犯罪的动机和目的，了解犯罪人的气质、性格和能力特点，这必然有助于确定、排查犯罪嫌疑人的范围，为准确破案、及时破案提供科学的依据，为制定侦破方案及措施提供保证。所以，侦查人员运用犯罪心理学的理论和知识，掌握犯罪人在犯罪期间的心理活动规律，可以大大提高侦破工作的业务能力和工作效率。

2. 提高审讯能力和效率

侦查人员在审讯工作中会接触到各种不同类型的犯罪嫌疑人。而且审讯人员与犯罪嫌疑人之间经常会发生审讯与反审讯的斗争，双方进行着激烈的心理较量。这就要求审讯人员必须运用犯罪心理学的理论与知识，了解和掌握犯罪嫌疑人的心理状态、个性特点及其发展变化的规律，有针对性地制定出审讯方案，采取有效的心理对策与审讯方法，突破犯罪嫌疑人的心理防线，以便查清犯罪事实，从而提高审讯效率与质量。

3. 提高监狱改造的工作效率和质量

犯罪心理学通过研究罪犯的教育矫正，可以为监狱部门提供一些科学的教育方法和矫正措施，使他们能够根据不同罪犯的情况，对症下药，因材施教，提高对罪犯的教育矫正质量。监狱工作的主要任务就是教育矫正罪犯，消除罪犯的犯罪心理，使他们重返社会后能够适应社会的要求，成为一名合格的、守法的社会公民。为了达到这个目的，监狱干警就必须既要了解罪犯个体的心理特点和行为特点，又要了解罪犯群体的心理特点和行为特点，还要了解各种不同犯罪类型、不同犯罪经历、不同性别、不同年龄的犯罪人的心理特点和行为特点，并运用犯罪心理学的研究成果，使他们尽快发生良性转化，保证教育矫正工作的顺利进行，维护社会的和谐稳定，减少和制止重新犯罪的发生。

(三)犯罪心理学研究成果的运用，可提高"综合治理"的最大效应

犯罪心理学通过对犯罪心理形成、发展、变化原因及规律的研究，能为家庭、学校、社会提供一些犯罪心理学的科学知识，及时发现家庭、学校和社会教育中存在的问题，使上述各种教育更具有针对性，从而使犯罪预防的观点贯彻到家庭、学校和社会教育当中去，提高其教育效果，并为青少年健康成长创造一个良好的社会环境，有效地预防、控制和减少犯罪，发挥"综合治理"的最大效应。

犯罪心理学通过对犯罪的预测与预防研究，可以调动社会各方面的力量，齐抓共管，加强防范，提高整个社会的犯罪防范意识，减少和控制犯罪的概率，为社会治安综合治理提供理论依据。

第二章　犯罪心理学的发展概况

第一节　犯罪心理学的研究历史

犯罪心理学作为一门独立的学科发展到现在虽仅有短短 100 多年的历史,但是人类对犯罪心理学思想的探讨却源远流长。其在打击、预防犯罪方面所起的作用早已被世界上大部分国家所认可。

一、我国犯罪心理学的发展简史

我国对犯罪心理学的研究起步较晚,虽然取得了很大的成就,但就其研究水平而言,与国外发达国家相比仍有很大的差距。了解犯罪心理学在我国的发展简史,有助于把握本学科在我国发展中存在的问题,有助于更加清晰地认识今后努力的方向,这对我国犯罪心理学的进一步发展有着重要的意义。

(一)我国古代的犯罪心理学思想

我国是世界上探讨心理学思想最早的国家之一。著名心理学史专家高觉敷曾指出:"我们近时才有犯罪心理学,但有关犯罪心理学的思想则起源很早。"我国犯罪心理学思想的萌芽可以溯源到 3000 多年前的殷周时期,春秋战国是中国古代犯罪心理学思想的奠基和形成时期。古代思想家对有关犯罪心理的问题作了基本的探讨并形成了许多深刻的论述,比如有关犯罪心理预防的思想、审判心理的研究等,这些思想远远比当时西方的研究理论深刻,甚至可以为我国现代犯罪心理学的研究提供借鉴经验。

1. 注重犯罪与经济、文化的关系

注重犯罪与经济、文化的关系,即从社会经济的角度分析犯罪心理形成的原因。如春秋时期政治家管仲(? —前 645 年)提出"仓廪实而知礼节,衣食足而知荣辱"(《管子·牧民》),认为贫穷是产生犯罪心理和导致犯罪行为的原因。而道家学派创始人老子(约前 571—前 471 年)则主张"常使民无知无欲",他认为,犯罪是由经济发展、物资丰富、法令完善引起的,使民众"无知无欲"才会出现人民淳朴、天下安宁的局面。孟子则说:"富岁,子弟多懒,凶岁,子弟多暴。"汉代的董仲舒提出,过度的贫穷和富裕都会引起犯罪心理和导致犯罪行为,他指出:"大富则骄,大贪则忧。忧则为盗,骄则为暴,此众人之情也。"(《度制》)

2. 强调后天习俗对犯罪心理形成的决定作用

除法家的少数思想家外,古代思想家大多都主张产生犯罪的心理原因最根本的是后天的习俗。孔子首先提出"性相近,习相远",即大部分人的人性生来是相差无几的,但由于后天的环境和教育不同,逐渐显示出较大的差别,强调学习和教育的重要性。荀子虽然倡导"性恶论",但也认为"注销习俗,化性为伪"(《荀子·儒效》)。他注重环境和教育对人的发展的影响,认为人的性格才能的差异不是由于天性,而是后天积习造成的,后天的学习可以改变人的恶性。东汉思想家王充(27—97年)指出,对于绝大多数"中人"而言,是"习善而为善,习恶而为恶"(《论衡·本性》),即经常学习善,性情就会变善;经常学习恶,性情就会变恶。西晋思想家傅玄(217—278年)则提出"近朱者赤,近墨者黑"(《傅子·阙题》)。明代思想家王延相、清代思想家王夫子等人也提出了类似的观点。

3. 注重从人性的角度探讨犯罪心理的成因

我国古代思想家关于人性的探讨可谓众说纷纭。"性善论"、"性恶论"、"性三品论"等重要的理论观点与探讨犯罪心理的成因关系密切。孟子(约前372—前289年)主张"性善论",人皆有"恻隐"、"羞恶"、"恭尊"、"是非"之心,即善的本性,犯罪心理不是人生来就具有的。荀子(前313—前230年)则主张"性恶论",他认为"人之性恶,其善者伪也"(《荀子·性恶》)。人生而就有"好利"、"疾恶"、"好声色"等本性,如果任其自然发展,就会"争夺生而辞让亡"、"残贼生而忠信亡"、"淫乱生而礼义文理亡"(《荀子·性恶》)。西汉初年的思想家董仲舒(前179—前104年)、韩愈(768—824年)则是性三品说的代表人物。他们认为,阴阳二气的运转搭配形成了三品的人性,即"圣人之性"、"斗筲之性"和"中民之性"。"圣人"得天独厚,不存在犯罪的可能性,圣人之性为纯粹的仁和善,圣人不用教化,是可以教化万民的;斗筲之人是天生的犯罪人,这些人即使经过圣人的教化也不会成为性善者,对他们只能加以严格防范;中民之人具有善的素质,存在着为善或为恶两种可能性,如果教育得当,个人就会变为善人,反之,就会作恶犯罪。也就是上品之人不可能犯罪,下品之人是天生犯罪人,中品之人则既可为善,又可为恶。

4. 试图对犯罪人的心理进行分析并用于审讯过程中。

如始于西周的"五听"方法:"以五声听狱讼,求民情,一曰辞听;二曰色听;三曰气听;四曰耳听;五曰目听。"(《周礼·秋官·小司寇》)这是中国古代关于在讯问中如何用察言观色的方法帮助判断口供真实性的最早论述,说明我国在西周时期就已经注意到运用司法心理分析问题,并将其运用到司法实践之中。自西周起,以后各朝各代均将"五听"作为刑事审判的重要手段,如《唐六典》规定:"凡察狱之官,先备五听。"明孔贞运《明兵部尚书节寰袁公墓志铭》:"及曳缟从公(袁可立)于吴门,以迈种劝勉,无取刻深,故公之五听以简孚称。"五代的《疑狱集》和宋代的《折狱龟鉴》中收集了大量的案例,这些案例分析包含着丰富的犯罪心理和司法心理思想。

5.强调运用综合控制的方法预防犯罪心理

中国古代思想家多主张从预防的角度治理犯罪现象。提倡运用刑法等外部手段控制人们犯罪心理的蔓延,同时也重视运用道德教化的方式加强人们的内在控制;既重视从经济上"去贫"而进行防治,也主张从政治上实行德治而进行防治,即强调运用综合控制的方法预防犯罪心理。孔子和孟子十分强调用道德教育去感化人的内心,主张通过人们的品德修养和内在觉悟来实行自我控制,最终达到预防犯罪心理和犯罪行为的目的。有学者把中国古代学者的犯罪心理预防思想归纳为:身教胜于言教;重视家庭、社会交往以及早期教育的预防功能;重视刑罚和教化的心理预防功能,修身自强。

6.注重对青少年的教育

春秋时代的商鞅(约前395—前338年)曾说:"故贫者益之以刑,则富;幼蒙者教之以法,则立。"(《商君书·说民》)晏子(前578—前500年)也有同样的看法。景公目睹有乞于途者,公曰:"是无归夫?"晏子对曰:"君存,何谓无归,使吏养而教之,法而范之,可立而以问,民感而效之。"二人均强调对少年进行法制教育的重要性,认为只有使其知法,才能令其守法和不以身试法。荀子认为子是否成器,全在于幼时教育是否得当。他认为干越夷貉之子,生而同声,长而异俗,教能然也。(《荀子·劝学》)强调后天教育、幼年教育的重要性。

(二)我国近代犯罪心理学的发展

1.我国犯罪心理学学科的萌芽阶段

虽然我国对犯罪心理学的研究有着较长的历史,但是,其作为一门独立的学科登上我国历史舞台的时间并不长。20世纪的20、30年代是国际上心理学的繁荣时期,欧美各派的心理学说如"构造派"、"机能派"、"行为派"等相继传入我国,当时曾出版了一批犯罪和司法方面的心理学著作,其中大部分是翻译和介绍国外的研究成果。流传最广的是日本人寺田精一著的《犯罪心理学》。它有两个译本:一是张廷健译,作为"百科小丛书"于1927年由上海商务印书馆出版;另一是吴景鸿译,作为"法学丛书",于1932年由上海法学编辑社出版发行。后一译本共468页、12章,内容更为充实,体系更为完整。当时作为大学用书,首推王书林译、德国人柏替的《法律心理学》(Legal Psychology),1939年在长沙商务印书馆发行。少数我国学者的著作没有更好地同国内的实际情况联系起来,至今仍保留有的是光晟的《犯罪心理学》,由当时的司法行政部法官训练所编印。此书是为当时的实际应用需要而写的,它表明那时已要求法官必须具备这方面的知识。此外,还有些《审判心理学》、《刑事心理学》之类的著作。

在我国早期创办的心理学杂志上,也有国内学者发表的相关文章,总体来看,可以分为以下几类:

（1）介绍国外的犯罪状况和犯罪心理方面研究的具体情况的。其代表作有曾作忠和张耀翔两位先生写的"青年犯罪之心理"（一）、（二）。文中阐述了青年犯罪的多种原因、罪种、不同年龄犯罪者的心理特征及补救方法等。内容多涉及英、美、法、德、意等国，反映了当时西方诸国的社会历史背景与犯罪的关系。

（2）理论性文章，也多属介绍与评价西方的理论。如"青年犯罪问题的心理学之基础""优生学与犯罪预防"等文章均能代表当时犯罪心理学的一般理论观点。既有对遗传因素在犯罪行为中的作用的强调，又有对犯罪遗传论观点的批判，同时也探讨了预防和矫正犯罪行为的措施。

（3）介绍研究方法的文章。如王书林译的"联想反应与犯罪"，文章阐述了实施联想测验的原则、方法，整个施测的过程和程序，对辨别有罪与否的标准作了具体介绍；指出联想中的关键刺激词是最难控制的，对它选择不当则整个测验将无效；对联想反应法的理论依据作了必要的说明，并指出在此法的运用中应注意被测者之个别差异及其他可能干扰的因素。孙运仁撰写的"青年犯罪人：问题和方法"指出对犯罪人的现状、历史和未来的研究，应运用不同的研究方法。如对犯罪人历史的研究，则应在广泛调查的基础上，强调心理分析法；对犯罪人未来的研究，不可单靠过去倾向和现在情况的推论，必须以追踪法为主，同时结合其他方法予以不时的检验和证实。所有这些研究方法，至今仍有现实意义。

（4）实验研究的文章。如有孝嵘等人的"罪犯情绪态度和个性倾向的实验研究"，作者自行修订了"情绪品质评定量表"，并对江苏第一监狱的90多名罪犯进行了测验。对研究结果与守法公民作了对照比较，所得结论具有客观性和一定的科学性，部分结论与后人的研究结果基本一致。当时的研究亦多注重儿童和少年的违法行为与矫治问题，对现在仍有参考价值。

总之，此时的犯罪心理学的研究极其薄弱，观点沿袭西方国家。但其研究在我国并非空白，前人在研究中所提出的问题，是对我们目前的挑战，而前人已经做出的研究并取得相当的成果，我们在此基础上应有所创新，必须尊重历史，联系历史，历史可昭示现实前进的方向，回顾历史能指导我们更有效地前进。

2. 当代犯罪心理学学科的确立阶段

新中国成立后，由于受到极"左"思想的影响，心理学曾被称为"资产阶级伪科学"，心理学和法学屡遭摧残，没有得到正确的扶持和重视。犯罪心理学直到20世纪70年代末期才有所发展，由于"文化大革命"的影响和十年内乱后出现的复杂因素，犯罪尤其是青少年违法犯罪问题突然成为严重的社会问题，以青少年违法犯罪为主体的犯罪现象，"迫使"社会"意识"到如果不以科学的态度去研究、分析其产生的原因、发展的规律和特点，就不可能找到真正治理犯罪的对策，对犯罪的对策研究就是在这种情况下发展起来的。同时，党的十一届三中全会打破了束缚科学发展的精神枷锁，作为犯罪心理学母体学科的心理学和法学也很快复苏和发展，这就为犯罪心理学的诞生提供了基础。1983年5月在无锡举行了中国心理学会法制心理专业委员会成立大会暨第一次学术会议,标志着法制心理学和犯罪心理学作为一门科学的学科在我国得到正式承认,标志着我国犯罪心理学的发展进入了一个新的历史时期。

自犯罪心理学在我国创立以来,其理论研究和实践都得到了发展,其基本的理论架构已经形成,取得了可喜可贺的成绩:形成了一支犯罪心理学研究和教学队伍,成立了各种研究犯罪心理学的学术团体,编写了具有我国特色的犯罪心理学著作,撰写了大量的学术论文和调查报告,创办了一些专业理论刊物,开展了各种形式的犯罪心理学科普工作,举办了各种学习班、培训班,犯罪心理学在社会实践中得到广泛的应用,并取得了良好的社会效果。在今后相当长的时间内,犯罪心理学还是需要进一步发展和完善的。

二、国外研究犯罪心理学的发展简史

(一)古代西方的犯罪心理学思想

"犯罪心理"最早见诸西方古老的文献中,西方古代的思想家对研究犯罪行为的性质和起因表现了浓厚的兴趣,如苏格拉底(古希腊哲学家,前 469—前 399 年)认为"凡面黑者,大都有为恶的倾向",即根据人的面部颜色和头部形状来评判一个人的心理究竟是善还是恶,是否具有犯罪的心理。这就是曾经风靡一时的"骨相学"、"面相学"。亚里士多德(前 384—前 322 年)发展了骨相与犯罪关系的理论。到 16 世纪末,意大利的波尔达(1541—1615 年)发表了《骨相学新说》,认为人的性格与身体有关联,犯罪则是犯罪人"变态的组织体"不可避免的趋势。

古希腊的哲学家德谟克利特(约前 460—前 399 年)则认为人们"由于贪得无厌,终于做出无可挽救的犯法行为"。柏拉图(前 427—前 347 年)认为人的灵魂里有一个比较好的成分和一个比较坏的成分,"人的灵魂犹如驾驭者驾驭着两匹马,一匹马的血统和天性是好的,另一匹马则是本性邪恶的",当好的控制坏的时候,他就能控制自己的行为不去作恶,当坏的成分居主导地位时,人就会完全受自己的欲望支配做出很多恶的行为,柏拉图强调的是人性的自我控制。同时,一些学者和医者对精神异常的患者进行专门的研究,认为大脑病变等生理疾病是造成精神异常的原因,代表人物有希波克拉底(前 460—前 377 年)、柏拉图、亚里士多德等。

随着资本主义制度的发展,法学和医学均有了不同程度的发展变化,犯罪现象受到法学家和医学家的关注,这使得对犯罪人的研究深入到了精神领域和其他各个方面,出现了一个飞跃。法国唯物主义哲学家、法学家孟德斯鸠(1689—1755 年)在《论法的精神》中,首次提出了犯罪人精神有重大转变的观点,认为"悖德狂"、"色情狂"都是个体精神重大质变的结果和表现。英国卜悦卜特的《狂者论》中对精神病与犯罪的关系做了很详细的阐述,他认为"习惯性犯罪者"是一种"定型",精神上有先天的异常状态,不可避免地要犯罪,他称之为"悖德狂"。刑法学创始人之一贝卡利亚(1738—1794 年)认为，人是有理性、有意志的，他能够辨别是非善恶，也能自律，之所以犯罪是自我选择的一种行为。刑法学另一创始人边沁(1784—1832 年)则认为，人是为了追求快乐，也就是为了得到财物和肉体的享受才会犯罪。

(二)犯罪心理学的产生和发展

18 世纪末 19 世纪初，这是犯罪心理学研究的第一个活跃期。"犯罪心理学"一词最早出现于 1790 年德国人明希的《犯罪心理学在刑法制度中的影响》一书中，最早以犯罪心理学为书名的著作是 1792 年德国人绍曼的《犯罪心理学论》。

19 世纪后期，自然科学和社会科学发展迅速，特别是心理科学的兴起和发展，为犯罪心理学产生奠定了理论基础。1876 年，意大利犯罪学家龙勃罗梭(1836—1909 年)出版《关于犯罪者之我见》(以后被人简称为《犯罪人论》)一书，龙勃罗梭在方法的科学性、范围的广泛性、条理的系统性等方面均超越了前人，利用自己身为医生的条件，接触、观察了大量的囚犯，解剖了许多死因，提出了"天生犯罪人"的观点，创建了"犯罪人类学"理论，后被称为"实证犯罪学"的鼻祖，是"古典犯罪心理学的奠基人"。当时社会的犯罪日益增多，迫切需要进一步探究犯罪原因，犯罪生理、心理机制，寻找预防和控制的新途径，于是一些精神病学家和法学家开始总结以往的犯罪心理学思想，借鉴现代科学知识，结合自己的研究把犯罪心理学思想系统化，著书立说，充实犯罪心理学的理论体系。以格罗斯 1897 年出版的《犯罪心理学》作为犯罪心理学科诞生的标志较为合适。主要基于下述理由：其一，格罗斯本人的职业经历以及所著《犯罪心理学》一书的内容丰富和影响巨大；其二，从《犯罪心理学》一书出版的时间来看更为合理。犯罪心理学是犯罪学与心理学的结合，犯罪心理学的独立肯定是在犯罪学和心理学两门学科发展以后，而不能在此之前。心理学从哲学中独立始于 1879 年冯特在德国莱比锡大学建立世界上第一个心理学实验室，因此德国精神病学家埃宾(1840—1902 年)于 1872 年发表的《犯罪心理学纲要》显然不能作为犯罪心理学诞生的标志，尽管他被后人称为"犯罪心理学的鼻祖"，但是他的研究并不系统，对后世影响不大。

20 世纪初期以来，资本主义矛盾日益尖锐，犯罪现状迅速增加，心理学家、犯罪学家、法学家以及社会学家也投入了犯罪心理的研究，研究的内容除了传统的生理和精神变质之外，还涉及了社会、心理等方面，这大大加强了犯罪心理学的研究队伍，出现了一大批高质量的犯罪心理研究成果，有力地推动了犯罪心理学的发展。犯罪心理学主要有以下 4 个发展方向：

1. 精神分析学理论

精神分析学派是由奥地利精神病学家 S. 弗洛伊德(Sigmund Freud，1856—1939 年)在 19 世纪末 20 世纪初创立的影响非凡的心理学学派——精神分析学说，建立精神分析法。弗洛伊德本人也曾对犯罪心理的产生进行过分析，但更多的是一批犯罪学家、心理学家，如艾希霍恩(August Aichhorn)、威廉·希利(William Healy)、约翰·鲍尔比(John Bowlby)、弗里茨·雷德尔(Fritz Redl)以及戴维·亚伯拉罕森(David Abrahamsen)等人运用精神分析学的概念、理论和方法,研究犯罪心理问题,威廉·希利1909年在芝加哥创立了第一所少年心理病态研究所,并采用个案研究法和测量法对少年违法行为进行研究,并发表了《心理冲突和行为不端》一书。学者们提出了很多富有启发性的观点,形成了现代犯罪心理学的一个重要研究领域,并且曾在一个时期成为现代犯罪心理学的主流。

2. 精神病学理论

犯罪心理学最早、最直接的渊源是精神病学的研究。进入20世纪后,这种传统仍在继续。精神病学家对犯罪人的精神病态、反社会人格的探讨似乎从来没有停止过。库尔特·施奈德(Kurt Schneider)、麦科德夫妇(W. McCord,Joan McCord)、欧文·弗雷(Evin Frey)以及图里奥(Benigno di Tullio)等人在这个领域的研究中做出了重大贡献。

3. 正常个性心理学理论

绝大多数犯罪人是在心理正常的情况下实施犯罪行为的,因此有众多的犯罪心理学研究是以精神正常的犯罪人作为对象的,如对犯罪人思维模式的研究、对犯罪人道德认知发展水平的研究等。这一研究领域的主要代表人物有霍尔(Granville Stanley Hall)、约翰·多拉德(John Dollard)、科尔伯格(Lawrence Kohlberg)以及霍根(Robe Hogan)等人。

4. 社会心理学理论

这一领域包括了一组以强调犯罪人之间以及犯罪人与环境之间的相互作用为特色的犯罪心理学理论。主要代表人物有萨瑟兰(Edwin H. Sutherland)、伯吉斯(Robe L. Burgess)、赛克斯(Gresham Sykes)以及班杜拉(Albert Bandura)等人。

20世纪50年代,随着科学技术的高速发展,大量新兴学科诸如控制论、系统论、信息论等开始兴起,并对各个领域的研究其中包括犯罪心理学的研究产生了重要的影响。20世纪60年代,认知心理学出现,其强调以信息加工的观点来研究人的认知过程,把人的心理活动看作一个整体进行研究,认为心理活动都是结构的活动。这些基础理论学科的发展也促进了犯罪心理学的研究。在整个20世纪,国际心理科学进入到了繁荣时代,研究者不仅对人格与犯罪、情绪与犯罪、出生顺序与犯罪、智力或学习能力与犯罪、道德发展与犯罪、家庭状况与犯罪、情境与犯罪以及犯罪行为的机制等方面进行了综合性理论研究,而且还扩展到犯罪对策心理的研究,如供述心理、审判心理、矫治心理等方面的研究成果十分丰富,对司法实践产生了巨大的影响。犯罪心理学学科体系逐渐形成,各种学说也相继产生,形成了许多分支学派,学科日益走向成熟。

第二节　犯罪心理学的研究现状

作为一门科学的学科，犯罪心理学在我国的历史不过 30 来年。犯罪心理学在我国虽然起步迟，但发展快，至今已是一门独立的、发展中的、具有相当水平和规模的、不断为实践做出贡献的新兴学科。

一、我国犯罪心理学的研究现状

在广大犯罪心理学专业人士和实务部门同志们的辛勤努力下，犯罪心理学的研究在继承前述研究的基础上，研究涉及的面更广，研究水平整体得到提高，不仅深化了学科的视野，还撰写了一批专业性专著和文章，产生了极有价值的学术思想，涌现了一些有影响的学者，构成了一连串学术的史实。

（一）犯罪心理学的研究成果

我国的犯罪心理学研究是成功的，基本上形成了专业研究人员与实际部门的研究人员相结合的研究队伍，以犯罪心理学为先导的法制心理学研究，是心理学各分支学科中发展最快的学科之一。1983 年群众出版社出版了我国第一部《犯罪心理学》教材，之后全国犯罪心理学研究者写出了数以千计的论文和约 300 余种教材、专著、论文集和工作书。据不完全统计，从 1979 年至 2000 年，中国大陆出版各种法制心理学专著、教材、工具书 184 种，发表论文、实验及调查报告 2835 篇。21世纪以来，又出版发表了一批著作和论文并获得了国家或地方、本系统最高领导机关或本单位的不同等级的奖项。使犯罪心理学科在众多的司法人员、政府部门的工作人员、其他学科的研究人员乃至社会公众中产生了广泛的影响，也为本学科的进一步深入研究奠定了雄厚的基础。

（二）里程碑式的大事件

（1）1990 年日本犯罪心理学家森武夫教授来访。中国心理学会法制心理专业委员会负责人罗大华、李世椟教授会见了森武夫教授。

（2）1991 年日本犯罪心理学家松本恒之教授应邀为中国政法大学举办的犯罪心理学研讨班讲学。

（3）1992 年罗大华先生应邀在日本犯罪心理学会第 30 届年会上作了题为《中国犯罪心理学研究的回顾与展望》学术报告，这本身就意味着我国犯罪心理学学术力量以走出国门的形式与国际学术界进行直接的对话，亦表明当代中国化的犯罪心理学总体实力已引起发达国家学术社会的关注。

（4）从 1993 年开始，武伯欣教授将"犯罪学"的研究成果与研究经验同"犯罪心理学"进行有重点的架接,并把这两者与对犯罪嫌疑人的心理测试结合起来,在特定的公安刑侦突审环境中按个案展开,及时地把握了侦讯对象的心理状态,协助侦查机关破获了一些很有影响力的案件,取得了良好司法实践效果,使犯罪心理学科应用价值得到了社会的认可。

(5)1994 年在圆满地集束从 1980—1990 年我国犯罪心理学各方面的研究成果后,终于出版了《中国法制心理科学研究十年》学术年鉴。这部科学的史典几乎囊括了 10 年中所有犯罪心理学研究的成果,并按不同的序列、层次、作用给予了系统的展示,可让人一目了然地把握我国犯罪心理学学术研究的史进步履。

(6)1996 年犯罪心理学学术界出现了立足于当时对 21 世纪中叶前学科的思维方法动向、研究内容延变,前 30 年代分为三个发展时期的前沿趋势等做出了系统与具体的预测,使跨世纪的学术意识得以传播,促成了学科宏观视野的扩大。

(7)1997 年江泽民总书记在接见中国法学会第四次代表大会全体代表时说:"法学界要重视研究犯罪心理学。为了预防犯罪,需要掌握犯罪心理学方面的知识。"国家领导人能对一个社会学科研究如此提示,就说明犯罪心理学在强化社会治安过程中的重要作用,同时,证明犯罪心理学已深入人心,已开始成为社会决策人物的注意点。

(三)一些具有代表性的观点

通过 30 年来的研究,我国学者对犯罪心理的概念、成因、机制以及犯罪心理发展变化规律等理论问题,形成了一些较有代表性的观点,如"犯罪心理结构论""犯罪综合动因论"(罗大华,2003),"犯罪心理内外化机制"(罗大华,1997),"聚合效应论"(李世棣等,1986),"多元犯罪心理的观点"(高锋,1994),等等。

(四)一支犯罪心理学的教学和研究队伍

这支研究队伍主要是通过犯罪心理学的教学和学术交流活动建立起来的。目前,几乎在国内所有的高等政法院校、综合性大学的法学院、公安院校以及司法院校中,都开设了犯罪心理学课程。某些学校还培养了犯罪心理学专业的硕士研究生和博士研究生。通过专业课程的教学和科研,不仅提高了犯罪心理学教学人员的科研水平,而且还培养了一大批新生力量,使犯罪心理学的研究得以延续,充满活力。1984 年,中国心理学会法制心理专业委员会成立,各地也成立了相应的学术团体。该专业委员会从成立至今,已组织了多次学术交流会议,专业领域的学术交流不仅使本专业教学科研人员学术水平得以提高,而且还带动了一大批司法实践部门人员对犯罪心理的研究热情,激发了他们的研究兴趣,使犯罪心理学理论更快更好地应用于司法实践,从而推动理论研究的深入发展。

(五)犯罪心理学边缘性研究的新成果

从 90 年代前中期,我国已经出现了将犯罪心理学科中涉及交叉的课题剥离出来作为专题研究的动向。这种将犯罪心理学作为母体学科而衍生出的子学科的研究成果主要有三类:①犯罪心理美学。研究者从犯罪主体对社会、人际、自然、物质的审视中去挖掘他们的真实情感世界,更从犯罪心理的欢愉、隐忧、厌倦、痛苦等喜恶心态来发现其社会交际与犯罪活动的原始动力及情结认定,由犯罪心理的审美程式、美感性质、唯美分类、美觉意义等几个认识点上,勾勒出了犯罪心理美学的理性骨架。②犯罪心理哲学。研究者以犯罪主体的社会意识方法论为据,全面展开他们在犯罪与社交两大生活中所表现出来的唯心和唯物夹杂的种种心理特征,并且组成"物质是精神的物质"、"意识就是存在"、"不为是要大为"、"反常之中求正常"、"冒险为成功之母"若干个逻辑块状,用"哲学论证"来研究犯罪心理的意向发展、动力形式、行为外化,从而探求犯罪个体内在哲学心理现象。③犯罪心理文化。研究者立足于犯罪个体两次社会化交构的能力和心智统合的基础上,对犯罪心理文化现象进行了系列性的透视,并围绕继承、交换、展示、认同的多种观念,系统地探索了犯罪人的"江湖文化"、"犯罪文化"、"狱内文化"这三大亚文化,以及由黑道语系心结、码头庸俗情趣、宗教社会意志、邪门浪漫习性构成的犯罪心理文化整体。仅就这些新颖而深刻的系统学术观点来看,它是对犯罪心理学科的一种极大补充和扩展,较多的重大理论和概念被赋予了崭新的含义,无形中使犯罪心理学主体范畴的广度与深度瞬间得以延伸。

(六)犯罪心理学理论研究成果的实践应用

在 20 世纪八九十年代,我国对犯罪心理学的实际应用主要在犯罪心理测试技术和罪犯心理矫治两方面进行。犯罪心理测试技术在我国的发展极为短暂,但是它已然成为刑事案件侦查、审讯活动的一种辅助手段。国产 FC-I、A 心理测试系统在研发之后越来越多地被侦查部门所采用。据相关数据显示,这项技术达到排除无辜、知情相关、作案相关认定的准确率均在 90% 之上,测试后讯问取得突破的案件占已办理案件的 80% 左右。自 1989 年全国监管改造工作会议之后,我国各地监狱系统开展了多种形式的罪犯心理矫治工作,包括罪犯心理测试、罪犯心理卫生教育、罪犯心理咨询、罪犯心理危机干预等,并且取得了很大的成效。随着《中国罪犯心理测试(COPA)》系列各个分测验陆续推出后,2006 年在全国监狱系统推行统一的心理测量量表——《中国罪犯心理测试——个性分测验》(COPA-PI)量表。其可以全面客观地评估罪犯心理特征和行为表现,有助于改造和预防犯罪。

(七)学科研究思维方式的扩展

1. 哲学思维的延伸

将唯物辩证认识贯穿于对犯罪心理交叉现象的观察和分析中,解决了"犯罪心理与正常心理""主观诱因和客观诱因""社会性和生理性""犯罪心理与犯罪行为质量互变"等一系列的重大专业认识问题,使比较分散的学术目光达到了聚合的状态,从而引导出后继研究的高精尖走势。

2.现代思维的推进

用新老"三论"(即信息论、系统论、控制论、耗散结构论、协同论、突变论)来全方位改造已老化的认识方法,出现了以下的学术意识:一是犯罪心理结构的有序和无序反映出了个体受主观境域意识、情绪的应激性调动,以及犯意无限扩张动势的影响而发生的犯罪精神守恒与可逆的必然性;二是犯罪潜意识的突现和渐现折射出了个体防御心理机制、正常意识、求异思维、本能反应潜本质的信度与效应。

3.经验思维的整合

着力概括以往研究过程中的经验型思维,对它进行去粗取精,重新修订,给予系统的整合,同样亦能放射出创造的光芒。如根据犯罪心理具备伪装无法重复的特点,运用"从后思索"的方法研究犯罪心理,借助"实证数据"的传统方法研究犯罪心理等,都取得了良好的研究效果。

4.操作思维的塑造

为能使犯罪心理学真正拥有独属自己学科的概念和理论,最大限度地体现专业个性,从根本上克服"两张皮"现象,有的学者研制出"犯罪心理学思维方法论",这是中国本土化学科进步的一大标志。

(八)犯罪心理学研究存在的不足之处

我国犯罪心理学的研究经历了将近三十年的发展和浸润后,虽然取得了一定的成绩,但也不可避免地存在着一些问题,其宏观研究态势开始萎缩,表现为后劲不足,整体水平进入低谷,显现出学术意识困顿。主要表现有:

第一,学科上的困顿。90年代中末期,课题发生老化重复。以全国性的"法制心理研讨会"为例,如天津会议、武汉会议、成都会议的参会论文选题重叠、内容浮浅,没有大的见解,提不出新问题;学术交流、著书立说、撰文发表的数质量大不如以往;另有的转向"犯罪学"等邻近学科研究;犯罪心理学的老教授们亦心有余而力不足,他们也发动和组织了如思维方法、心理量表、市场经济心理、同司法部实际部门挂钩等一系列研究活动,但收效甚微。

第二,研究方法上的困惑。由于犯罪心理学研究对象的特殊(犯罪人)和研究过程(由于犯罪行为的隐秘性,很难跟踪犯罪过程进行研究;而犯罪行为的社会危害性,又决定了研究者不能设置同样场景做重复研究)的特殊,研究者在犯罪心理学乃至法制心理学研究中采取了某些不同于传统的心理学研究方法,例如:①使用社会科学调查研究的方法,深入到监狱、少年犯管教所进行数百名罪犯的调查研究,通过个别谈话和问卷调查,查明犯罪人走向犯罪的多种主客观因素和心理演变过程;②根据促使犯罪人产生犯罪行为的多种心理因素和心理学关于人格结构的理论以及系统科学原理,提出"犯罪心理结构"和"犯罪综合动因论"等科学假设,并通过大量心理测试资料和司法实践予以佐证,使之上升到理论;③开展对犯罪人的心理测试、问卷调查和谈话,从中收集资料,进行统计分析;④预设场景和条件,进行矫治方法的比较研究;进行测谎技术、证人证言、侦察审讯技术和犯罪人若干生化指标的实验研究；进行盗窃犯及其他犯罪类型的比较研究；设置实验组和对照组，进行犯罪人和常人的认知比较研究、影响被告人供述因素及其对策的研究等；进行公安、司法干警职业心理素质的研究；进行中国罪犯心理评估系统的实验研究。上述研究，因其和心理学传统的实验室研究、同步观察研究、选取实验组和对照组进行的统计研究有所不同，因而受到质疑。诸如，"注重经验研究、定性研究、个案研究、思辨研究""缺少实验和实证检验，其概念缺少科学性"等。

进入到21世纪，又有一些研究者提出犯罪心理论证的"新思维"，认为以往的研究均已过时，需要另起炉灶，搞学科嫁接，在研究方法上只凭研究者的主观感受，不需要通过实证，便可以另辟蹊径。正如一位分析家所说，"在心理学领域里，任何人都可以在知其一点皮毛的理论上构建自己的领地"。

从20世纪70年代末开始的我国犯罪心理学研究，至今没有达到在研究方法上的共识，在基本理论方面仍然存在着若干分歧。虽然学派林立象征着繁荣，但是，对学科研究对象、研究方法上的基本的共识仍然是需要的。鉴于犯罪心理学的母体——心理学本身在研究对象和研究方法上存在着缺陷，如果我们不能从研究方法和方法论上给犯罪心理学找到一条出路，而完全沿袭心理学传统的研究方法，犯罪心理学同样面临着"被逐出科学圣殿"的厄运。

二、国外犯罪心理学的研究现状

当代西方犯罪心理学研究涉及的主要领域有犯罪原因、犯罪动机、犯罪决策、犯罪预测、少年犯罪心理学以及犯罪精神病理学，研究的内容更深入。100多年来，国外犯罪心理学研究者在这个领域进行了大量的研究，出版了很多的论著，并表现出若干新的特点。了解外国犯罪心理学的这些情况，会有助于我国犯罪心理学的发展。

(一)研究趋向多学科化

随着研究的逐步深入，学者们意识到犯罪行为不单纯是由心理因素引起的，而是与多种因素有关，只有进行多学科的、全面的整合性研究，才能真正揭示出犯罪行为的规律，查明犯罪的根源。犯罪心理学已经融入多学科的综合性研究中，成为科际整合研究的一个方面。例如，美国当代著名的犯罪学家、哈佛大学教授威尔逊(James Q. Wilson)与哈佛大学著名的心理学家赫恩斯坦(Richard J. Herrnstein)合作，出版了一部犯罪学著作《犯罪与人性：对犯罪原因的决定性研究》(1985)，这项研究部分地将犯罪学、经济学、心理学、精神病学、社会学、人类学、遗传学、政治学等学科结合在一起，是一项大规模、多学科、综合性的犯罪学研究。又如美国当代犯罪学家杰弗利(C. Ray Jeffery)在1990年出版了《犯罪学》，该书的副标题就是"科际整合的探讨"，书中将生物学、心理学、社会学、经济学、法学等学科加以整合，综合地对犯罪现象加以分析。

（二）研究的实证化

目前,西方国家的犯罪心理研究运用调查、实验以及模拟实验、心理分析等多种方法,既有模拟研究,又注重纵向设计,并且运用高级统计进行分析,以求能更精确地对问题进行鉴别。许多研究人员进行研究时,往往采用模拟的情境,让人们在这种模拟情境或实验室中,对特定的犯罪问题做出反应,从而推测犯罪人真实的犯罪情况。例如,美国学者卡罗尔（Johrt S. Carroll）1982 年所做的犯罪决策的模拟研究,休斯曼等人 1972 年对儿童早期的电视暴力偏爱与其后来的攻击性之间的关系的研究,班杜拉等人所设计的一系列儿童攻击性实验研究都是著名的实验设计,对研究结果用计算机进行统计,并用交叉时滞平面分析技术、路径分析等进行高级统计分析。用精神分析学的理论与方法对一些心理异常犯罪人进行深入分析,注重对奇特案件的犯罪心理深层分析,亚伯拉罕森所著的《犯罪心理学》（1960）是其典型的代表。

（三）重视生理因素与犯罪行为的研究

近年来,西方学者很重视对犯罪人生理因素在决定犯罪行为上的研究,并在这方面取得了重大进展。在《科学》杂志 2000 年 7 月号上选刊了 6 篇有关文章,介绍了生理、生化因素对暴力犯罪的影响。其中有遗传学方面对双生子的追踪研究,发现遗传基因中有一种叫 MAOA 的基因对犯罪行为有影响;生化方面对脑内血清素（5-羟色胺）的研究已经证实暴力犯罪人的血清素的含量值普遍增加;脑部受伤后,人的性格改变以致极端粗暴性格的形成;多动症（注意力不集中、敏感的多动症状）与犯罪行为的关系;铅中毒及其他化学成分对脑部的伤害及与犯罪的关系;利用先进仪器如正电子扫描仪（PET）对脑部扫描以发现犯罪人脑部的特异状况;对最接近于人类的动物——恒河猴,发生暴力行为时自身内部生理变化的研究及其对人类的意义,等等。

（四）注重研究成果广泛应用于刑事司法实践

当代国外的犯罪心理学研究已开始注重理论与实践的结合,突出表现在:

第一,帮助警方侦破疑难案件。比如近年来兴起的犯罪人心理学特征分析技术。犯罪心理学家参与到疑难的犯罪案件的侦破活动中。他们帮助警察分析疑难案件中犯罪人的犯罪动机、犯罪人的其他个人特征,帮助警察勾画犯罪人的轮廓,促进犯罪案件侦破活动的进行。从目前国外犯罪心理学应用的一些资料来看,犯罪动机不明的案件使用常规方法很难侦破,疑难、复杂案件中,犯罪心理学发挥的积极作用尤其明显。

第二,在法庭上充当专家证人。犯罪心理学家通过评价犯罪人的精神状况、刑事责任能力、陈述的可靠性、证人作证的能力、证人证言的准确性等,从专业角度向法庭提供证词,帮助法官和陪审团就案件事实做出正确判断。

第三,在矫正机构参与对罪犯的矫治工作。一些犯罪心理学家在看守所、监狱等部门对犯罪嫌疑人或罪犯进行心理测验和心理咨询工作,研究罪犯自杀、逃跑、暴力行为的可能性等。

三、犯罪心理学的研究趋势展望

犯罪现象普遍存在于世界各国,已然成为最严重的国际性社会问题之一。犯罪心理学通过对犯罪心理的形成和发展变化的原因及其规律的研究,为社会提供相关的理论知识,有效地预防、控制、打击犯罪,同时,犯罪心理学通过对犯罪人在不同情境中的心理状态和不同类型犯罪人的心理的研究,为公安司法监狱等部门的工作人员提供揭露和惩治犯罪以及矫治罪犯等对策的心理学依据和方法,以增强其在犯罪对策方面的业务能力。社会需要本学科提供更全面、更权威、更有应用价值的防范和控制犯罪的对策,因此,我们要在充分肯定犯罪心理学近30年的研究成果的基础上,把握其研究趋势,使其能够更好地为预防、揭露、惩治犯罪以及矫治罪犯的实践服务,为维护社会秩序服务。

(一)对犯罪心理的生理基础研究

美国犯罪心理学家提特斯说:"我们的犯罪心理学研究只有依靠生物学家、精神病学家、内分泌学家、脑电学家等的共同努力才能面目一新。"生理基础研究主要包括研究体型-性格与犯罪的关系,染色体变异-性格异常与犯罪的关系,内分泌失调-情绪障碍与犯罪的关系,脑电图紊乱-意识障碍与犯罪的关系,血型-人格类型与犯罪的关系等。如梅德尼克(S. A. Mednick)、尤得尔(L. T. Yeudall)、莫菲特(T. E. Moffit)、雷恩(Adrian Raine)等学者有关的犯罪精神病理学著作,它们重点探讨了遗传因素、精神病、神经化学因素、神经心理学因素、脑损伤、孕期和出生并发症、饮食、激素、认知缺陷等与犯罪行为的关系。这方面的研究大量采用自然科学的方法和技术进行,同时还有社会科学作为其依托,与当代的生理学医学科学、心理学的成就相结合,犯罪心理学就能以崭新的姿态出现在其历史的舞台上。

(二)对青少年犯罪心理学的研究

青少年犯罪历来是每个国家犯罪研究的重难点,犯罪心理学把青少年犯罪作为一个重要的课题来研究。近代以来,少年犯罪心理学研究继续发展,涌现了若干综合性的少年犯罪研究,为预防和控制少年犯罪提供了强有力的理论依据。意大利的班丁(Tullio Bandin)和盖蒂(Uberto Gatti)分析了家庭成员对儿童的态度与少年犯罪之间的关系,揭示了偏袒儿童在社会化中的失败而最终导致儿童越轨行为的过程;同时认为社会的消极标定迫使少年把违法犯罪行为当成一种持久的生活方式而保持下去。另有学者研究了与少年犯罪有关的个人因素和情境因素,以及道德发展水平对少年犯罪倾向间接的关联性。总之,对青少年犯罪的研究仍要进一步深入,从而更有助于打击、预防青少年犯罪。

（三）加强对犯罪心理痕迹分析的研究

一定的行为能反映出人特定的心理状态、个性，犯罪行为是犯罪主体对客体的作用，故总会造成一定的物质痕迹，物质痕迹则是犯罪行为、犯罪心理及其他心理活动的外化表现。因此，刑事案件发生后，必然在现场留下心理痕迹，犯罪心理痕迹是指罪犯在实施犯罪活动中，通过犯罪行为表现出来的某种特定的心理特征，它是一种以物质痕迹为载体的抽象的观念现象，具有个性、无意识、定势、可知性的特征，在侦查工作中运用心里痕迹可以分析案件性质、作案动机、罪犯的行为习惯及职业特点等，为侦破案件提供科学依据。然而侦查人员在犯罪现场的勘查，侧重于对物证的提取，对心理痕迹重视不够。我们应加强对犯罪现场心理痕迹线索的分析与研究，以提高破案的效率。目前研究人员对现场勘查心理、审讯心理以及犯罪心理测试技术（测谎技术）有了一定的理论支撑和实证性的探索，如武伯欣教授在犯罪心理测试技术领域卓有建树和造诣。他将心理学理论和方法应用于司法实践，并在大量的侦审实践中，总结形成了一套独创的心理痕迹分析技术和综合测试方法，自主研创出心理学家视角的"四轮驱动侦查理论"，为全国各地实战部门的侦审工作提供了有效地指导和帮助，被侦查、审判一线的侦审人员所称道。特别是在犯罪心理测试技术领域，武伯欣教授在长期的理论研究和大量疑难案件心理测试实践研究中，总结出符合中国国情、具有国际先进水平的犯罪心理测试技术理论、方法和实测技巧等系统科学体系。

这也是犯罪心理学的学科发展方向之一，以学者的研究成果为依托，培养出更多的懂得侦查心理、熟练运用审讯心理学方法、掌握犯罪心理测试技术（测谎技术）的公安民警，为侦查破案工作服务。

（四）犯罪心理画像——刑侦技术新手段

犯罪心理画像技术是依据犯罪心理学原理，以及其他相关科学知识，运用心理分析的方法，从犯罪人在犯罪现场所遗留的物质痕迹，即使是被假装、被破坏、用现代刑侦手段毫无认定价值的，甚至是似乎毫不起眼的细节，去寻找犯罪人的个性心理特征，从而描绘犯罪人的性别、年龄、种族、职业、学历等方面的特征，描绘犯罪人的家庭环境状况、社会环境状况以及人际关系、个人生活习惯、生活方式等诸方面的特征的一种新的刑侦技术手段。现代犯罪心理学的心理画像技术，体现了对古代生物学派、现代精神病学派的精华内核的吸取，体现了犯罪心理学原理的螺旋式上升和波浪式前进的特征，心理画像技术是犯罪理论的历史升华。其专业前景是广阔的，它作为一种跨学科的技能，要求犯罪心理画像专家不仅要学习精湛的学术知识和提高科研能力，还要努力学习刑事侦查，理论与实践必须相互交融，相互取长补短。目前全职的犯罪心理画像专家人数很少，在今后的一段时期内，我们希望出现更多的专业培训，文献著作得到扩充，从事犯罪心理画像工作的人士增进相互的交流。

(五)加强对犯罪人心理矫治的研究

罪犯心理矫治是监狱心理矫治工作人员和社会心理学工作者运用心理学的理论和方法，通过对罪犯开展心理健康教育、心理评估、心理咨询和心理治疗、心理预测与危机干预等一系列活动，准确掌握罪犯心理特征，帮助其正确认识心理问题，改变其不良的认知方式，消除其不良心理及心理障碍，促进其适应改造环境，实现改造目标的活动。但现在的研究仍停留在诊断和咨询阶段，对某些较顽固的犯罪心理的治疗，对不同犯罪类型罪犯的系统治疗方案的研究，还比较薄弱，需要进一步加强。例如临床症状量表(SCL-90)、抑郁状态量表、康奈尔医学指数(CPI)、焦虑自评量表、简明精神病量表、社会功能缺陷评定量表、Achenbach 儿童行为量表(CBCL)、RUTTER 儿童行为问卷、问题行为早期发现测验、父母养育方式评价量表、EPQ 人格测试(成人)、卡特尔 16 项个性因素测试(16PF)、明尼苏达(MMPI)多相人格测试等其中一些常用的心理测评量表，总体上还需要加以创新研究，研究出完全适合我国国情的系列犯罪心理测试量表并投入使用。

(六)加强对犯罪心理预测的研究

犯罪心理预测是指依据犯罪心理形成、发展变化的规律，参考以往的实践经验，采用观察、访问、测验等多种方法，对一特定社会范围内犯罪心理的形成和未来犯罪心理现象的发展变化趋势、犯罪种类、犯罪数量，以及某些个体犯罪和重复犯罪的可能性等，所做的比较实际、科学的估计和推断。

犯罪心理预防就是通过消除人的犯罪心理或阻抑其形成犯罪动机的方法，以达到预防犯罪人发生犯罪行为的目的。犯罪心理预测为犯罪心理预防提供信息，是犯罪心理预防的前提。从社会变迁、社会心理变化和社会控制的角度，加强对今后新的犯罪类型及其心理预防加强研究，以便从整体上为社会控制犯罪服务。如开展"人身危险性评估与干预"和"被害风险性评估与干预"，依据人心理的外部展现和犯罪行为先兆是进行"人身危险性评估与干预"和"被害风险性评估与干预"的重要依据。常用的心理征兆预测法有观察法、测验法、调查访问法、活动产品分析法、谈心法等。

(七)建立起科学完整的具有我国特色的学科理论体系

目前我国国民经济和社会发展进入到"十二五"时期，要深刻认识并准确把握国内外形势新变化新特点，这就要求我们探索并揭示出新时期人们的犯罪心态和某些特殊类型犯罪行为，以及经济社会发展取得巨大成就的条件下，公民的社会心理变化的新特点，包含人格、价值观念、家庭婚姻恋爱观念等，立法执法心理特点，违法心理新动向和公民对待犯罪的消极心态——这一犯罪心理产生的强化因素，这样的研究使命和方向要符合当代犯罪发展、变化的特点，符合为社会治安的综合治理和社会主义法制建设服务的宗旨，更符合建设具有我国特色的犯罪心理学要求，也使学科的研究、发展根植于现实土壤。同时要充分发挥其多学科综合研究的优势,充分吸收相邻学科的新观点和理论以及国外先进理论,积极探索减少、预防和矫治犯罪的新途径。

我国犯罪心理学在学科理论研究和建设中,仍存在许多问题,影响犯罪心理学在我国的研究和发展。犯罪心理学是一门新兴的综合性边缘学科,在我国关于犯罪心理学的研究对象、学科体系和研究范畴,关于犯罪心理结构等基本科学概念和基本理论,以及犯罪心理学教材体系等问题还一时难以统一,这些基本理论问题一日不解决,犯罪心理学研究则会愈发的困难。建立起科学完整的具有中国特色的学科理论体系是犯罪心理学总体研究和发展的奋斗方向。

(八)开展学术争鸣,加强区域性、国际间的犯罪心理学研究合作与交流

1985 年 8 月西安会议以来,关于"犯罪心理结构"问题的讨论,是争论最多的一个基本理论问题。虽然至今仍无定论,但通过争论大大活跃了犯罪心理学的学术气氛,今后应尽可能多地开展健康活跃的学术争鸣。让学者和专家逐渐确立明确的学术规范,培养坚定的科学精神和良好的治学风范,是推动犯罪心理学发展的动力之一。同时,随着现代通信和交通手段的发展,为犯罪心理学的研究提供了日益便利的条件,犯罪心理学研究者可以通过出版物、互联网等方式,了解到其他国家和地区犯罪心理学研究的新成果;同时,区域性、国际间的学术交流机会和合作渠道增多,学者之间进行科学理性的学术批判和成果借鉴,这有助于犯罪心理学研究全球化、一体化的形成,也有助于我国本学科的研究与国际接轨。

我们相信,犯罪心理学这门学科的研究领域、研究范围必将越来越广泛,越来越深入,其研究方法也会根据实际情况的需要不断得到发展。犯罪心理学这门学科的应用价值会越来越受到人们的重视。

第三章　犯罪心理学的主要理论观点

第一节　犯罪生物学派理论

意大利著名的精神病学家、犯罪学家、犯罪心理学家龙勃罗梭是该学派的创始人。龙勃罗梭在当监狱医生期间，以犯罪人为研究对象，曾对监狱收押的几千名犯罪人进行过人体测量和外貌考察，并运用生物学、遗传学、心理学等理论对犯罪人进行研究，发现许多犯罪人在生理特征和心理反应上都显著地与常人有别。例如，在生理特征方面，天生犯罪人具有异常大或异常小的头骨，狭窄的额头，大小不对称的耳、眼睛、颜面，突出的颚骨等；在心理反应上，天生犯罪人最基本的特征是心理上的冷漠和精神上的无知觉状态，并由此导致其同情和怜悯的道德意识衰退以及缺乏顾及和自我良心谴责等。这些外部生理特征是人类在进化过程前期野蛮人所具有的特征，这些特性通过隔世遗传表现在现代犯罪人身上。由此，龙勃罗梭认为犯罪是一种原始野蛮阶段的返祖现象，犯罪心理活动是由犯罪人的生理特征决定的。1876年，龙勃罗梭的名著——《犯罪人论》问世，其理论基础是犯罪的生理遗传决定论。

一、理论成因

龙勃罗梭的犯罪原因思想，经历了一个由单一到复杂的发展过程。在早期的著述中，龙勃罗梭主要注意遗传等先天因素对犯罪的影响。作为一名监狱医生，他对几千名犯人作了人类学的调查，并进行了大量的尸体解剖。1870年12月，在意大利帕维亚监狱，龙勃罗梭打开了意大利著名的土匪头子维莱拉尸体的头颅，发现其头颅枕骨部位有一个明显的凹陷处，它的位置如同低等动物一样。得出结论：这种情况属于真正的蚯突（vermis）肥大，可以说是真正的正中小脑。这一发现触发了他的灵感，由此他认为，犯罪者与犯罪真相的神秘帷幕终于被揭开了，原因就在于原始人和低等动物的特征必然要在我们当代重新繁衍，从而提出了他的天生犯罪人理论。

二、理论的主要内容

1876 年龙勃罗梭发表了他的成名作《犯罪人》第一版。由于当时可供他研究的材料较少,故该书仅是一本小册子,而从 1906 年到 1907 年《犯罪人》第五版问世时,已经成为一部共有三卷和附图一卷的巨著。第一卷和第二卷专讲人类学、法律学和刑事学关系中的犯罪人;第三卷讲精神病学;附图中有 102 个图表,画有犯罪人的头颅、犯罪人的容貌和身体各部的尺寸、犯罪人的身体和精神的症候,以及语言文字等。天生犯罪人成为龙勃罗梭早期著作中一个核心命题。

(一)理论方面的主要内容

(1)犯罪者通过许多体格和心理的异常现象区别于非犯罪人。

(2)犯罪人是人的变种,一种人类学类型,一种退化现象。

(3)犯罪人是一种返祖现象,是蜕变到低级的原始人类型。

(4)犯罪行为有遗传性,它从犯罪天赋中产生。

(二)龙勃罗梭对天生犯罪人的特征的描述

(1)生理特征:扁平的额头,头脑突出,眉骨隆起,眼窝深陷,巨大的颌骨,颊骨同耸;齿列不齐,非常大或非常小的耳朵,头骨及脸左右不均,斜眼,指头多畸形,体毛不足等。

(2)精神特征:痛觉缺失,视觉敏锐;性别特征不明显;极度懒惰,没有羞耻感和怜悯心,病态的虚荣心和易被激怒,迷信,喜欢纹身,惯于用手势表达意思等。

(三)理论研究

作为犯罪原因先天因素,龙勃罗梭从种族和遗传这两方面展开。关于种族和犯罪之间的关系的论述,是建立在对一些犯罪现象直观地认识基础上,没有直接的科学依据。龙勃罗梭侧重研究了遗传因素对犯罪的影响,从调查个案入手肯定了隔世遗传规律,还提出了天然类聚说,认为两个犯罪家庭联姻后,遗传的影响更大。

三、社会评价

龙勃罗梭的天生犯罪人理论一经传播,马上遭到来自各方面的抨击。当看到龙勃罗梭搜集的那些相貌不对称和有特征的罪犯画像时,法国人类学家保罗·托皮纳德尖刻地挖苦说:"这些肖像看起来与龙氏朋友们的肖像一模一样。"英国犯罪学家查尔斯·巴克曼·格林(1870－1819)经过 12 年的工作,领导一项研究计划,根据 96 种特征考察了 3000 名以上罪犯,个人还进行了 1500 次观察,并做了 300 次其他补充观察。指出:"事实上,无论是在测量方面还是在犯罪人中是否存在身体异常方面,我们的统计都表现出与那些对守法者的类似统计有惊人的一致。我们的必然结论是，不存在犯罪人身体类型这种事情。"在科学验证的事实之上，格林断言，不存在天生犯罪类型，犯罪不是由遗传而来的，他呼吁犯罪学家把心理特征，特别是智力缺陷作为犯罪行为的原因来加以研究。

在这种情况下，龙勃罗梭在后期的著作中也修正了自己的观点，从只注重犯罪的遗传等先天因素，到把犯罪原因扩大到堕落等后天因素的影响，而这种堕落是与一定地理环境与社会环境分不开的，因此，龙勃罗梭分别研究了地理与社会因素对犯罪的影响，强调智力、情感、本能、习惯、下意识反应、语言、模仿力等心理因素与政治、经济、人口、文化、教育、宗教、环境等社会因素和自然因素的作用，天生犯罪人在罪犯总数中的比例也一再降低。在 1893 年出版的《犯罪：原因和救治》一书中，天生犯罪人占 33%，由此形成综合的犯罪原因论。他在《犯罪：原因和救治》中指出："导致犯罪发生的原因是很多的，并且往往缠结纠纷。如果不逐一加以研究，就不能对犯罪原因遽下断语。犯罪原因的这种复杂状况，是人类社会所常有的，决不能认为原因与原因之间毫无关系，更不能以其中一个原因代替所有原因。"对于什么是真正的犯罪原因，他说："实言之，每一现象中的真正特殊原因何在，即使是善于观察的人，亦不能下一断语。"

四、犯罪生物学派理论的发展

龙勃罗梭的理论在 19 世纪末、20 世纪初有着重大的影响，至今仍有一些追随者。随着科学技术的进步，人们在他的研究基础上，对罪犯的生理因素作了广泛的探讨，不断丰富、发展和修正了龙勃罗梭的理论，形成了一些分支学说。例如，体型说、血型说、内分泌说、染色体变异说，以及脑电波说等。

（一）"体型说"

"体型说"认为，人的体格类型可以影响其心理状态，甚至会影响到犯罪心理的形成。德国的精神病学家克瑞奇梅尔（E. Kretschmer，1888－1964）和美国的谢尔顿（W. Sheldon，1898－1977 年）是该学说的代表人物。克瑞奇梅尔在其《体型与性格》一书中，将人体体型分为瘦长型、矮胖型、斗士型等三种。他认为犯罪人中，一般是斗士型的多，矮胖型的少。矮胖型人犯罪缺乏规律性，初犯多，容易改过自新而重返社会；而瘦长型人犯罪的主要类型是盗窃和诈骗；斗士型人犯罪倾向较大，且物欲强，理性弱，自我控制能力差，容易产生暴力性的财产犯罪和性犯罪。

（二）"内分泌说"

"内分泌说"宣称，由于内分泌腺对人体的新陈代谢、生长发育等生理功能起调节作用，故内分泌的失调，就会引起人的情绪、意志以至理智的变化，进而产生犯罪心理。例如，甲状腺功能亢进会引起人的情感波动，易暴躁，甚至发生攻击行为；性激素的过量分泌可使人性欲亢进，增强攻击性，削弱意志控制和道德感，容易发生性犯罪；女性在行经期间由于性激素的变化，容易焦虑、烦躁、易怒、神经紧张，情绪的波动起伏很大,并使犯罪的可能性增加。

(三)"染色体变异说"

"染色体变异说"主张,人的染色体数量异常是导致犯罪行为发生的原因。通常,人类的染色体正常的是 46 个,其中常染色体 44 个和性染色体 2 个。性染色体又分为 X、Y 两种,X 是女性染色体,Y 是男性染色体,若性染色体的配合是 XX,即为女性,性染色体的配合是 XY,即为男性。该学说的代表人物杰可布(A. Jacob)通过比较研究发现,有些男性的性染色体出现异常,即性染色体中多了一个 X 或 Y 而成为 XYY 或 XXY 时,就容易出现情绪躁动、理智难以控制、攻击性强等心理特点,从而容易产生暴力犯罪和性犯罪行为,且初次犯罪的时间早。但有的研究者认为,虽然有些人的性染色体异常,但并没有犯罪;而有些性染色体异常的罪犯,暴力犯罪比染色体正常的犯罪人少得多。因此,在统计学上目前还没有足够的证据证明犯罪和染色体异常有密切的关系。

(四)"脑电波说"

"脑电波说"表明,犯罪行为的发生与脑电波的异常有关。人类的大脑皮层存在着连续不断的电活动,如果将引导电极安放在头皮上,可以记录出大脑的电活动,所记录到的大脑电活动的电位变化,就叫脑电波。根据脑电图波形的频率和振幅的不同,可将正常的脑电图分为四种基本波形:α 波(alpha)在清醒、安静状态下出现,β 波(beta)大脑皮层处于活动状态时出现,θ 波(theta)在情绪紧张或困倦时出现,δ 波(deita)在睡眠、极度疲劳或麻醉状态时出现。持脑电波学说的学者认为,犯罪行为的发生与脑电波的异常有关,特别是 δ 波与犯罪关系密切。当行为人处于情绪过度紧张或极度困乏时,δ 波出现,这时人会出现情绪波动,而此时的意识控制力很弱,会听任冲动的发生,因而,在 δ 波状态下,容易导致冲动性、爆发性的犯罪行为发生。然而,有学者对此学说提出了异议,认为脑电波的异常不能作为判断犯罪者的标准。因为一般检查犯罪人的脑电波是在其犯罪以后进行的,怎能用事后的检测来研究行为时的犯罪心理? 这是不科学的。

此外,人们还广泛探讨了遗传、种族、生物化学,以及神经生理等因素与犯罪的关系。

综上所述,犯罪的生物学派理论将犯罪心理产生的原因归结为人的生理因素,认为人之所以犯罪,是由于其生理因素异于常人。显然,这种结论是极其片面的。因为人不仅具有生物属性,更具有社会属性。人的心理的产生,行为的实施,虽然离不开作为物质前提和基础的生理因素,但真正起决定作用的还是社会生活条件和人的主观能动性。犯罪的生物学派理论把一些局部的、间接的生理作用夸大为整体的、直接的作用,忽视和否认社会因素对犯罪心理、犯罪行为的影响,显然是不够科学的。不过,现代科学技术已经证明,人的生理因素与其犯罪行为的发生有一定的关系,但并不是犯罪的决定因素,更不是犯罪的"原动力"。

特别值得一提的是,该学派采用科学实证的方法研究犯罪现象和犯罪人,创立了刑事人类学派理论。该学派无论是在犯罪学、犯罪心理学上,还是在刑法学上都是功不可没的。

第二节 犯罪社会学派理论

一、犯罪社会学派理论的产生

该学派认为,犯罪的主要原因是社会因素,犯罪心理的产生和发展无不受社会因素的制约。德国的犯罪学家、刑法学家李斯特(F. V. Liszt,1851—1919年)是犯罪社会学派的代表人物之一。李斯特反对龙勃罗梭的"天生犯罪人"论,他承认生理因素对人的心理、行为有重要的影响,但犯罪的产生,是犯罪人受到外部社会环境影响的结果,大众的贫穷是培养犯罪的最大基础。因此,他认为犯罪行为的产生应包括个人因素和社会因素两大部分,其中,社会因素是产生犯罪的决定性因素。

龙勃罗梭的学生、意大利著名的犯罪学家、刑法学家菲利进一步指出,犯罪行为的产生是个人因素、社会因素和自然因素三方面共同作用的结果(即"犯罪三原论")。个人因素包括生理因素和心理因素;社会因素包括政治、经济状况、传统、宗教、风俗习惯、家庭结构、教育制度等因素;自然因素包括气候、季节、地形、物产、自然灾害等。菲利认为:犯罪的产生,除了行为人人格上的因素外,自然、社会因素对犯罪也有影响,有时社会因素对犯罪起主要作用,有时又可能侧重于个人因素或自然因素,不能过分强调某一方面因素的作用。他同时还提出了"犯罪饱和定律",即影响犯罪形成的各个因素都有一定的限度,当这种影响因素达到一定量时,犯罪就会发生,且出现对等的关系;当上升到一定量后,犯罪也就饱和了。例如,当社会因素发生变化,犯罪也就随之产生,但一旦社会因素得到改善,犯罪也就达到饱和状态,犯罪率即维持在一定的量上。

二、犯罪社会学派理论的发展

1930年后,犯罪的社会学派理论得到了蓬勃发展,出现了一些分支学说。例如,社会环境论、模仿论、文化冲突论、社会异常论、标签理论、社会学习理论等。

(一)"社会环境论"

"社会环境论"认为,犯罪不是由犯罪人的生理因素决定的,而是由社会环境影响的。社会环境是犯罪的培养基,犯罪人则是细菌,当细菌进入培养基后就会产生犯罪。因此,社会环境在某种意义上是犯罪产生的主要因素。该理论完全否认生理因素,也忽视人的心理因素对行为的作用,把人的犯罪行为完全归结为社会环境的不良影响,显然是有局限性的。

(二)"模仿论"

"模仿论"是由法国著名的社会学家、犯罪学家塔尔德(J. G. Tarde,1843—1904年)提出来的。塔尔德认为,犯罪行为的产生不是先天遗传的,而是在社会活动中受社会因素的影响而模仿出来的。人类的社会生活过程就是一个模仿的过程,由于人与人之间互相模仿,社会才得以发展并保持稳定,因而模仿是人类社会活动中不可缺少的行为源泉。他于1890年提出的模仿规律是:人们之间接触越密切,越容易互相模仿;下层人物模仿上层人物;农民模仿贵族;小城镇和农村模仿城市。两种互相排斥的东西同时流行,其中一种将取代另一种。他认为,"模仿"反映了人与人之间心理上的联系,犯罪也遵从一般的行为模仿规律,犯罪是社会造成的,社会因素是犯罪产生的根源,模仿则是传播犯罪的基本途径。人们正是在社会活动的互相联系、互相接触中,通过模仿学会犯罪进而传播开来的。后来的研究者认为,塔尔德用心理学的模仿规律来解释犯罪现象,是把复杂的犯罪现象过于简单化了。但塔尔德的理论批判了犯罪生物学派理论的缺陷,对后世的影响较大,且对犯罪社会学派理论的形成和发展有重要作用。

(三)"不同接触论"

"不同接触论"也译为"差异结交论"、"异化交往论"、"不同联系论"等,是由美国著名的犯罪学家萨瑟兰(E. H. Sutherland)在1939年出版的代表作《犯罪学原理》中提出来的。该理论认为,个体所实施的犯罪行为是在与他人的交往中,向与自己关系密切的人学来的。他认为,人们学习犯罪行为就如同学习其他正常行为一样,是在生活中学会的。因而,接触犯罪行为的机会越多,学习犯罪行为的机会也就越多。萨瑟兰将其理论归纳为九条主要内容:犯罪行为是学习来的;犯罪行为是在与人的交往过程中,通过人与人之间的互相影响而学到的;犯罪行为的学习,主要产生在与之关系密切的社会集团中;犯罪行为的学习,包括犯罪方法、犯罪动机、犯罪技巧、态度、理由等;对于特定动机和冲动的学习,主要通过法律规范赞同或不赞同的确定性而学得;犯罪行为的产生,是因为行为人违反法律的想法战胜了遵守法律的想法;人与人之间由于相互影响的频率、持续时间、顺序和强度的不同而影响到犯罪的学习;犯罪行为的学习过程与一般行为的学习过程是一样的;人类一般欲求和价值观念的理论不能用于解释犯罪,虽然犯罪行为也是一种欲求和价值观念的体现,但非犯罪行为也同样是一般欲求和价值的体现。该理论无疑可以用来解释一部分犯罪原因,但其缺陷也是明显的,因为它忽视了人的主观能动性,无法解释为什么在相同的环境下,有的人犯罪而有的人却并不犯罪。

(四)"文化冲突理论"

"文化冲突理论"指出,不同国家、不同民族、不同的社会团体由于生活方式、价值观念和风俗习惯等方面的差异,导致了文化规范的不同。犯罪即是不同社会集团的不同文化规范之间冲突的结果。该理论的代表人物是美国犯罪学家塞林(Thorstein Sellin,1896—1994 年),他在 1938 年发表的著作《文化冲突与犯罪》中指出,在社会群体用来维护其成员一致性的各种各样的手段中,刑法占据着重要地位,而刑法是主流文化行为规范的表现,犯罪则是与主流文化相冲突的下层阶级和少数民族群体文化的产物;由于下层阶级和少数民族群体的文化与主流文化相冲突,所以,遵从下层阶级和少数民族群体的文化,就必然会产生违反刑法的犯罪行为。塞林认为,除了不同民族之间存在文化冲突外,不同阶层、不同团体、不同时期、不同地区的文化都存在着冲突,所有这些冲突都可能导致犯罪。美国的另一位犯罪学家米勒(Walter Miller)也认为,犯罪是低阶层文化的正常反应;低阶层文化的核心包括诸如斗殴、酗酒、盗窃、不当性行为、爱耍小聪明、追求生活中的刺激、欣赏勇猛和坚强等。

(五)"社会异常论"

"社会异常论"(又称压力论、紧张状态论、激发论等)认为,犯罪是行为人由于不能通过合法手段获得社会地位和社会财富而产生的沮丧和气愤的产物。美国社会学家默顿(Robert Merton)在《社会结构和反常状态》一书中指出,美国社会是过分重视实现目标结果的社会,成就和名利是这种目标结果的标准;美国的社会、学校、家庭和大众传播媒介都大肆宣扬竞争、个人奋斗和出人头地,把物质财富和社会地位作为实现文化目标的主要象征;但是,由于社会歧视性的阶级结构和种族等级的存在,所以不是所有人都能平等地得到实现这些文化目标的机会和常规手段,那些处于下层社会的阶级由于无法取得同中上层阶级竞争的优势,便会产生一种紧张状态,并导致破坏法律的行为发生。

(六)"标签理论"

"标签理论"则主张,行为人变为罪犯的主要原因是社会给其贴上了越轨者的标签。所谓"贴标签",就是立法者、司法者、社会舆论把某些个体定义为"越轨者"的过程。该理论的代表人物贝克(H. Becker)和利莫特(Ednin Lemert)认为,社会对确有一定越轨行为的人贴标签,反而会刺激、加强或者促成了被标签者的恶性转化,从而进行更多的犯罪活动。

此外,副文化群论、社会生态学理论等都重视和强调社会客观环境对犯罪心理和行为所产生的影响。

(七)"社会学习理论"

到了 20 世纪 60 年代,美国心理学家班杜拉(A. Bandera)将犯罪的社会学派理论进一步发展。他认为,犯罪行为(特别是攻击行为)不是与生俱有的,而是后天习得的,犯罪心理的产生主要有三方面来源。(1)观察学习:包括家庭成员的影响和强化,人们所属亚文化的影响,广泛使用的宣传工具所提供的具有充分性的范例等;(2)凭直接经验学习:行为人通过自己犯罪或错误行为结果的直接经验而形成;(3)生物学因素:适当的环境激活了犯罪的神经生理机制,神经生理机制会限定攻击性反应的类型、决定感知和受影响的速度,因而它会影响犯罪心理和行为的模式。班杜拉认为,观察学习是最重要的,特别是家庭成员的示范和犯罪鼓励、父母的攻击和言语表情、亚文化的犯罪率、符号示范(如宣传暴力、色情的电影、电视、书刊等)对人们的犯罪心理和行为会产生直接影响。

犯罪的社会学派理论着眼于社会生活环境、强调犯罪行为的发生主要是受社会因素制约的,反对"天生犯罪人论"和"遗传绝对论"的观点,具有积极的意义,是有关犯罪研究的一大进步;有的理论在一定范围还具有一定的说服力,能解释部分犯罪原因。但这些理论由于过分强调社会因素的作用,忽视了主体生理和心理因素对犯罪行为的影响,这些理论都有不同程度的片面性和局限性。

第三节 犯罪精神分析学派理论

一、犯罪精神分析学派理论的产生

该学派产生于 19 世纪末 20 世纪初,是创始人弗洛伊德(Sigmund Freud,1856—1939)在心理学领域开创的精神分析理论,在世界范围内影响极广。精神分析学派不仅扩大了心理学的研究领域,比如对无意识、梦、过失与错误等文化的研究,而且在研究人的深层次的心理上,不满足于研究精神现象的"表面价值",而是追本求源、寻根问底,对人的心理现象进行深刻的剖析;同时,在研究方法上所采用的"自由联想法"以及荣格的"词的联想法"等,都成为心理学广泛采用的方法。许多名词术语,如"无意识"、"文饰作用"、"自卑感"、"优越感"、"内倾"、"外倾"、"补偿作用"、"投射作用"、"压抑作用"等都经历了实践的检验,成为心理学的流行用语。由于精神分析学派的研究主题涉及以往没有涉猎的关于人的心理深层结构、内在心理动力,以及对性问题的特殊注意,并把人的心理动力和能量都最后归结为性的问题,这就使精神分析理论本身被披上了一层浓厚的神秘面纱。

该学派认为,人的许多行为都来源于无意识过程,是受性本能驱使的。人格的形成是生物欲望(即里比多,Libdo)发展的结果。人格结构分为本我、自我、超我三个部分,这三部分互相渗透、互相作用,充满冲突,产生动力作用,支配人的行为。

(1)本我或伊德(id)。它是一个人生来所具有的各种本能冲动的总和。它的特点是无方向性、无逻辑性、未分化性;它只根据"快乐原则"活动,是人的一切特性的基础。

（2）自我（ego）。它是所谓"现实化了的本能"。当本我按照快乐原则进行活动时，由于本我只是混沌的欲望，无法与现实相接触，必然要通过与外部世界发生关系来实现自己的目的，在与外界相接触、相交往的过程中，追求快乐的目的行为必然受到现实社会的约束，在现实的反复教育下，认识到环境的危险，变得懂道理了，它控制本能和欲望，在现实允许的合理的生活中实现快乐的目的，即既要获得快乐，又要避免痛苦，因而从本我与现实矛盾冲突中就分化出了自我。自我按照"现实原则"进行活动，自我的作用就是要控制本我，与外界现实相接触，满足生理冲动，避免痛苦，同时又要在超我的监督和约束下，调解本我与现实的冲突。

（3）超我（superega）。它是以良心和批判能力为主体组合而成的，是道德化了的自我，它是人格中最后形成的最文明的部分，可以说是人的一种理想。它是在自我与现实的冲突中分化出来的，并在自我不能满足现实环境的要求时，以满足个体的要求。超我包括两个部分，一方面是所谓的"良心"，这是一种是非感，谴责和惩罚违反道德行为的标准；另一方面是自我理想，这是确定道德行为的标准。因而，超我按照"道德原则"或"理性原则"进行活动，它的职责是指导自我去限制本我的活动，同时，根据社会道德规范确定道德行为标准，以及对违反社会道德标准的行为进行惩罚。

精神分析学派认为，人格结构的三部分互相冲突、互相渗透、互相作用而构成一个整体。当这三部分彼此和谐时，即为正常人；而当行为人的人格结构与需要层次不能达到彼此和谐，在"超我"又有缺陷时，其"本我"的盲目冲动就不会受到"超我"的约束、管制，从而就会产生违反社会道德的行为，或犯罪行为。

二、犯罪精神分析学派理论的发展

最先用该理论来解释犯罪心理和行为的并不是弗洛伊德，而是德国犯罪学家艾其浩，他认为，本我的盲目冲动和性本能是促使一个人犯罪的原动力；犯罪人的自我不完善、不成熟，使自身对行为的控制出现弱点甚至裂痕，于是，犯罪人便可能以急躁的、紧迫状态的冲动和焦虑释放本我；犯罪人的超我不完善、有缺陷，不能控制冲动性的本我。此外，还有人用侵犯本能、利欲本能、性本能和权欲本能来解释犯罪心理和犯罪行为。

（一）"侵犯本能说"

"侵犯本能说"认为，人之所以产生犯罪心理和犯罪行为，是由于人的侵犯本能突出发展所致。侵犯本能是动物在弱肉强食、适者生存的进化过程中，赖以维持自己生存的一种本能。人是由动物演化而来的，虽然在长期的演化过程中，这种野蛮的侵犯本能已逐渐消失，但不可能完全消失。在社会的约束和监督之下，人的侵犯本能处于隐蔽状态，但在发怒和激烈争斗时它就会不自觉地流露出来。

(二)"利欲本能说"

"利欲本能说"宣称,人的生存欲望、需求是产生犯罪心理的原动力。生存欲求即是利欲心,这是人的一种内驱力。当一个人的利欲本能长期得不到满足时,便可能谋求不正当的补偿满足,从而诱发犯罪心理和犯罪行为的产生。

(三)"性本能说"

"性本能说"认为,性冲动是产生犯罪心理的唯一原因,是一切犯罪的原动力。甚至认为"十个案子九个奸",有些刑事案件,虽然表面上是诈骗、抢劫、盗窃等财产性质的犯罪,或者是杀人、伤害等侵犯人身权利的犯罪,但是,隐藏在犯罪现象背后的真实动机却是为了满足性的冲动。

(四)"权欲说"

"权欲说"指出,人具有保存自己、追求优越、崇尚权力的欲望;当这种欲望长期得不到满足时,就会形成自卑感;犯罪就是人为了克服自卑感而进行过度补偿的结果。

(五)"挫折攻击理论"

与精神分析派有关的"挫折攻击理论"也有一定的影响。该理论代表人多拉德(J. Dollard)和米勒(Miller)等认为,犯罪是个体受挫折后所产生的一种攻击反应行为。挫折是指个体在从事有目的活动过程中,遭到干扰或障碍,致使其动机不能实现,欲求不能获得满足时的情绪状态。该理论认为,当一个人的动机受到挫折时,为了减轻心理的紧张情绪,使内心保持平衡,必然要通过侵犯攻击行为来宣泄内心的不满,因而侵犯攻击行为就成为最原始而普遍的一种反应。侵犯攻击行为的形式,往往受到欲求的程度、个体的人格特征以及挫折的突然性等因素的影响。一般来说,发生攻击行为之前,必定先有挫折;受挫折的强度越大,其攻击行为的强度相应亦大;反之,挫折强度越小,攻击行为的强度也就微弱。一个人产生挫折,可以由多方面因素造成,而相应的攻击行为则可以从三个方面表现出来:一是内罚性反应,即把受到挫折的原因归咎于个体自身,对自己自责、损伤,甚至作出极端的自残行为;二是外罚性反应,即把受挫折的愤怒情绪和攻击行为指向社会、团体和他人;三是不罚性反应,即不把攻击行为指向任何一方,将其局限在最小的限度,或予以忽视。该理论认为,在这三种情况中,外罚性反应最容易导致暴力犯罪行为的产生。当一个人的欲求得不到满足时,个体即将集中激怒的情绪通过向社会或他人实施攻击行为或报复行为来得到补偿,从而求得心理的平衡。因该理论将挫折与产生攻击行为的关系绝对化了,且忽视法律、道德对人的影响,忽视个体自身的意志对欲求的控制和调节作用,因而受到了一些学者的批判。

综上所述,犯罪的精神分析学派理论将犯罪心理和犯罪行为的产生,归结为人的本能冲动,并认为人的先天本能是推动犯罪心理产生的原动力,这显然是不符合犯罪的实际情况的;该学派在研究方法上缺乏严格的科学性,并带有主观主义色彩;研究对象是精神病人而不是犯罪人,这就决定了其结论是荒谬的,它忽略了社会环境对犯罪心理和行为的决定作用,没有真正揭示出犯罪心理产生的实质。从客观效果上看,它实际上是在为犯罪人开脱罪责;因为按照该学派的观点,犯罪心理和行为的产生是无法抗拒的本能冲动,而不是犯罪人的有目的、有意识的心理活动和行为表现。显然,用精神分析的观点来解释犯罪心理和行为是极其牵强附会的。然而,该理论在治理和预防变态心理者犯罪方面还是有一定的实践价值的。

第四章 犯罪心理形成的机制

第一节 犯罪心理的形成机制

犯罪心理是怎样形成的？是不是有什么样的犯罪原因就会形成什么样的犯罪心理？犯罪心理是犯罪行为发生的前提，也是行为人承担刑事责任的主观依据,而犯罪心理的形成又总有一定的规律和机制。本章的主题是犯罪心理的形成,本节将概括性地介绍犯罪心理的形成机制。

一、概念

(一)机制的概念

"机制"一词在语义学上有四层含义：一是指机器的构造和工作原理,如计算机的机制；二是指有机体的构造、功能和相互关系,如动脉硬化的机制；三是指某些自然现象的物理、化学规律,如优选法中优化对象的机制；四是泛指一个工作系统的组织或部分之间相互作用的过程和方式,如市场机制。总之,机制一般是指类似机器那样行使作用的系统。

最先将"机制"概念引入心理学研究的,是美国心理学家武德沃斯(Robert Sessions Woodworth,1869—1962),他将"机制"定义为一种或一组有目的的反应方式,并认为,人的活动包括驱力(如饥饿)和机制(如求食过程),驱力发动机制,机制可以转化驱力。精神分析学派则认为,机制代表由压抑而产生的意识的行为动因。其实,在心理学界所讲的"机制",一般是指产生心理和行为的生理——化学过程及其运行规律。

(二)犯罪心理的形成机制概念

什么是犯罪心理的形成机制？国内学者的观点不尽相同。主要有以下几种：

(1)杨焕宁的犯罪发生机理观点认为,犯罪生成(即犯罪形成)是各种主要致罪因素互相作用与转化的必然结果。

(2)罗大华将犯罪心理的形成机制看作犯罪心理机制的一部分,犯罪心理的形成机制可以借助其对犯罪心理机制的定义理解。他将犯罪心理机制定义为:犯罪心理形成和犯罪行为发生的过程和规律。它是以内外化机制为主,包括防卫机制在内的多种机制的综合运作系统。

(3)梅传强认为,犯罪心理的生成机制即犯罪心理的形成机制是指在犯罪心理的形成和发展变化过程中,各种心理因素和特征相互作用的过程、方式和原理。

总之,犯罪心理的形成机制是指犯罪心理的形成是犯罪人主体内在因素与外在因素相互作用与转化的结果,是内外因综合影响的产物。其中主体外在因素包括时空、家庭、学校和社会文化等因素;主体内在因素包括犯罪人的需要、犯罪动机、犯罪人的智力特征、气质和性格特征、情绪和意志特征等。

二、犯罪心理形成的一般模式

犯罪心理的形成大体上可分为常见模式和特殊模式两种类型。

(一)常见模式

常见模式,是指其犯罪心理的形成和犯罪行为的发生,基本符合犯罪心理形成的一般过程,实施犯罪行为比较自觉的一种模式。又可分为以下几种类型:

1. 渐变型

其特点是:由量的积累到质的飞跃,具有渐进性;由部分质变到整体质变,具有渗透性;由朦胧意向到犯罪心理,具有自觉性;从产生需要到犯罪决意,具有预谋性。它包含两种类型:

(1)原发型。它指从少年期起,通过不良交往和违法尝试,逐渐发展成为犯罪心理的类型。

(2)继发型。它指早期并无劣迹,但在其成年后生活经历的某一阶段,由于经不起不良环境的诱惑,或受到错误思想侵蚀而走上犯罪道路。继发型渐变模式,由于始犯年龄晚,恶习较浅,矫治的成功率相对偏高。

2. 突变型

行为人事先并无劣迹和预谋,因突然发生对个体至关重要的情况或受外在环境、气氛的刺激而扯入犯罪。突变型犯罪虽然具有一定的偶然性,但是仍然与行为人的心理缺陷有关系,其社会化水平不足以应付或适应某种突发情况,因此,内部心理原因仍然是突变型犯罪发生的根据。具体又可以分为以下三种类型:

(1)由人际冲突引起的突变型。这是一种最为常见的突变模式,如亲人、同事、朋友之间的人际关系冲突所导致的突发事件。

(2)由回避危险引起的突变型。由于在突发性冲突中,受害一方防卫过当而造成人身伤害,或由于紧急避险超过必要限度,或由于应付假想的危险而造成人身伤害的犯罪行为。

(3)由特定氛围引起的突变型。在社会生活中,有时会出现某种特定的环境与氛围,使在场者情绪过度激动而引起群体性的骚动,一部分人因缺乏辨别是非和自我调控的能力而扯入犯罪。

3.机遇型

行为人在接触有利于实施犯罪的机遇之前并没有犯罪意图,接触该机遇之后,产生犯罪心理而犯罪。可分为两种类型:

(1)机会型。犯罪机会对行为人具有强烈的诱惑与刺激性。

(2)境遇型。出现了诱发犯罪行为的环境和氛围,并具有行为人预料不到的偶然性、突发性与巧合性,而引起犯罪行为。

(二)特殊模式

特殊模式,是指犯罪心理的形成有别于上述的一般过程和模式,或者行为人在实施犯罪时意识状态比较模糊,这是一种在犯罪案件中所占比率较小的犯罪心理形成模式。具体可以分为以下三种类型。

1.习惯型

习惯是一个人在一定的情况下,自动地去进行某种(类)动作的特殊倾向。犯罪习惯是犯罪人多次作案而形成的一种特殊形态的熟练,由于反复强化,便成为犯罪人的自动化行为,有时很可能无意识地去行为。

2.朦胧型

事实上,并非所有犯罪行为的发生,都经过犯罪意向、犯罪动机和犯罪决意这样三个清晰的动机发展阶段,有些犯罪行为是犯罪意向直接引起的行为,其意识状态比较模糊。这种情况在青少年犯罪中时有出现,模糊的犯罪动机未能被主体清晰地意识到。

3.变态型

有些犯罪行为是由变态心理引起的,如某些偏执型、冲动型变态人格、异装癖以及其他性心理障碍者,他们明知自己的行为有可能违法,仍受变态心理驱使,情不自禁地重复同类行为而引起犯罪行为。

三、犯罪心理形成的一般规律

犯罪心理的形成,一般遵循以下几个规律。

(一)互动律

犯罪心理的形成既有客观因素的影响,又有犯罪主体主观因素的作用。它首先以人的原有的心理品质为基础,通过社会实践活动中个体内外因素的互动,即相互作用、相互斗争、相互转化,而使个体原有的心理结构发生变化。这一演变过程可以简缩为内化、外化、强化三个过程。

犯罪心理形成过程中的内化,是指个体将客观现实中的消极因素,转化为个体不良心理意识的过程。客观环境中的消极因素为个体的心理反应提供了源泉,个体正是接受了不良环境消极因素的熏陶和影响,把它转化为自己的主观意识,而形成了犯罪心理。这一转化过程不是消极被动地实现的,而是伴随着个体的积极和主观能动作用,与个体的兴趣、认知等原有的心理发展水平有关。内化的方式,可能是模仿、学习,也可能是耳濡目染,对群体亚文化的认同,抑或坏人的教唆。内化的结果是个体接受了客观现实中的消极因素,并使之成为个体心理意识的一部分。

犯罪心理形成过程中的外化,是指个体在客观消极因素的作用下,产生了不良心理意识或犯罪动机,并不仅仅把它停留在意识阶段,而是要通过自己的语言和行为表现出来,从而影响周围的客观环境的过程。外化的方式,既可能是个体通过有意识的意志活动加以实现,也可能是无意地实现的。个体不良心理意识的外化,会伴随着相应的行为后果的出现。相应的行为后果又会作为刺激信息,进一步加深内化。

犯罪心理形成过程中的强化,是指行为结果作为一种刺激信息反馈到大脑后,使个体产生满意的评价效应,从而使原有的不良心理意识得到加强的过程。其结果是使个体不良心理意识得到鼓励、巩固和加强,促其向犯罪心理转化。

以上犯罪心理形成的三个过程,在犯罪心理形成的渐变模式中,往往体现出犯罪个体三个演变过程的反复循环过程;在犯罪心理形成的突变模式中,个体将客观现实中的消极因素加以内化后,并不很快以外化的方式表现出来,而是当遇到足以引起外化、强化的诱因和条件时,其犯罪心理随着行为动机的出现而迅速成熟,随即导致犯罪行为的发生。

(二)心理选择律

心理选择性是人的心理活动的基本规律之一。其含义是指,人在同一时间不可能感知所有的事物,只有符合个体需要的和当前活动相一致的各种影响才被列入反映对象,其他无关的信息则处于被排斥的地位,从而不被个体所感知。比如,在如今这个物欲横流的时代里,有些人喜欢追求品牌、奢侈品,开好车,住豪宅,甚至为得到这些物质享受不惜一切代价;而有些人却对此不屑一顾,更多地追求精神层面的享受。这种个体对外部事物有选择地加以感知的心理规律,体现了个体内在的心理倾向。这种心理倾向,既依赖于个体原有的知识经验,又依赖于个体对刺激信息的需要、兴趣、态度、情感、意向,而且依赖于当时的刺激情境、行为目标和活动任务。既然犯罪心理是一种特殊的心理活动,那么犯罪心理的形成过程也体现了心理选择性的规律。

人的心理选择包括积极的选择和消极的选择。积极的选择,是指对符合社会规范要求的刺激信息所进行的选择;消极的选择,是指对不符合社会规范要求的刺激信息所进行的选择。显然,一个人之所以形成犯罪心理,是其消极选择恶性循环的结果。

(三)"量变—质变"转化律

犯罪心理不是天生就有的,它是个体在心理发展过程中,由于接受了一些外界消极影响,而使其品德逐渐变坏。这个逐渐变坏的过程,也就是量变的过程。犯罪心理调查表明,大多数犯罪青少年在犯罪之前,就有许多不道德的、违纪违法的行为。那些在犯罪前表现得很"规矩"的犯罪人也有一个思想转变、犯罪心理逐步形成的过程。

犯罪心理的形成同时也表现为质变的过程。犯罪心理形成过程中,当量的积累达到一定程度时,就会发生质的变化。犯罪动机的形成,就是质变的标志,是在犯罪人各种不良心理品质形成基础上的一个根本的质变。

在犯罪心理形成的渐变模式中,量变的过程比较明显;而在犯罪心理形成的突变模式中,也需要经过量变的过程。如激情性犯罪的犯罪人,虽然看起来没有什么前兆,看不出量变的过程,但却与其法制观念淡漠、意志品质不良,以及消极的情绪反应性特质等性格缺陷有关。所以突变模式中,并不是没有量变过程,而是这种量变更为隐蔽,更不易为人所察觉。

(四)反馈—强化律

反馈是控制论中的概念,是指从系统输出的信息,反过来对系统又发生影响的过程。根据其作用,可以将反馈分为正反馈和负反馈。正反馈起强化作用,负反馈起削弱作用。当一个人产生了不良的心理意识以后,往往会通过不良的言论和行为表现出来,如果这些不良言行没有得到及时的批评和矫正,或者矫治不当,那么这些信息反馈到大脑中,对其不良的心理意识会起到强化作用。犯罪心理的形成可以说是个体不良心理意识通过信息反馈得到强化的结果;犯罪心理的恶性发展,则是相对较弱和不稳定的犯罪心理通过信息反馈得到强化的结果。

当一个人在犯罪动机的驱使之下,去实施犯罪行为,其犯罪心理可能由于各种原因的影响而恶性发展,这些原因包括:不良诱因的刺激、非法欲望的满足、惩罚和改造措施不力等。对于那些多次进行违法犯罪活动的累犯和惯犯,从初次犯罪满足犯罪欲求,到再次实施犯罪和再次满足犯罪欲求,犯罪心理必然得到强化进而恶性发展。犯罪者由初犯向再犯、累犯、惯犯发展,犯罪心理的强化是其重要机制。

当然,不管是犯罪心理的形成,或恶性发展,个体心理得到的强化都不是一次能完成的,常常需要经过多次的强化。

第二节　犯罪心理的形成与外在因素的影响

与个体犯罪心理形成有关的外在因素,包括时空因素、家庭因素、学校因素和社会文化因素等。个体在社会化过程中,不可避免地受到这些因素的影响,假如这些因素对个体的影响是积极的,个体能够适应社会规范,形成良好的人格;相反,假如个体经历了不良的社会化过程,那么这种不良社会化将影响个体形成犯罪心理。

本节将对影响犯罪心理形成的几种常见外在因素进行分析,通过分析各类因素与犯罪心理形成之间的关系,从而揭示出这些因素对犯罪心理形成和发展所产生的影响作用。

一、犯罪心理的形成与时空因素的影响

时空因素,是指与犯罪活动密切相关的时间、地域等因素,对于犯罪心理的形成、发展和变化,对于犯罪心理的类型和表现,存在着不同程度的影响。这些因素虽然不能直接导致犯罪心理的形成,但是可以作为犯罪心理形成及其向犯罪行为转化的背景起作用。

(一)时间因素对犯罪心理形成的影响

时间因素对犯罪心理的影响主要表现在季节和时日两个方面。

1.季节与犯罪的关系

一些调查统计表明,由于季节变化,犯罪活动呈现相应的规律。暴力犯罪多发生在夏季,而少发生在冬季。主要是因为暴力犯罪往往发生在人与人接触过程中,而在夏天,由于天热,人们户外活动较多,容易发生接触。在这样的情况下,犯罪人容易碰上犯罪机会,从而实施暴力犯罪。在财产犯罪中,盗窃罪多发生在冬季,主要是因为冬季夜间较长,为犯罪人实施盗窃行为创造了条件。诈骗罪多发生在春夏季,因为春夏季人们户外活动增加,诈骗犯罪人易于遇到被害人而实施诈骗犯罪;强奸等性犯罪往往在春季急剧上升,到夏季达到高峰,秋季时开始下降,有的学者认为,这是因为春季是万物复苏的季节,人作为大自然的一员,生理上的原始冲动和渴望较其他时期更为强烈,同时,气温上升,人们穿着单薄、暴露,使犯罪人易于实施犯罪。

另外,季节中天气的变化与犯罪同样也有一定的关系。一些犯罪人为了顺利实施其犯罪计划,需要选择有利作案的气候条件。有的犯罪人总结偷盗要"偷雨不偷雪,偷风不偷月"。一些文学作品中也有"风高放火时,月黑杀人夜"等语。

2.时日与犯罪的关系

时日包括实施犯罪的时刻和日期:时刻是指一天24小时之中,什么时间段容易导致不同类型犯罪发生;日期是指一星期七日之中,哪些日子容易促使不同类型犯罪发生。

经有关研究显示,犯罪在一天的24小时以内,确实有相当的规律性。暴力犯罪主要发生在傍晚及夜晚,因为此时段人员出动频繁;在财产犯罪中,盗窃犯罪(扒窃除外)主要发生在夜晚及深夜,一方面因为该时段犯罪人可以借助夜幕掩护,另一方面在该时段被害人也疏于防范。扒窃罪主要发生在白天上下班时段,主要是因为此时为人流高峰,犯罪人易于寻找犯罪目标。诈骗罪之所以主要发生在白天,主要是因为此时段是人们处理事物较为集中的时间,犯罪人易于寻找到作案目标。

抢劫罪在夜晚和白天都有发生,因为犯罪人在晚上易于逃避,在白天易于寻找作案目标;性犯罪主要发生在下午及夜晚,因为此时段的被害人容易疏于防范,同时犯罪人易于寻找到作案目标。

犯罪在不同的日期上也会表现出一定的规律性。据调查,在周末、节假日,人们得以摆脱劳动,放松休息,外部的约束减弱,人际接触机会大为增加,饮酒、纵欲、狂欢等消遣享乐行为常常导致人际冲突,从而引发犯罪行为;上下班高峰期间和节假日扒窃行为多;春节期间盗窃案件多;交通肇事罪和因酗酒引起的犯罪往往是周六、周日和周一较多。

(二)地域因素对犯罪心理形成的影响

地域因素对犯罪心理形成的影响主要体现在犯罪人常利用不同的地理条件来进行犯罪活动,具体表现为两个方面:

从宏观方面来看,地理条件与犯罪心理的类型有着密切联系。因受各区域的气候、风土人情及社会政治、经济、文化条件等因素的影响,犯罪类型会表现出一定的差异:我国西南边境毗邻世界最大的毒品产地之一——"金三角",这里道路崎岖,山林茂密,不易控制管理,边民出入境往来也极为容易,因而毒品犯罪较其他地区更突出;而走私犯罪大多集中于东部和东南沿海地区;卖淫嫖娼大多集中于流动人口较多的城市。

从微观方面来看,一定特点的地理环境对犯罪心理有安慰和强化作用。犯罪人在进行有预谋的犯罪活动时,总是选择一些便于隐蔽、逃跑的地理环境,尤其是一些有作案经验的惯犯、累犯、流窜犯,在进行犯罪准备和实施犯罪时,往往会精心选择作案路线和地点,特别是抢劫犯罪、盗窃犯罪和强奸犯罪。一些地点常常是犯罪多发点,如城乡偏僻的街区小巷、车站、废弃的仓库、建筑工地等,这些地点由于往来人员稀少,不易被发觉也容易逃脱,又可以抑制受害人的反抗意识。因此,犯罪人可以凭借这些地理环境因素,为其犯罪心理壮胆,同时也提高了犯罪的成功率。

二、犯罪心理的形成与家庭因素的不良影响

一个人的社会化过程始于家庭,其早期生活经验深刻地影响着其一生的发展。每个人社会规范的接受、价值观念的形成、生活目标的确立、行为方式的养成、生活技能的掌握和社会角色的培养等,最初都是在家庭完成的。正常、健康家庭的成员一般都能形成一种健康的人格和养成一种符合主流社会规范的行为方式。相反,不正常、不健康的家庭和犯罪人格的形成必然存在或多或少的联系。与个体犯罪心理形成关系最密切的不正常、不健康家庭因素主要包括家庭结构的缺陷和家庭教育的缺陷。

(一)家庭结构的缺陷

由于家庭结构的不完整导致家庭成员间的情感交流失衡,人际关系冷漠,个体很容易形成孤僻、冷漠、自卑等不良性格特点和反叛心理。他们在家里得不到爱和精神生活的满足,往往会向外寻求精神支持和寄托。这样,由于他们心理尚未成熟,社会经验不足,在不良环境的影响和坏人的教唆引诱下,很容易走上犯罪道路。家庭结构的缺陷对犯罪心理形成的影响主要表现在以下几个方面:

1. 缺损家庭

所谓缺损家庭,是指因死亡、离婚、遗弃或其他原因,缺损父母之一方或双方的家庭。父母的精神与物质的爱,是儿童身心正常发育所不可缺少的条件。如果儿童自幼生活在缺损家庭中,就会影响其性格的发育,使其缺乏爱心和责任心,不正当欲望强烈,多孤僻、忧郁、自卑,易形成犯罪心理。据一项关于青少年违法犯罪问题的调查结果显示,24.1%的违法犯罪青少年生活在缺损家庭中,而在我国,缺损家庭占全部家庭总数的比例不到10%(《关于八省市青少年违法犯罪问题的调查报告》,1992)。由此推断,生活在缺损家庭中的子女的违法犯罪率明显高于一般正常家庭。在缺损家庭中,因缺损的原因不同,影响儿童不法行为的程度也有所不同。一般认为,不法少年出于因死亡而缺损的家庭的比率小,而出于遗弃或离婚等原因而缺损的家庭比率较大。这是因为,后一种缺损家庭,在缺损以前已有不睦、不道德、无规律等因素,以致促成离婚。所以在这样的环境中成长的儿童,容易形成犯罪心理,也就是说,这种缺损家庭儿童的问题行为应归于其发展的冲突环境,由于他们承受被父母一方抛弃的痛苦,其心理创伤往往更为严重。

2. 父母不良行为

家庭中的社会化很多都是在无形中进行的,父母是子女的第一任启蒙老师,是孩子最早学习的榜样。父母的言谈举止、道德水准、社会信仰、行为规范、价值观和社会态度等对未成年人发生着潜移默化的影响。另外,未成年人好奇心较强,可塑性大,善于模仿,但其分辨是非、控制自己意志的能力较弱。父母的一言一行都在潜移默化地影响孩子性格的发展,孩子也随时模仿和学习父母的行为。比如:父母性生活不检点,不避子女,会使孩子把性行为看成很随便的事,从而形成不健康的性观念;有的母亲道德观念较差,虐待、遗弃公婆,就很容易使子女的道德观念发生变异,使其形成缺少怜悯和同情心、欺老凌弱、残忍冷酷的性格;父母贪图小便宜,子女也会从中学到自私自利、贪利忘义的品行。总之,父母的不良行为都会给子女以暗示的影响,并使他们模仿大人的不良行为行事,在其心灵中孕育下违法犯罪的种子。

3. 家庭气氛不和睦

家庭气氛可以成为未成年人违法和犯罪的直接原因,不和睦的家庭气氛,与未成年人违法和犯罪行为率关系甚大。不和睦的家庭比和睦的家庭,其子女违法行为者明显增多。这种不健康的家庭气氛对儿童来说是非常有害的,儿童得不到关注和照料,情感需要和欲望得不到满足,从而抑制了儿童的成熟。儿童情绪的不成熟和被忽视构成了反社会行为或犯罪行为的基础。家庭成员之间特别是夫妻之间经常充斥着吵骂、指责、揭短、厮打,弥漫着一种冲突或不和谐的气氛,会给子女带来极大的挫折感和不安全感,长此下去会造成性格内向、孤僻自卑等人格障碍。有些子女为逃避这种不和睦的家庭气氛,极易离家出走,流落街头,一旦受到不良因素的影响,就会走上犯罪的道路。家庭不和对成年人也是有影响的,现实生活中,常有因夫妻不和而导致一方到家庭之外寻求感情寄托,从而造成夫妻关系破裂,甚至酿成情杀悲剧的案例。

4.家庭经济状况

家庭的经济状况对青少年犯罪有着一定的影响:①过于贫困的家庭容易使儿童形成犯罪心理,主要表现在如下几个方面:首先,家庭经济收入低,不能给青少年提供物质上的满足,青少年更容易在家庭外部寻求物质上的支持和保障,从而走上犯罪的道路。其次,家庭经济收入低会通过直接或间接的方式,增加父母的痛苦和家庭冲突来破坏有效的教养实践,降低父母给孩子提供社会或情感支持的能力,而且低收入或者父母都是教育程度比较低的家庭将对暴力行为持更宽容的态度(如鼓励反击,特别是对男孩),这将会无形中纵容和培养孩子的暴力行为,进而增加孩子从事暴力行为的可能。再次,家庭经济状况不佳会减少给孩子提供社会控制的机会,青少年更有可能居住在处境不利的社区,在低教学质量的学校就学,接触不良同伴,观察社会和学校暴力,所以他们从事反社会行为的可能性会增大。②过于富裕的家庭也有可能使儿童形成犯罪心理,家庭条件优越,家长忙于工作和经商,无暇顾及对子女的正常教育,只顾满足其物质需求,对日益暴露出来的毛病和恶习不予重视,未及时予以制止和教育,甚至纵容庇护,过分溺爱,使其在生活上贪图享受,将物质利益追求当成生活中最主要的目标,随着物欲的不断膨胀,又不能从正当的渠道及时得到满足时,就会通过非正常渠道来实现,未成年犯中有不少被判抢劫罪的就是此类情况。

(二)家庭教育的缺陷

家庭是子女接受教育的第一堂课,家庭教育对儿童早期的社会化发展起着非常关键的作用。影响儿童社会化发展的家庭教育因素很多,如父母的教育动机和教育内容都会影响到家庭教育的效果,但是父母的教养方式是最重要的一个。父母的教养方式,指的是父母对待孩子的比较稳定的教养观念(如儿童观、教育观、亲子观、人生观)和已经习惯了的教育行为。一些家长没有遵循儿童生理、心理特征和成长规律,造成教养方式不当,是导致个体犯罪心理形成的一个很直接的、很重要的原因。据广东省少管所反映,在该所服刑的少年中有80%和家庭教养方式不当有关。不当家庭教育方式直接表现为家庭教育缺乏理论意义上的科学性,教育方式出现偏差。这种不当家庭教育方式主要表现为以下几种:

1.溺爱型

溺爱型,即对子女过分娇宠、情感过剩、理智不足。一种情况是想方设法满足子女的各种欲求,即使是不正当的欲求也无原则地满足,对其过错甚至是违法犯罪行为,不但不进行批评教育,反而迁就、放任,甚至袒护、包庇、纵容。这样的情况下成长起来的个体从小养成了自私任性、好逸恶劳、骄横霸道、自我中心的不良性格和行为习惯。他们进入社会后,当个人利益和需要不能在正常的范围内得到满足时,很可能不顾社会道德、法律规范来满足自己,从而发生违法犯罪行为;另一种情况是过分保护,即父母代劳帮助孩子解决一切问题,其实质也是溺爱。在这种"溺爱"下长大的孩子,性格脆弱,缺乏独立自主能力,无法适应竞争化的社会,挫折耐受力明显低于其他人,在父母的万般保护下,孩子自我意识偏离、自我评价过高、为所欲为,欲望无休止地放纵而不断升级,一旦在家庭中得不到满足时,就会向家庭外扩张,极易走上犯罪道路。

2.放任型

对子女放任自流,是家庭教育中的另一种不良现象。这包括两种情况,一种是故意放任,认为对孩子有些毛病不必在意,"树大自然直",因而放弃了对子女的教育引导。这种家庭的教育方式是对子女采取不问不管的态度,认为只要子女吃饱、穿暖就行,对孩子只养而不教,从不进行耐心细致的思想教育,放弃教育监护职责。对子女的情况疏于过问,听之任之,不管不问,不了解孩子的需求,不能及时发现和教育纠正子女的不良行为,对子女放任自流。其结果是子女出了问题,才恍然大悟,但此时后悔已晚。另一种是无意放任,有些父母双方均工作繁忙、家务繁重,或长期上夜班,或在外地工作,无暇照顾子女,只好把子女托付给老人、保姆或社会(如幼儿园、学校),使父母不能及时把握子女的思想和品行状况,这些孩子由于缺乏父母的指导和监督,并且自身认知水平不高,缺乏正确辨别是非、善恶的能力,在社会上各种不良因素的诱导和影响下,很容易形成犯罪心理,走上违法犯罪的道路。

3.粗暴型

粗暴型,即对子女教育方法简单、粗暴,甚至采取打骂体罚的方式,发现孩子犯了错误后,无视子女正常的自尊和独立的人格,强求子女无条件地顺从家长的意志。在这样家庭生活的子女,失去了父母的爱抚,失去了家庭的温暖,使子女对父母产生恐惧心理和对抗情绪,促使他们到社会上去寻找爱抚、温暖。这类家长认为,子女是自己生的,要打要骂,自己做主,久而久之,孩子缺少家庭的温暖,怨恨之心积于心坎。这种教育方式造成的后果:第一,伤害了子女幼小心灵中微弱的自尊心,造成子女与父母、家庭在思想上、感情上的对立,强化了其青春期前后摆脱家庭的倾向,有的因此而离家出走,有的在外交上了坏朋友,有的干脆加入了犯罪团伙;第二,粗暴的打骂给孩子提供了学习、模仿的榜样,易使孩子形成残忍好斗的性格;第三,子女在受到打骂时,往往内心并未屈从,但他们年幼体弱,无力反抗,于是表面顺从,内心反感,这种矛盾心理易使其形成表里不一、虚伪做作的双重个性。这些都可能激发个体犯罪心理的形成。

4.矛盾型

矛盾型,即父亲与母亲之间,或父母与祖父母之间等对子女的教育、褒贬彼此不一致,形成矛盾。例如子女做错了某件事情,父亲对其进行严厉的批评,而母亲却在此时极力地袒护,这种情况下,容易使子女无所适从,不知道谁对谁错,久而久之,会使孩子在认识、情绪、好恶、道德观、价值观等方面形成混乱的局面,是非颠倒,行为偏常,甚至可能形成"两面性"人格。这种教育容易造成青少年行为失范或走上犯罪道路。

5.奢望型

现在很多家庭都是独生子女,家长对孩子倾注了全部的爱,同时也对子女的学习成绩提出更高的要求,而子女尽最大的努力也难以达到。适当的期望能够给人带来动力,促进被期望者不断进步。但是,如果把期望变成奢望,效果会适得其反。许多父母望子成龙、望女成凤,要求子女把所有时间投入到学习上,不让孩子出去玩,不准孩子与同学往来,父母的这种苛刻要求使孩子产生极大的心理压力,甚至焦虑不安,产生了逃避和逆反心理。当这些压力超过了他们的承受能力时,在逃避和逆反心理的支配下很可能会离家出走,以致误入歧途,有的甚至做出弑亲等过激行为。

三、犯罪心理的形成与学校教育因素的影响

学校是青少年从家庭走向社会,顺利实现社会化过程的重要环节。通过学校教育,陶冶人的情操,传授文化知识,使青少年掌握必要的生活技能,获得改造自然、改造社会、改造人类自身的知识和能力。学校对个体长远的成长和发展的影响是全方位的。学校教育的这种作用是通过知识的传授、道德的说教、行为习惯的养成、教师的言传身教和学校环境的熏陶等各种因素综合影响而实现的。可以说,学校长期的系统教育对个体的行为模塑在现代社会中无以替代。良好的学校教育,可以对家庭教育的不良影响起到弥补和矫正的作用,帮助未成年人抵制和消除不良社会因素的影响。但是,学校教育中也存在一些消极因素,不利于未成年人的社会化,容易使青少年形成不健全的人格,使青少年在迷途上越走越远,直至走上犯罪道路。影响犯罪心理形成的学校教育的消极因素主要有:

(一)思想品德教育工作的薄弱

当前一些学校对学生的思想品德教育工作仅做一些表面文章,忽视了从学生心灵深处进行教育的作用,这些薄弱环节表现在以下几个方面:

1.重智育,轻德育

阿沙芬堡强调德育在教育上的重要性时说:"教育者,德化之为也,倘忽视德育

而进行智育等于不学驾驶技术而开车。教育应该以德育即人格与性格之陶冶为终局目的。"我国学校的根本任务是把广大学生培养成有理想、有文化、有纪律的人才。要实现这个任务,必须全面实施国家的教育方针,使学生在德、智、体几个方面都得到发展。但目前一些地区和学校在教育教学中往往单纯重视智力教育,忽视对学生的道德教育,表现为:思想教育工作缺乏长期规划和针对性,学校的思想教育工作跟不上社会形势的发展,不少学校配备的思想品德教学力量十分薄弱,人员少、水平低;有的学校数理化抓得细致、具体,措施落实,但是德育工作仅仅是装样子、摆门面、应付检查等,导致学生的思想品德水平低下、道德观念模糊、是非难辨、情趣低级;在相当数量的学校,忽视了校园文化建设,学生在学校里除了上课还是上课,校园原本应有丰富多彩的各种娱乐活动,在升学竞争的重压之下销声匿迹了。学生厌学情绪骤增,生活单调枯燥,思想上的"盲点"得不到疏导,充沛的精力得不到合理的宣泄,只好另觅精神寄托。以上种种,最终将成为引发学生不良行为甚至走上违法犯罪的潜在因素。

2. 法制教育存在误区

学校现行普法教育极为薄弱,有的仅流于形式。对在校学生普遍进行法制教育,其目的是要使他们认识到社会主义法制在整个国家政治生活、经济生活、文化生活中的地位和作用,认识到人人遵纪守法的重要性和违法犯罪的危害性,进而培养他们的法律意识和守法行为习惯。然而一些学校认为法制课与重要考试没有任何关系,无开设的必要,也就不开设。在一些学校即使开设了,也是应付一下,走走形式,并不能让未成年人真正培养其良好的法制意识。有这样一个实例很能说明问题:13 岁的少年张某杀人之后非常坦然地对母亲说:"你不用担心,我不会死的。"当地派出所的民警讯问他时,他说:"一抓我时就想到我学过的法律常识,未满 14 岁不负刑事责任,因我未满 14 岁,可以不去坐牢。"由此看来,法制教育只停留在法律知识的传授上是远远不够的,如果只传授法律知识,没有形成与法律规范要求相适应的价值观,没有将法律规范的要求内化为自己的需要和行为动机,不能用法律规范约束自己的行为,形成守法的行为习惯,这样的法制教育不但不能对青少年犯罪起到预防作用,反而可能让一部分青少年由于了解法律的规定而钻法律的空子,萌发犯罪心理。

3. 心理卫生教育缺失

据北大精神卫生研究所提供的数据,我国未成年人行为有心理问题的百分率为12.9%,表现为忧郁症、恐惧症、焦虑症等。中小学生心理障碍患病率为 21.6%～32.1%,大学生则有 16.1%～25.4%的心理障碍患病者。中小学生心理障碍突出表现为人际关系不良、情绪稳定性差和学习适应不良、焦虑不安、神经衰弱、强迫症等方面。由此可见,未成年人现在的心理问题极为严重。而现在我们的许多学校却仍是没有重视未成年人的心理教育,很少学校开设了专门的心理教育课程。学生的心理问题得不到及时地、正确地引导和教育,往往因心理问题导致违法犯罪。

他们轻者表现为厌学、早恋、旷课,夜逃外出上网,结伙打架;重者为偷盗、抢劫、杀人等。

性教育在我国中学教育中是一个极受忽视的领域,随着生理上的发育成熟,未成年人开始产生性的生理冲动,并萌发性意识,这时候他们渴望了解有关性的知识。由于获得正确性知识和性教育的渠道不畅通,得不到及时、正确的指导,使得他们在性知识上表现为愚昧无知,于是他们把探索的目光投向了色情网站及淫秽录像制品等。在这些不良因素的影响下,他们可能很难控制增加的性冲动,从而走向违法犯罪。

(二)教育体制存在的缺陷

由于现行的教育体制存在缺陷,导致学校不能给学生一个全面发展的环境,从而客观上为缺点较多的未成年人走向犯罪创造了条件。

1.教育体制的单轨制产生的消极影响

教育体制的单轨制指我国的教育结构单一,从小学到初中,从初中到高中,再从高中到大学。学生上学的最终目的是为了考大学,所学的知识是为了考大学而准备。所学的知识,往往与实际就业工作脱节。大部分学生毕业后都要经过相当长的一段待业时间才能走上劳动岗位,青少年在待业期间,无所事事,精神没有依托,再加上不得不依赖父母生活,给他们的心理上造成不良的影响,使得他们对社会病毒的免疫力低,容易沾染并养成坏作风、坏习气,容易被犯罪集团吸引过去,共同犯罪。长期的待业,也容易使一部分青少年心理产生变态,它的恶性发展会产生破坏社会正常秩序的犯罪动机。

2.应试教育的弊端影响青少年身心发展

我国现行的应试教育体制存在着划一、封闭和机械的弊端,反映在课程和教学中过分强调学业知识的传授,升学率的高低成为衡量一个学校教学质量高低的唯一依据,相当数量的学校教学紧紧围绕着高考的指挥棒转,普遍存在着重视办好重点学校、抓少数尖子学生培养的问题,忽视了办好一般学校、忽视了培养大多数学生德、智、体全面发展,因而产生了明显的消极效果。同时用行政手段将同一层次的小学和中学区分为重点学校和非重点学校,并在教育经费、师资配备、招生和录取等方面给予不同的待遇,也是目前普遍存在的一个问题。这实际上是公开地推行变相的歧视性教育。从后果来看,这样做虽然在一定程度上有利于因材施教和培养"尖子学生",但却人为地在学校与学校之间、教师与教师之间、学生与学生之间造成许多矛盾和问题。非重点学校学生容易形成自卑、自弃心理。与办重点学校、重点班相并行的是中学普遍实行排名次的做法。排名次的原意在于促进竞争,虽然它在一部分学生中起到促进竞争作用,但在另一部分学生中起到促使堕落作用。那些在排名次中处于后列的学生,心理上容易产生极大的不平衡感。因而往往会从学校之外和非学习上寻求另一种补偿。一些中学生就这样滑到了犯罪边缘。

(三)教育监督管理简单化

学校教育中教育管理的封闭、守旧等种种弊端,对学生的不良行为不能进行及时的帮教处理,导致问题沉积,校风不正,甚至使学生产生违法犯罪行为。

首先,教育管理的不当表现在教育方法的简单化。有的学校教师对犯有错误的学生,不了解具体原因,以罚站、撵出教室、停课、停学甚至开除学生的简单惩罚方式代替说服教育,这严重挫伤了被罚学生的自尊心,强化了他们的逆反心理,其中有的因此逃学,游荡于社会,结交坏人而走上了违法犯罪道路。有的学校还盲目把经济手段引入学生的管理教育中,如学生迟到一次罚款多少,补习一次需交费多少等,促使部分学生形成了不健康的价值观。学校处分是学校对违反学校的规章制度和学生行为规范的学生所进行的处理,包括警告、记过、留校察看和开除等。它是教育学生、挽救学生的一种手段,运用得好可以对不良行为的学生起到威慑和教育作用,运用得不好容易使学生产生悲观和消极情绪,从而一蹶不振,在邪路上越走越远。据某市对 210 名受到司法机关处罚的青少年调查显示,有 23 人是因受到学校的开除或其他处分后走上犯罪道路的。现在很多流失生就是由于学校缺乏必要的管理、教育、引导,从而染上了不良恶习,最终成为违法犯罪的潜在和后备力量。

其次,教育管理的不当表现为教育态度的偏差。当前,"升学率"成了一些学校衡量教育质量的唯一标准,各种"排行榜"、"快慢班"等名目众多的提高升学率的"教学措施"应运而生。这些消极的教育思想造成一些"后进生"走上了违法犯罪的道路。社会学中的标签理论认为,当一个人被对其有影响的人,如教师、警察、邻居、父母或朋友等贴上犯罪人的标签,甚至以犯罪人相待时,他会真的以犯罪人的身份行动,进行犯罪活动,从而成为一个真正的犯罪人。在学校教育中存在的一些消极现象可以用标签理论来解释,有的教师随便将成绩较差的学生斥之为"差生"、"包袱"等,这些话语符号可能成为一种标记被学生接受,这样,学生不仅没有改正,反而真的会变成教师所指责的那种人。在划分快慢班的学校,慢班的学生往往不自觉地形成"自己不行"的观念,从而自暴自弃,在这种环境中形成犯罪的比例明显高于其他学习环境。

最后,学校中存在的管理不善、校风不良的现象也是影响学生行为的一个重要因素。有些学校除上级有关部门制定的几部规则外,没有结合自己学校的实际情况制定其他纪律制度。如学生在校考勤及请假制度、财产损坏赔偿制度、奖惩制度、考试制度等。学生犯了错无章可循,天长日久,学生因小错不断,养成不良习惯。有些学校制定了一系列的规章制度,但不能进行认真的宣传,执行过程中时紧时松,不能保持制度执行的经常性、连续性,不利于培养学生的良好习惯。许多学生在校学习期间就有打架斗殴、故意扰乱课堂秩序、谈情说爱、相互攀比生活学习用品、搞游戏性质的赌博活动等不良行为,但学校对此却放任自流,结果使不良习气在校园内盛行,不仅打乱了学校正常的教学秩序,影响教学活动的顺利进行,使学生无心学习,而且使有的学生的不良行为没有及时得到矫正,进而演变成恶习而使其走向堕落。

四、犯罪心理的形成与不良文化的诱导

文化是指人类社会实践所创造的物质和精神财富的总和。文化是社会的黏合剂,是人的行为选择的价值体系。有了文化,我们就可以知道应该做什么,怎么做。从某种意义上说,文化是个体社会化的前提条件,人创造了文化,同时也被文化所塑造,这是人区别于其他动物的另一重要特征。人作为人降临到世界上就与文化结下了不解之缘,每个人都生活、成长于特定的文化环境之中,他的思想、思维、观念、行为无一不打上他所处的那个时代和环境的文化烙印。这种先于个体而存在的文化背景,对人的影响与作用不但潜移默化、无孔不入,而且内化为人本身的人格、素质、个性或命运等。良好的文化环境有利于培养健康、积极向上的人格,反之,不良的文化环境必定会对个体的成长和发展产生影响,进而促使他们走上犯罪道路。影响犯罪心理形成的不良文化因素有以下几个方面:

(一)由多元文化的冲击形成的不良文化

多元文化的发展是当代世界文化发展的一个重要趋势,其内涵有广义和狭义之分:广义的多元文化是指世界上不同民族创造的文化,如中华民族的儒家文化、道家文化,古代印度文化、西方国家的基督教文化、阿拉伯民族的伊斯兰文化等;狭义的多元文化是指构成某一民族文化的不同文化来源。总体来看,多元文化是指在同一地域内存在多种文化现象,包括了经济、政治、道德、艺术、语言文化、宗教信仰等人们所遇见的一切物质的或精神领域的各个方面。多元文化的冲突是指在文化传播与传递过程中,由两种或两种以上不同规范文化的接触、碰撞而产生的文化对抗现象。其本质是价值观的冲突,它容易使人产生心理失衡、人格异常和行为越轨等不适应症,降低人的心理承受能力和自控力。

由于文化本身的异质性和个性的特征,决定了文化之间的冲突是不可避免的。在众多的文化冲突中,反差最明显的莫过于中西文化的冲突了。中国传统文化历史悠久,根深蒂固,强调集体本位、重义轻利、服从长辈等;而西方文化借助强大的经济实力通过电视、报纸与其他各种媒体迅速进入国门并传播开,倡导个人本位、追求现实利益、子女独立等。这种个性解放的西方观念对于青少年来说有着巨大的诱惑力。他们渴望展现自我,却囿于传统文化的束缚。在青少年的世界观、人生观、价值观尚未完全成型的这一特殊时期,他们既有希望又常怀失望;既急于选择又无从选择;既要为适应新环境进行冒险,又要为承受旧传统付出忍耐。社会文化受到来自西方"异质"性文化的"冲击",这些"异质"文化中既有"文明"也有"糟粕"的成分。经过中西文化的不断"碰撞"与"交融",形成了多元文化的局面。多元文化不同程度地对人们的思想和行为产生一定的积极和消极的影响,尤其是易引起

青少年思想上的骚动和出现价值观失范现象，对青少年的成长有着重大的影响，一旦行差踏错，就有可能坠入犯罪的深渊。

多元文化的冲击形成的不良文化是指对全社会成员具有消极影响的各种文化现象，其表现为：形形色色的旧思想、旧观念又呈现出死灰复燃的倾向；一些西方国家本身都予以唾弃和限制的腐朽观念和颓废文化也在我国一些人中找到了市场；黄色文化、犯罪文化对犯罪的增长起了直接的催化作用。"黄、赌、毒"等丑恶现象的蔓延，拜金主义、利己主义、享乐主义在一部分人头脑中恶性膨胀，污染了社会风气，腐蚀着未成年人的健康心灵。社会中出现的某些贪污腐败、嫖娼宿妓、生活腐化、收入差距的拉大和财富的两极分化；不良文化刺激，驱动那些意志薄弱者的低级需求，使个体的不合理需要与社会需要之间形成了尖锐的对立，在一定的条件下，将会"冲破"社会道德和法律的约束而走向犯罪。

（二）大众传播媒介中不良因素的诱导

大众传播是以报纸、杂志、电影、电视、广播、光盘、国际互联网等为工具，面向大众的信息沟通方式。大众传播是现代社会个体社会化的重要途径，其对个体发展的积极作用体现在：大众传播延续社会传统、传播社会经验和知识的教育功能；大众传播还持续提供大量有关社会事件的报道；大众传播对社会有机体具有调节作用，能够帮助人们宣泄不满情绪，使他们一时的心理需求得到满足；大众传播对提高社会的娱乐水平起到重要作用。然而大众传播媒介在给社会带来积极影响的同时，也带来了一些不良后果，其中最为典型的就是不良媒体的传播，给社会造成了大量的"精神污染"，这些污染成为犯罪心理形成的一个重要因素。

大众传媒对犯罪心理形成的影响方面有很多实验依据。"有报告指出，孩子从电视上看到暴力电影后，夜里睡觉时也会说胡话、做噩梦；另有报告指出，即使以猫为主人公的漫画电影中也能诱发孩子的攻击行为，而且仅仅看了 10 分钟，过了 6 个月后仍与一般孩子有差异；有的将大学生作为实验对象，发现攻击性影片可以增加攻击性反应，这种攻击性不一定对眼前直接原因的人，而且对从前认为讨厌的人或者对有敌对情绪的人也会引起攻击性……即使对于普通成年人，也会由于宣传之类而受到粗暴和居心不良等影响……其他，有不少人由于看了电视和报纸报道的犯罪手法而导致模仿犯罪的情况。"

大众传播媒介中的"精神污染"对公众特别是涉世不深的青少年形成了强烈的冲击，产生了极大的消极影响。据抽样调查显示，65％以上的工读学生，50％以上的青少年犯罪，其违法犯罪行为的产生均与直接接触过各种不良信息的影响有关，主要媒介是网络、录像、书刊、电影等，受社会不良亚文化影响并导致犯罪的情况令人触目惊心。不少杀人犯纯粹是对一些影视镜头的刻意模仿，他们甚至否认用匕首刺入人的心脏会真的把人杀死。犯抢劫、偷盗罪的未成年人则多为影视里花天酒地的生活方式所诱惑；在性犯罪的未成年人中，有 60％以上是不同程度地受到黄色传媒的毒害而走上犯罪道路的。这一时期的未成年人性器官开始发育、性机能逐步成熟,生理结构的明显变化引发了心理上的变化,好奇心增强,对自身的生理变化有着强烈的神秘感和好奇心,特别是对于与生理变化有关的信息有着更加浓厚的兴趣。媒体中的色情内容,正切合了未成年人的这些特征,满足了他们的生理和心理需要。一些未成年人,由于自我控制能力差,抵挡不住诱惑,抑制不住生理和心理躁动,便产生尝试的念头,色情内容毒害人的心灵,使人堕落,更可能使其冲破现行法律规范与社会伦理道德走上犯罪道路;网络文化是随着计算机联网而产生的一种新的文化现象,它以计算机及其附属设备作为物质载体,以上网者为主体,以虚拟空间为主要传播领域,以数字化为基本技术手段,为人类创造出了一种新的生存方式、活动方式和思维方式。网络文化是信息时代的特殊文化,它不是一种地域文化,而是一种时域文化。更加值得注意的是,中国互联网络信息中心第十三次调查结果显示,35 岁以下的网民占 82.2％,18～25 岁的年轻人所占比例最高,达到 34.1％,其次是 18 岁以下的网民占 18.8％。网络文化在拓宽人们视野的同时,也带来了一些消极影响。主要表现在:首先,网络给人提供了大量的信息,但在这些信息之中不乏宣扬暴力、色情、邪教观念、种族歧视等的有害信息。长期浏览这些毒害人类心智的内容,必定会对人的潜意识产生影响,这种暗示的影响对于尚未成熟的青少年来说尤为明显。一旦产生刺激源,便会引发青少年犯罪。其次,网络文化的最大特点是它的虚拟性。正是这一特点使得青少年缺乏社会责任感,对周围的人漠不关心,视而不见,一心沉溺于网上的虚拟空间,难以自拔。更有甚者,受网络游戏的影响,对人的生命毫不尊重,认为人是杀不死的,只要"重新开始"就可以复原。因此,在现实生活中,青少年的暴力事件呈上升趋势。再次,网络文化的隐蔽性在给人们提供展现自我空间的同时,也诱发了青少年的一些不良行为。网络是青少年宣泄情绪的最佳地点。在网上所暴露出来的种种言行,正是他们在现实生活中极力压抑的想法。其中很大一部分是带有恶意的,而网络的隐蔽性不仅提供了最佳的避难所,还进一步促使青少年产生犯罪行为。可以说,不良的网络文化是青少年犯罪的加速器。

(三)犯罪亚文化

亚文化理论认为,社会文化除了主流文化外,还存有许多亚文化群,它们不同于主流文化,有的甚至与主流文化格格不入。亚文化的存在必然会与主流文化产生冲突,使受亚文化影响的人行为上出现偏差。根据亚文化理论,所谓亚文化,就是指一个社会不占统治地位的支流文化。亚文化一词通常指在一个社会的某些群体中存在的不同于主文化的价值观念和行为模式。这是导致个体犯罪的一个重要因素。因为犯罪不是无缘无故发生的,总有一定的导因,形成犯罪动机才能产生犯罪行为。而亚文化常常导致个体犯罪动机的形成和犯罪行为的产生。犯罪行为是个体在对立于社会价值观念、生活模式和行为准则支配下的一种严重危害社会的行为。而这种价值观念、生活模式和行为准则正是由亚文化所提供的。亚文化所特有的行为规范和价值观念往往与社会主流文化所提倡的相冲突,一旦演化和畸形发展就会形成犯罪亚文化。

所谓犯罪亚文化，是指犯罪亚群体在犯罪活动过程中逐渐形成并信奉和遵循的与主文化相对立的价值标准、行为方式及其现象的综合体。它对于个体的危害更为深远，主要体现在：第一，培植和强化个体的反社会意识。犯罪亚文化始终偏离并对立于社会主文化。长期接触这类亚文化的个体会容易变得思想扭曲、私欲膨胀、心理异常，并逐渐产生犯罪意识。第二，维系犯罪团伙。文化的整合功能可以使具有同类文化因素的个体凝聚成一个整体，并不断吸收新的成员。因此犯罪亚文化成为维系犯罪团伙，并团结一致对外的心理纽带和精神支柱。就是这种"自己人"的文化感觉不断吸收和同化社会上闲散人等，形成犯罪集团。第三，提供个体犯罪的心理支持。犯罪亚文化使其成员的犯罪行为和畸形需求在同伴中受到肯定，起着促进和加固犯罪动机，坚定犯罪成功信心的作用。第四，传授个体犯罪技能。可以说，犯罪个体的犯罪行为很大程度上是习惯使得的。犯罪亚文化给犯罪个体提供了预备的时间和练习的条件。不仅犯罪团伙之间可以交流犯罪经验，市场上五花八门的文化商品也给犯罪个体提供了丰富的"素材"。

第三节　犯罪心理的形成与内在因素的影响

犯罪心理的形成是主体内外各因素之间有机结合、相互联系、相互作用的结果。那种将影响犯罪心理形成的因素归结为单一因素或将这几个因素简单排列都是极其错误的，它不能说明犯罪心理的形成机制。在上一节介绍影响犯罪心理形成的主体外在因素的基础上，本节将介绍与个体犯罪心理形成有关的几种主体内在因素，包括犯罪人的需要、犯罪动机、犯罪人的智力特征、气质和性格特征、情绪和意志特征等。

一、犯罪人的需要

需要是犯罪心理形成的基础，犯罪人进行犯罪活动，作用于一定的客体，是为了满足其一定的需要，正是在这个需要的诱使下才产生一股内心冲动，进而发展成犯罪心理，最终实施犯罪行为。

(一)需要的概念及作用

需要是有机体内部的一种不平衡状态，它表现在有机体对内部环境或外部生活条件的一种稳定的要求，并成为有机体活动的源泉。需要的产生是由于个体内部生理或心理上存在着某种缺乏或不平衡状态。例如，血液中血糖成分的下降会产生饥饿求食的需要；而水分的缺乏则会产生口渴想饮水的需要；生命财产得不到保障会产生安全的需要;孤独会产生交往的需要;等等。

需要在人的心理活动中有着极其重要的作用,当人们需要某种东西时,便会把缺少的东西视为必需的东西,为了求得心理平衡,人必须进行有关活动以获得所需之物的满足需要。可见,需要是个体活动的积极性源泉,是人进行活动的内在基础和基本动力。需要激发人去活动,驱使人朝着一定的方向、一定的目标追求,以求得需要的满足。而且,需要不会因其获得满足而终止。有一些需要在满足之后会重新出现和产生,并带有明显的周期性表现:如饮食、睡眠和性的需要等;有一些需要获得满足后,在其基础上会产生新的需要,新的需要推动人们从事新的活动以满足需要,新的需要满足后,又不断地产生新的、更高层次的需要,使人们的活动不断向前发展。

(二)需要的种类

对需要种类的划分,通常从其起源和对象两个角度进行分类。

1.生理需要和社会需要

从需要的起源划分,需要包括生理需要和社会需要。

生理需要是为保存和维持有机体生命和种族延续所必需的。生理需要包括:维持有机体内不平衡的需要,如对饮食、运动、睡眠、排泄等的需要;回避伤害的需要,如对有害或危险的情景的回避等;性的需要,如配偶、嗣后的需要。生理需要是生而有之的,人与动物都存在,但人与动物表现在生理上的需要是有本质区别的。马克思曾说过:"饥饿总是饥饿,但是用刀叉吃熟肉来解除的饥饿不同于用手、指甲和牙齿啃生肉来解除饥饿。"可见人的生理需要已被深深地烙上社会的痕迹,已不是纯粹的本能驱动。

社会需要是人们为了提高自己的物质和文化生活水平而产生社会性需要,包括对知识、劳动、艺术创作的需要,对人际交往、尊重、道德、名誉地位、友谊和爱情的需要,对娱乐消遣、享受的需要等。它是人特有的在社会生活实践中产生和发展起来的高级需要。人的社会需要因受社会的背景和文化意识形态的影响而有显著的个别差异。

2.物质需要和精神需要

按需要的对象划分,需要包括物质需要和精神需要。

物质需要是指人对物质对象的需求,包括对衣、食、住有关物品的需要,对工具和日常生活用品的需要。物质需要是一种反映人的活动对于物质文明产品的依赖性的心理状态,因此,物质需要既包括生理需要又包括社会需要。

精神需要是指人对社会精神生活及其产品的需求,包括对知识的需要、对文化艺术的需要、对审美与道德的需要等。这些需要既是精神需要又是社会需要。

除了以上两种对需要的分类以外,美国心理学家马斯洛1943年在其著作《动机论》中提出,认为人的需要可以分为五个层次,它们依次是:生理的需要、安全的需要、归属和爱的需要、尊重的需要和自我实现的需要。后来又加了两条:求知需要和审美需要,处于尊重与自我实现之间。

生理需要:这是人类最原始的也是最基本的需要,包括饥、渴、性和其他生理机能的需要,它是推动人们行为的最强大的动力。只有在生理需要基本满足之后,高一层次需要才会相继产生。

安全需要:当一个人生理需要得到满足后,满足安全的需要就会产生。个人寻求生命、财产等个人生活方面免于威胁、孤独、侵犯并得到保障的心理就是安全的需要。

归属与爱的需要(社交需要):这是一种社会需要,包括同人往来,进行社会交际,获得伙伴之间、朋友之间的关系融洽或保持友谊和忠诚,人人都希望获得别人的爱,给予别人爱;并希望为团体与社会所接纳,成为其中的一员,得到相互支持与关照。而不是简单的男女之爱。

尊重的需要:包括受人尊重与自我尊重两方面,前者是希求别人的重视,获得名誉、地位;后者希求个人有价值,希望个人的能力、成就得到社会的承认。

自我实现的需要:是指实现个人理想、抱负,最大限度地发挥个人的能力的需要,即获得精神层面的至高人生境界需要。马斯洛认为:为满足自我实现的需要所采取的途径是因人而异的。有人希望成为一位理想的母亲,有人可以表现在体育上,还有人表现在绘画或发明创造上……简而言之,自我实现的需要是指最大限度地发挥一个人的潜能的需要。

(三)犯罪人的需要特征

犯罪人的需要有两个特征:

1. 个人需要与社会需要处于对立地位

行为人头脑里只有个人的欲求,不考虑他人、国家和社会的需要;为了满足私欲,不惜采取非法手段损害他人合法权益,扰乱社会秩序,破坏国家利益。

2. 畸形的、膨胀的需要

行为人的物质需要毫无节制,享受的欲望脱离个人的支付能力;性的欲求违反社会道德规范,侵犯他人的合法权利;在其需要结构中,缺乏高层次的学习、劳动、荣誉、事业成就的精神需要,而对吃喝玩乐等低层次需要却恶性膨胀,占据主导地位。

其实,犯罪人也有符合情理和社会生活准则的需要。但是他们在选择满足需要的方法和手段上不合理,造成了社会危害,触犯了刑法,最终导致犯罪动机和犯罪行为的产生。例如,某人有着惊人的学习化学的天赋,可以说他有远大的理想、抱负,有最高层次的自我实现的需要,但是他把这种天赋用在制作毒品上,最终成为制毒贩毒的大毒枭,他这种满足需要的方法和手段使他最终走上了犯罪道路;某大学生在一次聚餐的过程中,与同学发生争执,受到了他人的嘲笑和侮辱,因为他有着受人尊重的需要,从而冲动之下将同学打成重伤,他满足合理需要的行为触犯了刑法,同样属于犯罪行为。由此可见,犯罪人的需要并不总是反社会的。满足需要的方式和对象不当,其行为也可能造成犯罪。

二、犯罪动机

心理学研究表明,动机是人类实施特定行为的内在力量,是人类行为的直接动力。作为人类诸多行为类型之一的犯罪行为也是如此,犯罪行为产生的直接动力就是犯罪人的犯罪动机,犯罪动机是犯罪心理的核心,研究犯罪动机对于分析犯罪人犯罪心理的形成以及犯罪行为发生背后的内在动力有着重要的意义。

(一)动机的概念和功能

1.概念

动机是由目标或对象引导、激发和维持个体活动的一种内在心理过程或内部动力。即动机是一种内部心理过程,而不是一种心理活动的结果。对于这种内部过程,我们不能进行直接的观察,但可以通过任务选择、努力程度、对活动的坚持性和言语表达等外部行为间接地推断出来。通过任务选择,我们可以判断个体行为动机的方向、对象或目标;通过努力程度和坚持性,我们可以判断个体动机强度的大小。各种理论都认为,动机是构成人类大部分行为的基础。在所有的行为中,可以说无论任何类型或者种类的行动,都是要受到行为背后的动机所支配的。在动机的激发下,行为不断地产生。而且动机使这种行为保持着朝向一定的方向前进,使行为保持着清晰、明确的目标,具有强烈的目的性。因此,动机是人类实施特定的行为的内在力量,对于人类的行为具有非常重要的意义。

2.功能

从动机与行为的关系上分析,动机具有以下几种功能:

(1)激活功能。动机是个体能动性的一个主要方面,它具有发动行为的作用,能推动个体产生某种活动,使个体由静止状态转向活动状态。

(2)指向功能。动机不仅能激发行为,且能将行为指向一定的对象或目标。

(3)维持和调整功能。当活动产生以后,动机维持着这种活动针对一定目标,并调节着活动的强度和持续的时间。

(二)犯罪动机概述

1.犯罪动机的概念

犯罪动机是激起和推动犯罪主体实施犯罪行为的内在动力因素。不同的犯罪动机,不仅直接反映出犯罪主体的主观恶性程度的大小,而且也表明了犯罪行为的社会危害性的差异,因此,是量刑轻重的主要依据之一。苏联法学界一些知名学者认为:"无论动机是否作为基本特征被列入犯罪构成,如果没有一定的动机,那么任何一种故意犯罪就不可能实施。即使不把动机列入犯罪构成,它仍然是法院在判刑时应当加以考虑的重要情节。"任何犯罪行为的发生,都是在犯罪动机的直接推动下,通过激发、指向、维持和调节功能的发挥实现的,没有哪一种犯罪行为的发生是欠缺犯罪动机的。犯罪动机是能够引起或发动犯罪活动的犯罪主体的重要的内部心理因素,它给犯罪行为人提供一定的能量以供主体实施犯罪活动;同时它还能够指引犯罪行为采取具体的行为方式和针对具体的目标;同时,犯罪动机还能够不断激励、增强犯罪行为的力量。

2.犯罪动机的特征

犯罪动机具有以下特征:

(1)主观性。犯罪动机是犯罪人的主观心理活动,它是犯罪人在实施犯罪行为的过程中特有的一种心理现象,它的形成和作用都反映着行为人主观恶性程度及行为的社会危害程度。

(2)相对性。犯罪动机是与犯罪行为相对的概念,犯罪动机之所以不同于一般的活动动机,就是因为它和犯罪人的犯罪行为相联系,没有犯罪行为便没有犯罪动机可言。犯罪动机与一般意义上的动机的区别在于,犯罪动机所引发的行为是具有社会危害性的犯罪行为。

(3)动态性。犯罪动机反映的是一种动态的心理过程。首先表现在犯罪动机是在动机斗争的过程中形成的,在实施犯罪行为的过程中,个体的动机往往不止一个,在各种心理动机之间会产生一定的冲突和斗争;其次,犯罪动机在犯罪过程中是不断变化的。

(4)复杂性。在犯罪心理上,并非只存在一种动机,往往是多种动机并存,这些动机的内容、强度各不相同,构成了一个复杂的犯罪动机体系,其中起主要作用的是被犯罪人意识到的、强度大的犯罪动机。

(5)低级性。犯罪动机的低级性是指犯罪人动机在社会化水平方面的特征。犯罪人的大多数犯罪动机,都具有极其浓厚的物质性,是其生物本能需要的反映。因此,在犯罪动机中,相对低级的物质、生理方面的需要引起的低级犯罪动机往往占优势地位,而由较高级的社会、精神方面的需要引发的犯罪动机数量则较少。当然,犯罪行为人犯罪动机的极端低级性这一特点,也是受犯罪人所处的社会环境以及其生活水平和经济条件所制约的。

3.犯罪动机的类型

有关犯罪动机的类型如何划分,不同学者观察角度不同,划分标准也不同,主要有以下几种:

(1)按照犯罪动机的来源,可分为政治型、物欲型、性欲型、情欲型、戏谑型、过失型等6种类型。

(2)按照犯罪动机的内容,可分为目的型、理想型、幻想型、激情型、嫉妒型、攻击型、自尊型、义气型、脆弱型和报复型等10种类型。

(3)按照犯罪动机的运作形式,有偶发型、激情型、趁机型、预谋型、职业型、惯常型等6种类型。

(4)按照犯罪行为特点的不同,有暴力型、智能型、灵活型、激情型、不稳定型、转移型、残忍型等 7 种类型。

(5)按照犯罪动机的性质划分,可分为一般动机型与不良动机型 2 种类型。

(6)按照犯罪动机的意识状况划分:可分为意识动机型与潜意识动机型 2 种类型。

(三)犯罪动机的形成

1.犯罪动机的形成条件

犯罪动机的形成,依赖于两个条件:

(1)需要是犯罪动机形成的源泉。事实上,所有促使特定行为进行的动机几乎都是在主体自身内在需要的基础上产生的。犯罪动机来源于强烈、畸变的需要,它是在外界环境诱因的刺激下和主体内部不能以社会规范来调节超越现实的需要而产生的。动机在人的心理发展和行为进行中起着无比重要的作用,是人的一切心理和行为发生发展的内在动力体系。需要在动机产生中所起的作用类似于动机在人的心理与行为发生、发展过程中的作用。需要是在动机产生这一复杂体系中最重要的核心部分,是动机体系的源泉。

(2)诱因是犯罪动机形成的外部条件。外部刺激也是引起动机的一个原因。凡是能引起机体动机行为的外部刺激,均称为诱因,诱因具有诱发、起动、引导行为的作用。诱因按性质可以分为两类:个体因趋向或获得它而得到满足时,这种诱因称为正诱因。个体因逃离或回避它而得到满足时,这种诱因称为负诱因。在一些情况之下,外部诱因直接、迅速而有力地引起犯罪动机的产生和犯罪行为的实施。在另外一些情形下,外部诱因引起犯罪动机的过程并不明显,犯罪动机与外部诱因似乎没有直接的关系。

2.犯罪动机的形成过程

犯罪动机从其产生、发展到结束、消失,一般经过四个阶段:.

(1)意向阶段。又称为萌发阶段。在该阶段,犯罪人由于内部或外部因素的作用,内心躁动,初步萌发了犯罪动机。由于此时动机刚刚萌发、孕育,还不能被主体明确、清晰地意识到,因此这一阶段的动机具有内隐性和模糊性。

(2)明确阶段。这是犯罪动机的产生阶段。在这一阶段中,犯罪动机开始变得清晰、明确,由萌发阶段的前意识层面上升到意识层面,犯罪目的得以确立。

(3)决意阶段。该阶段犯罪动机斗争激烈,当犯罪动机完全明确之后,犯罪人还需通过选择犯罪时机、确定犯罪方式等动机斗争,最后才下定决心,对犯罪动机加以确认和巩固定型。

(4)消失阶段。指犯罪动机的终了阶段。一种情况是通过犯罪行为实施,犯罪目的已经达到,犯罪动机抵达归宿点而消失;另一种情况是犯罪行为已经实施,但处在未遂状态,犯罪目的未能实现而放弃犯罪动机;第三种情况是原犯罪动机为新犯罪动机所取代,原犯罪动机消失。

3.犯罪动机斗争

犯罪动机斗争,又称犯罪动机冲突。犯罪人在实施犯罪行为的过程中,犯罪动机常常不止一个,而是同时存在着多种不同的犯罪动机,当犯罪人必须确定一种犯罪动机的时候,也就是决意实施某种犯罪行为的时候,在多种不同的犯罪动机之间会产生一种心理冲突,这就是犯罪动机斗争。

犯罪动机斗争的类型主要有三种:

(1)双趋式冲突。即在两种犯罪利益不能同时获取时产生的斗争,例如:既想从事盗窃活动,又想从事诈骗活动,但无法同时进行两种活动时,犯罪人就会产生动机斗争,只能选择其一加以实施。一般这种动机斗争较少发生。

(2)双避式冲突。即在两种活动都很难避免时发生的动机斗争,例如,犯罪人既不想去杀害威胁他的人,又不堪忍受对方的欺负、折磨,在这种情况下,就会产生动机斗争。

(3)趋避式冲突。即在既想犯罪又怕犯罪不顺利或犯罪后受惩罚时产生的动机斗争,这是最为常见的犯罪人的动机斗争类型。

一般说来,在犯罪的不同阶段,犯罪动机斗争表现的类型不同。在犯罪准备阶段,一般表现为"双趋式冲突"或"双避式冲突",因为此时多种犯罪目标并存,或多种非法需要并存,为了犯罪成功,犯罪人必须对同时存在的各种动机进行比较分析,经过动机斗争,最后做出最满意的选择;在犯罪决意阶段,"趋避式冲突"较为突出,因为此时动机斗争的焦点在作案与否,当犯罪人的不当需要占了上风时,犯罪动机会占据主导地位。当犯罪人的恐惧心理占了上风时,犯罪动机就会受到抑制或消退。

(四)犯罪动机的发展变化

犯罪人在实施犯罪行为的过程中,犯罪动机的发展变化有以下几种情况:

1.动机实现

这是犯罪行为实施过程中一种常见的类型。犯罪人按计划实施了犯罪行为,顺利完成犯罪过程,达到犯罪目标,实现了犯罪动机。犯罪动机的实现,会使犯罪人的需要、欲望得到满足,有了成功的犯罪经验,会刺激犯罪人产生新的犯罪需要,并形成新的犯罪动机,使犯罪心理进一步恶化。

2.动机受阻

犯罪人在实施犯罪行为时,会遇到来自社会、他人、家庭以及自身能力等各方面的阻力与困难。如果犯罪人暂时无法摆脱、冲破这些阻力与困难,以达到其犯罪目的时,犯罪人不得不主动放弃原来的犯罪动机,中止犯罪活动。这种状况下,犯罪动机的放弃虽是主动的,但也是被迫的、暂时的,一旦条件许可,犯罪动机还会死灰复燃。

3.动机中断

在实施犯罪的过程中,犯罪人中途突然被抓获,犯罪行为即被制止,致使犯罪动机未能实现,犯罪目的无法达到。这种情况完全是外力作用的结果,并非表明犯罪人有终止犯罪的意愿。

4. 动机派生

犯罪人在实施犯罪的过程中,由于新的环境刺激的出现和主体心理因素的变化,在原来犯罪动机的基础上,激发了新的、更大的犯罪欲望,而产生出新的犯罪动机,导致了更为严重的犯罪行为。

5. 动机消退

犯罪人在实施犯罪行为时,由于受到外界环境的影响,道德、法律观念的恢复以及个性中尚存良好心理因素的影响,犯罪动机消退,主动停止了犯罪行为。

三、犯罪人的智力特征

智力是影响个体社会化程度的一个重要因素。一般来说,智力高低并不必然导致犯罪。但是智力可以影响一个人的认知能力与意志控制能力,还会影响到个体的情绪体验,进而导致个体的认知偏差、需要偏差、情感偏差等,最终导致犯罪心理的形成。

(一)智力的含义

《现代汉语词典》中智力的概念是"指人认识、理解客观事物并运用知识、经验解决问题的能力,包括记忆、观察、想象、思考、判断等"。有关智力的含义,心理学家们众说纷纭,我们倾向于智力是以下三个方面能力的组合:

1. 智力是个体适应环境的能力

个体对其生活环境,尤其对变幻莫测的新环境愈能适应,即表示其智力愈高。

2. 智力是个体学习的能力

凡个体能对新事物的学习较易、较快,又能利用经验解决新问题,即表示其智力较高。

3. 智力是个体抽象思维的能力

凡个体能由具体事物获得概念,能运用符号作合乎逻辑的评价、推理、判断,即表示其智力较高。

综上所述,智力是指认知反应的特性。它是个体有目的地行动、合理地思维,以及有效地适应环境的综合能力。

(二)犯罪人的智力特征

1. 智力过低和智力过高都会影响犯罪

有些犯罪个体智力过低,难以把握其行为的可能后果及理解道德规范的含义和意义。一种情况是,如果智力过低,就意味着个体难以适应其生活,这就会使他沮丧,进而仇恨、愤怒并实施违法行为。另一种情况是,如果个体不能像别人一样进行熟练的语言表达,那么他们则会倾向于采取自认为更好的方法,诸如攻击、暴力等来表达自己；有些犯罪的个体智力很高，他们思维能力强、有预谋，犯罪容易得逞，犯罪之后常常毁灭罪证，并且具有很强的反侦查能力，犯罪不易被发现和侦破。并且犯罪的理性色彩较重，往往还披上一件"合法"的外衣。

2. 不同犯罪类型的智力水平存在较为明显的差异

几乎各类调查都证明，不同类型犯罪者的智力发展状况有着较为明显的差异。根据有关文献，智力低下者所从事的犯罪类型以性犯罪和盗窃居多。从罪行的分类上看，一般奸淫幼女犯、纵火犯、强奸犯等类型犯罪人的智力明显偏低，而犯有伪造、诈骗、谋杀等罪行的犯罪人，其智力水平一般较高。

四、犯罪人的气质和性格特征

气质和性格作为个体较为稳定的个性心理特征，对于个体犯罪类型和方式均会产生影响，是影响犯罪心理形成的重要心理动因。

(一)气质概述

1. 气质的概念

所谓气质是指个人所具有的典型的、稳定的心理活动的动力特征。主要表现在心理过程的强度、速度、稳定性、灵活性及指向性上，如情绪的强弱、思维的快慢等。气质的生理基础是高级神经活动类型，它一旦形成就比较稳固。与性格相比，气质本身没有好坏之分，它不能决定人的行为性质，只影响人的行为方式。

2. 气质类型的外在表现

气质这个概念最早为古希腊医生希波克拉底(Hippocrates)和罗马医生盖伦(Galen)所提出。他们先后观察了人们行为的个别特点以后，提出解释认为，人体内有四种体液：血液、粘液、黄胆汁和黑胆汁。这四种体液在人体内的不同比例就形成了人的不同气质：多血质(血液占优势)、粘液质(粘液占优势)、胆汁质(黄胆汁占优势)、抑郁质(黑胆汁占优势)。他们认为，四种气质类型在行为方式上表现如下：

(1)胆汁质。表现为精力旺盛，反应迅速，情感体验强烈，情绪发生快而强，易冲动，但平息也快。直率爽快，开朗热情，外向，但急躁易怒。有顽强拼劲和果敢性，但往往缺乏自制力和耐心。思维具有灵活性，但经常粗枝大叶、不求甚解。意志坚强、勇敢果断，但注意力难于转移。

(2)多血质。活泼好动，反应迅速，思维敏捷、灵活而易动感情，富有朝气，情绪发生快而多变，表情丰富，但情感体验不深。外向，喜欢与人交往，容易适应新环境。兴趣广泛但易变化，注意力不易集中，意志力方面缺乏耐力。

(3)粘液质。安静、沉着、稳重、反应较慢；思维、言语及行动迟缓、不灵活；注意比较稳定且不易转移。内向，态度持重，自我控制能力和持久性较强，不易冲动。办事谨慎细致，但对新环境、新工作适应较慢；行为表现坚韧、执着，但感情比较淡漠。

(4)抑郁质。抑郁质气质类型的人感受性高,观察仔细,对刺激敏感,善于观察别人不易察觉的细微小事,反应缓慢,动作迟钝;多愁善感,体验深刻和持久,但外表很少流露。内向,谨慎,遇到困难或挫折时易畏缩,但对力所能及且枯燥乏味的工作能够忍耐,不善于交往,比较孤僻。

(二)气质与犯罪

当一个人在不良因素作用下走上犯罪道路时,气质对于主体的犯罪类型和方式均会产生影响,使其在各自的犯罪活动中反映出气质的特征。据河北省某监狱1991年的抽样调查表明:暴力犯罪中,胆汁质的人较多;诈骗犯罪中,多血质的人较多;贪污犯罪中,粘液质的人较多;危害国家安全犯罪中,胆汁质、粘液质混合型的人较多等。

气质与犯罪的关系还体现在,同样的犯罪,不同气质类型的犯罪人往往有不同的行为特点。如报复型犯罪,具有胆汁质类型的人,大多情绪反应快而且强度大,往往对方的某个眼神、某个举动,就能使其产生暴力冲动,而且难以自制,他人也难以制止,因此出现伤人毁物的后果,而一旦冷静下来,又常感到悔恨;具有粘液质类型的人,弱故意报复,则大多进行预谋、策划、准备,事后也不后悔。因此,胆汁质者常与情境性的暴力犯罪相联系;粘液质者常与预谋性的暴力犯罪相联系。

(三)性格的概念

性格是一个人在现实的稳定态度和习惯化了的行为方式中所表现出来的个性心理特征。性格在人格特征中具有核心的、主导的意义。性格不同于气质,具有明显的社会历史制约性,是现实社会关系在人脑中的反映,它在先天素质的基础上,在后天的环境影响和教育作用下,通过个体的实践活动形成,是个体社会化的结果。气质更多地体现了个性的生物属性,而性格更多地体现了人的社会属性,具有鲜明的社会评价意义,可以进行好与坏的区分。

(四)犯罪人的性格特征

犯罪人的性格特征是其个性社会化缺陷的表现,具有以下特点:

1. 对社会现实的态度特征方面

表现为极端的利己主义和好逸恶劳,缺乏对社会、集体、他人的责任感、义务感、同情感,自我中心意识突出。

2. 性格的情绪特征方面

一般表现为情绪冲动性强,理智性差,心境变化多端,喜怒无常,容易激情犯罪。

3. 性格的意志特征方面

行为目标常常与社会要求相悖,意志品质薄弱,自制力差,侥幸冒险心理突出,抗挫折能力差。

4.性格的理智特征方面

不少犯罪人理智水平低,表现为对社会规范的无知和偏见,思维狭窄,不能正确认识和评价自己行为的社会意义及其后果。

五、犯罪人的情绪和意志特征

情绪和意志,作为个体心理过程,是影响犯罪心理形成的重要内在因素。

(一)情绪概述

1.情绪的概念

情绪是人对反映内容(客观现实)的一种特殊的态度体验,具有独特的主观体验形式、外部表现,并且总是伴有植物性神经系统的生理反应。客观现实是产生情绪的源泉。凡是能满足人的需要或符合人的愿望、观点的客观事物,就能使人产生愉快、满意、喜爱等肯定的积极的情绪;凡是不符合人的需要或违背人的愿望、观点的客观事物,就使人产生消极、否定的情绪。

2.情绪状态分类

情绪状态是指在一定的生活事件影响下,一段时间内各种情绪体验的一般特征表现。根据情绪状态的强度和持续时间可分为心境、激情和应激。

(1)心境。它是一种微弱、愉悦和持久的情绪状态。生活中我们常说"人逢喜事精神爽",指发生在我们身上的一件喜事让我们很长时间保持着愉快的心情;但有时候一件不如意的事也会让我们很长一段时间忧心忡忡,情绪低落。这些都是心境的表现。心境对人们的生活、工作和健康都有很大的影响。心境可以说是一种生活的常态,人们总是在一定的心境中学习、工作和交往,积极良好的心境可以提高学习和工作的绩效,帮助人们克服困难,保持身心健康;消极不良的心境则会使人意志消沉,悲观绝望,无法正常工作和交往,甚至导致一些身心疾病。所以,保持一种积极健康、乐观向上的心境对每个人都有重要意义。

(2)激情。它是一种爆发强烈而持续时间短暂的情绪状态。人们在生活中的狂喜、狂怒、深重的悲痛和异常的恐惧等都是激情的表现。和心境相比,激情在强度上更大,但维持的时间一般较短暂。激情具有爆发性和冲动性,同时伴随有明显的生理变化和行为表现。当激情到来的时候,大量心理能量在短时间内积聚而出,如疾风骤雨,使得当事人失去了对自己行为的控制力。激情对人的影响有积极和消极两个方面。一方面,激情可以激发内在的心理能量,成为行为的巨大动力,提高工作效率并有所创造。但另一方面,激情也有很大的破坏性和危害性。激情中的人有时任性而为,不计后果,对人对己都造成损失。一些青少年犯罪,就是在激情的控制下,一时冲动,酿成大错。

(3)应激。它是出乎意料的紧张和危急情况引起的情绪状态。如在日常生活中突然遇到火灾、地震,飞行员在执行任务中突然遇到恶劣天气,旅途中突然遭到歹徒的抢劫等,无论天灾还是人祸,这些突发事件常常使人们心理上高度警醒和紧张,并产生相应的反应,这都是应激的表现。其外部表现差异很大,积极的应激反应表现为沉着冷静、急中生智,全力以赴地去排除危险;消极的应激反应表现为惊慌无措、一筹莫展,或者发动错误的行为,加剧了事态的严重性。

(二)犯罪人的情绪特征

犯罪人的情绪指因犯罪人的畸形需要是否得到满足而产生的态度体验,它有如下特性:

1. 情绪的反社会性

犯罪人的情绪不符合社会的主流文化传统、行为规范及生活方式,缺乏对别人的尊重和理解,把自己的快乐建立在别人的痛苦之上。

2. 情绪的不良倾向性

他们爱憎好恶颠倒,对社会和他人经常产生否定性情绪体验。

3. 情绪的勃发性

经常爆发短暂而强烈的激情,导致激情犯罪。

4. 情绪体验的低级性和庸俗性

即与其低级、庸俗的吃、喝、性需要是否满足相联系。

5. 情绪的不稳定性

即喜怒无常、变化多端。

(三)意志与犯罪

1. 意志的概念

意志是自觉地确定目的,根据目的支配、调节行动,从而实现预定目的的心理过程。在意志活动过程中,人们表现出与其相应的四种意志品质,即意志的自觉性、果断性、自制性和坚韧性。自觉性是一个人能否深刻认识行动的正确性和重要性,并主动地支配自己的行动使之符合于正确的目的的意志品质;果断性是一个人善于迅速明辨是非、坚决合理地采取决定和执行决定的意志品质;自制性是指善于控制和支配自己行动的意志品质;意志的坚韧性是指在行动中坚持决定,百折不挠地克服重重困难去达到行动目的的意志品质。

2. 犯罪人的意志特征

犯罪是意志行为,主体意志在犯罪行为的实施中起重大作用。犯罪人的意志具有如下主要特征:

(1)意志薄弱自制差。属于意志薄弱类型的人,大多缺乏自制力,即使有正确的道德认识,也会在一定程度上受到外界不良因素影响而实施悖德的犯罪行为。这种人实施犯罪行为时,往往也知道自己所作所为是法律禁止的,但却经受不住外界因素的诱惑,不自主地实施犯罪行为。意志薄弱引起犯罪,在青少年犯中占有相当大的比例,在成年人中也不乏其例。

(2)意志坚强反向性。意志有薄弱和坚强之分,意志薄弱是低品质的,然而意志坚强未必属高品质,按社会价值标准,意志坚强有正向和反向之别。

(3)冒险侥幸心理。犯罪人在犯罪前大都知道自己的行为要受到法律制裁,因此在犯罪时存在着恐惧心理。但这种心理不能打消其犯罪念头,因为与恐惧心理相对应,犯罪人在犯罪前还存在冒险心理。犯罪行为是否发生,往往取决于恐惧心理与冒险心理的对比,如果侥幸心理战胜恐惧心理,就会实施犯罪,就会对其心理产生反馈作用,强化冒险侥幸心理,从而实施犯罪行为。

第五章 精神障碍与犯罪

第一节 精神障碍与犯罪概述

精神障碍者的犯罪问题是该重视了！刑法学只是在研究犯罪主体的刑事责任能力问题时，顺便讨论一下精神障碍者实施的"危害行为"本身。犯罪学一直忙于一般的犯罪，没有用更多的时间来关注精神障碍者的犯罪，即使是犯罪心理学著作，对精神障碍者犯罪的分析也十分地惜墨。司法精神医学虽然研究精神障碍者的犯罪，但其重点是犯罪人精神状态的鉴定。其实，如果稍多地了解精神障碍者犯罪的实际情况，就可以知道，不论从其严重性来看，还是从其特殊性、复杂性来看，精神障碍者的犯罪都是一个需要加以专门研究的问题。

一、精神障碍的概念

精神障碍的概念所指很宽泛，它包含了奇异、夸张、有害和轻微异常的一系列行为，《精神障碍诊断统计手册》(Diagnostic and Statistical Manual of Mental Disorders, DSM)对这些行为作了分类。DSM 由美国精神病协会(APA)委任的委员会编制，目前的第四版(DSM-Ⅳ，美国精神病协会，1994)已经成为临床医生解释和诊断特定精神障碍的指导手册。美国几乎所有精神健康从业人员都在使用该手册，在手册指导下对患者作诊断，为对第三方治疗的补偿问题提供依据。该版本列出近 400 种精神障碍。所谓精神障碍，即指人的知、情、意的活动和个性心理特征，以及行为表现超出了正常范围，甚至表现为某种程度地丧失了辨认能力和控制能力。精神障碍学一般有广义和狭义之分，广义的精神障碍或行为包括：精神病、人格障碍、性心理障碍和精神发育迟滞。目前，与犯罪最为相关的三类精神障碍是：一是精神分裂；二是各类性变态；三是被称为"反社会人格障碍"的人格障碍。

二、精神障碍的区分标准与原则

在人们的日常生活中，对精神障碍的理解不够恰当的有几个方面：①从统计学角度,将精神障碍理解为某种确定心理现象常模的偏离;②从精神医学角度,将精神障碍理解为古怪的观念或行为;③从社会学角度,将精神障碍理解为对社会原则的破坏;④从文化人类学角度,将精神障碍理解为对某一文化常模的分离;⑤从认知心理学角度,将精神障碍看作个体主观上的不适体验。

精神障碍与常态心理之间的差别是相对的,人的心理活动非常复杂,个体差异性很大,有些不健康的心理,如过分猜疑、嫉妒等也存在正常人之中,故难以找出一条截然的分界线,且由于精神障碍表现受到环境因素、主观经验、心理状态及人际关系和不同的社会文化等许多因素影响,在不同地区、不同文化背景下显现出不同的特点,故对于正常与异常的区分标准很难有一个统一的指标。

目前,最常用的区分正常与异常心理的判断标准有以下几种。

(一)医学标准

此标准根据一个人身上表现的某种心理现象或行为,便可以找到病理解剖或病理生理变化的根据,在此基础上认定此人有精神疾病或心理疾患,较重视物形、化学检查和心理生理测定。这种标准比较客观,为临床医生广泛采用,但也有局限,有些心理障碍目前未能发现明显病理改变,或有的有病因史,有症状表现但不主动就医就不能据此标准判断。它把心理表现视为疾病的症状,把它产生的原因归结为脑功能失调。

(二)内省经验标准

有两层含义。一指病人的主观体验,即病人自觉有焦虑、抑郁、不适或自觉不能适当控制自己的某些行为,诉诸医生。二指观察者据自己的经验对被观察者做出是否正当的判断,此标准因人而异,有很大主观性,有时难免评判不一。

(三)心理测量的统计学标准

此标准是以人的心理特征偏离平均值的程度为依据来划分正常与异常的。在普通人群中对人们心理特征进行测量的结果常显示常态分布,其中多数人属于心理正常范围,而远离中间的两端则被视为"异常"。统计学提供的数据较客观,便于比较,操作简便易行,但也有不足,如心理测量的内容同样受地域特点、文化背景的影响。故其作用不能扩大,对心理测量的解释不能绝对化,应与临床观察及其他方法结合起来。

(四)社会适应标准

一般情况下,正常人的行为符合社会的标准,即人与社会保持协调一致,此标准就是看人对社会环境能否适应划分常态与变态的。社会环境因素指社会规范、文化、风俗习惯等。其标准会随时代的发展而变化,不会一成不变。

三、精神障碍与暴力犯罪

一些研究表明,病发的精神障碍患者涉及暴力行为的概率远超过普通民众中非障碍者的概率,即使排除人口统计学因素和社会因素,这种差异依然存在。对于精神障碍和暴力行为的关系[①],John Monahan(1992)指出:第一,这种关系仅仅适用于当前表现出严重精神障碍的个体,而过去出现过严重精神障碍但当前没有症状的人并没有实施暴力行为的倾向。第二,在当前表现出精神障碍的人中,大部分人(超过 90%)并没有实施暴力行为。媒体对受到嗜杀妄想疯狂驱使的神经病凶手的描写通常是耸人听闻、恐怖至极的,或许还具有娱乐性,但实际上这种现象极为少见。第三,必须强调的是,影响精神障碍与暴力之间关系的因素不仅包括个体是否患有严重的精神障碍(例如,偏执型精神分裂症),而且还包括个体的暴力行为史。

此外,正如临床医生确信的,精神障碍者的暴力犯罪行为可能很奇特,尤其是被诊断为精神分裂症或偏执型精神分裂症的人。精神分裂患者的极端暴力行为主要指向其家庭成员或熟悉的人,而怪异的自残比破坏性地谋杀他人的可能性更大。Ronald Blackburn(1993)提醒道:"虽然精神分裂症,尤其是偏执型精神分裂症表现出来的危险性越来越严重,但是必须重申,这类患者中只有一小部分人是有暴力倾向的,而且障碍本身在其发作时并不足以导致患者实施暴力行为。"

患有情感性精神病的个体,实施暴力行为的可能性更小。如果情感性精神病与暴力行为发生联系,一般指的都是延伸性自杀情境中的女性,罪犯会杀死周围的人,包括她的至亲,然后自杀。但是在公共场合发生的大宗谋杀案,一般是可能患有情感性精神病的男性实施的。

第二节　人格障碍与犯罪行为

人格或称个性是一个人固定的行为模式及在日常活动中待人处事的习惯方式,是全部心理特征的综合。人格障碍是指在某些不健全的先天素质特点基础上,在后天社会文化的影响下从童年或少年期开始,并持续发生的显著偏离常态的人格,这种人格发展的畸形与偏离状态表现出固定持久的适应不良行为,它也称为病态人格、变态人格、人格异常等。人格障碍是一种介于精神疾病与正常人之间的行为特征,行为人既不是精神病,又不是正常人,人格障碍者的犯罪行为在司法实践

---

① 　[美]布莱伊尔等著:《心理创伤的治疗指南》,徐凯文等译,中国轻工业出版社 2009 年版。

中十分常见,他们有的人常因一微小的刺激或偶然的动机而实施严重的犯罪行为,因当时他们的精神状态,对事物的理解判断能力自控能力是不健全的和病理的,在其狭隘、自私的心理作用下常发生凶杀等严重的刑事犯罪。

一、人格障碍概述

(一)人格障碍的概念

人格障碍亦称病态人格、变态人格或人格异常等,是指某人的人格特征严重偏离在特定文化观念、思想、情感和人际关系中人们普遍的模式。它是根深蒂固而且持久存在的行为方式,表现为对各种社会环境中和人际交往缺乏灵活变通性。这种障碍既导致病人本人心理上的痛苦,又影响其社会功能和人际交往活动。

人格障碍没有明确的起病时间,通常开始于童年、青少年或成年早期,并一直持续到成年乃至终生,人格障碍主要的评判标准来自社会、心理的一般标准。

(二)人格障碍的特征

第一,人格障碍表现很复杂,人格障碍者的内心体验常与正常人生活相背离,其外显行为违反社会准则,这种偏离常态的内心体验和行为模式,用教育、医疗或惩罚措施都很难从根本上改变。心理特点紊乱与不定,并在人际关系方面与人相处很差,表现出一定的怀疑、偏执等。

第二,表现出明显的自知和自制的缺陷,把社会和外界对自己的不利及所遇到的困难都作外在归因,其思维不仅不能认识其存在的问题,也不会吸取教训纠正行为偏差;有时虽有自知力,但缺少自控力也不能正确地认识并指导行为。

第三,没有责任感,情绪情感表现出不成熟性。人格障碍者在没有意识障碍,智力活动无明显缺损的情况下,情绪表现极不稳定,对包括亲人在内的人都没有责任感,对伤害别人的行为既不后悔也无罪恶感。

第四,行为活动受本能驱使,自制力差,缺乏目的性、计划性和完整性。

第五,人格障碍一般从幼年开始显露,但迹象不明显,到青春期出现较明显的人格缺陷,一旦形成具有相对稳定性,较难矫正,有的人到了中年以后,由于体力、精力下降,有所缓和,有的则会持续终生。

此外,人格障碍与人格的改变不能混淆,人格改变是获得性的,指那些原来人格发展正常,到成年由社会心理因素造成的人格异常,而由脑部器质性疾病损害造成的人格异常即器质性人格综合征或类病态人格,它们都不属于人格障碍。

二、人格障碍的常见类型与犯罪

人格变态的表现比较复杂,目前,其分类方法并非一致,根据中国精神障碍分类与诊断标准(CCMD-3),常见的分类如下:

(一)偏执型人格障碍

偏执型人格障碍以猜疑和偏执为特点。主要表现为:

第一,对周围的人或事物敏感多疑,心胸狭窄,自尊心过强,人际关系往往反应过度,有时产生牵连观念,常无端地怀疑别人欺骗自己等。易与他人发生争辩、对抗。

第二,自负、自我评价过高,固执地追求不合理的权益。忽视或不相信与自己想法不符合的客观证据,所以很难改变自身的想法和观念。容易记仇,自认为受到轻视,为此耿耿于怀,易引起敌意和报复心。

第三,遭到挫折和失败时常推诿客观原因,不找自身的主观原因,常有病理性的嫉妒观念,怀疑配偶和情侣的忠诚。

具有偏执型人格障碍的人在嫉妒报复心理的支配下,易实施杀人、纵火、投毒等犯罪行为。

(二)分裂型人格障碍

分裂型人格障碍以情绪情感冷漠无亲切感,观念、行为外貌装饰奇特,人际关系明显有缺陷为特点。主要表现为:

第一,冷漠、缺乏情感体验。既不能表达对他人的体贴、温暖和愤怒,又对批评和表扬无动于衷。

第二,性格明显内向(孤独、被动、退缩),回避社交,离群索居,我行我素。

第三,行为荒诞怪僻,不修边幅、服饰奇特,行为不合时宜、不合风俗民情。

第四,爱幻想,会有奇异的信念,想入非非,脱离现实,如思考一些正常人看来毫无意义的事情。可有一些牵连、猜疑、偏执的观念。

有的分裂性人格障碍者情感冷淡、猜疑,可能会无事生非,寻衅滋事。

(三)反社会型人格障碍

反社会人格障碍是一种以行为不符合社会规范为主要特点的人格障碍,主要表现为:

第一,行为与整个社会规范相背离,忽视社会道德规范、行为准则和义务,对自己的行为不负责任,对他人的感受漠不关心,没有同情心等特点。

第二,这类人无论是在需要、动机、兴趣、理想等个性倾向性还是自我价值观念等方面均与常人不同,常缺乏正常的友爱、亲情,缺乏罪恶感和焦虑感,极少内疚和自责,经常有冲动型行为,且不吸取教训,行为放荡,无法无天。

第三,他们常常在童年或者少年期就出现品行问题,如逃学、说谎、夜不归宿、故意破坏他人或公共财产、无视规则、极端自私、以恶作剧为乐,使其身边的人常感到痛苦和怨恨。

反社会型人格障碍和违法犯罪具有较密切的关系。此类人格障碍的犯罪带有违背社会伦理道德和常理,罪行特别严重,作案手段残酷,本能行动强的特点。常易从事暴力犯罪和性犯罪等活动。30岁以后常有所缓和,但难以和家庭成员建立持久、尽责、亲密的关系。

(四)冲动型人格障碍

亦称爆发型人格或攻击型人格障碍,对事物产生常作出爆发型反应,稍不如意就爆发愤怒情绪和冲动行为,行为有不可预测和不计后果的特点。主要表现为:

第一,情绪不稳,易与他人发生争执,冲动后对自己的行为虽很懊恼,但不能防范,情感爆发时对他人可能有攻击行为,也可能有自杀、自伤行为。

第二,人际关系强烈,并且时好时坏,没有持久的朋友。

第三,做事虎头蛇尾,缺乏目的性和计划性,难以完成需要长时间坚持努力的工作。

冲动型人格障碍者一旦发作起来对社会的危害性很大,容易发生激情性犯罪。他们暴怒时犯罪易造成灾难性后果。从司法实践来看,他们容易实施多种冲动性犯罪行为。例如,性暴力犯罪,伤害与杀人犯罪,交通犯罪等。在某些情况下,冲动性人格障碍者会实施严重、残忍的凶杀犯罪活动,具有很高的社会危险性。如2005年9月,兰州市西固区一青年男子在和相处了一段时间的女朋友分手以后接吻时,只因女友表情冷漠,该男子顿生怒火,便用鞋带将女友勒杀。

此类人格障碍者易激怒,微小的刺激即可使他陷入狂怒和冲动之中,不发作时一切正常,故极易发生激情犯罪。

(五)表演型人格障碍

表演型人格障碍(癔症性人格障碍)有感情用事,戏剧性,过分夸张地自我表现及追求刺激和自我中心的特点。主要表现有:

第一,爱表现自己,行为做作,在外貌和行为上表现夸张,期望引起别人的注意。自我中心,爱强求别人满足自己私愿。暗示性强,容易受他人诱惑。

第二,情感体验肤浅、强烈,并且容易变化。心胸狭窄,经不起批评,不如意时常以情感相要挟,如扬言自杀或威胁性自杀,达到目的才肯罢休,设法操纵他人为自己服务。

第三,爱编造谎言,凭猜测或预感作出判断,有时用幻想与想象补充事实,言语内容不完全可信。喜欢寻求刺激,甚至于卖弄风情,喜爱挑逗,好炫耀自己,给人以轻浮的感觉。

此类型人格障碍的人有些易参与诈骗、卖淫活动。

(六)强迫型人格障碍

以刻板固执,墨守成规,缺乏应变能力为特点。主要表现为:

第一,常有不安全感,过分多虑,实施的计划反复核对,过分注重细节。唯恐出现差错。

第二,对任何事情要求过高过严,追求十全十美。按部就班、拘泥细节,犹犹豫豫,常常避免作出决定,否则会感到焦虑。

第三,主观、固执,事必躬亲,事无巨细,对别人做事不放心。

第四,好洁成癖;过分节俭,甚至吝啬;过分沉溺于职责义务与道德规范,过分投入工作,但工作却缺乏愉悦感,没有创新精神和冒险精神。

(七)焦虑型人格障碍

以一贯感到紧张,易惊恐,懦弱胆怯为特点。主要表现为:

第一,有广泛性的持续紧张和忧虑的感觉,因自卑感和人际交往有限,缺乏与别人建立关系的勇气。

第二,因胆小,有不安全感,总是需要被人接纳和喜爱,对拒绝和批评过分敏感,因而习惯性地夸大日常生活中的潜在危险,而有回避某种活动的倾向。

(八)依赖型人格障碍

以缺乏独立性,感到无助、无能和没有精力为特点。主要表现为:

第一,过分服从别人的意志与依赖他人,允许和要求别人安排自己的生活。

第二,事情进展不顺时有将责任推诿他人的依附心理。

人格障碍犯罪中并非都是单一型人格导致犯罪,有的是属于混合型人格障碍犯罪。犯罪的原因是极其复杂的,不能说具有人格障碍的人就一定会犯罪。

三、变态人格者犯罪的主要特征

变态人格者的犯罪行为与正常人犯罪行为有明显的区别:

(一)犯罪行为的自觉性

变态人格者不同于精神病者,他们能意识到自己行为的后果,作案后记忆清晰。

(二)犯罪动机的偶然性

变态人格者犯罪结果与犯罪起因并不相适应,而且犯罪的起因多受偶然的刺激、情感冲动或本能愿望所驱使,一般较少预谋。

(三)违法犯罪目的不明显

变态人格者的犯罪常常是损人不利己的,其犯罪目的通常是为了缓冲心理紧张和压抑状态。因此,犯罪的功利性、目的性不明显。

(四)犯罪手法自我保护性差

犯罪前后不隐蔽也不逃过罪责,自我保护性差,害人害己。

(五)犯罪行为的连续性

由于变态人格者的犯罪是寻求心理上的满足和安慰、缓冲心理紧张状态。因此,随着这种心理紧张状态的持续和心理紧张力的积累,当外界不良刺激诱因与其固有的人格缺陷相适应时就极易再次引发违法犯罪行为,从而表现出实施犯罪行为具有连续性,作案时间具有周期性,侵害个体具有一致性的行为特征。

第三节 性变态与犯罪

一、性变态概述

(一)性变态的概念

性变态又称性心理障碍或性欲倒错。泛指在两性行为方面的心理和行为明显偏离正常,并以这类偏离为性兴奋、性满足的主要或唯一方式的一组心理障碍,从而不同程度地影响、干扰和破坏正常的性活动。

(二)性心理障碍的分类

根据《中国精神疾病分类及诊断标准》(第 3 版)(CCMD-3),性心理障碍分为:

(1)性身份障碍:易性癖。

(2)性偏好障碍:异装癖,露阴癖,窥淫癖,摩擦癖,施虐癖,受虐癖。

(3)性指向障碍:同性恋,恋物癖,恋兽癖,恋尸癖,恋童癖。

(三)性心理障碍的判别标准

性是人类的一种基本需要,人类的性行为受社会文化历史的影响,不同的国家、种族和社会集团对性行为有不同的价值观,即使在同一文化的国家,对性行为的理解和评价也可有很大的不同。因而,判别性行为正常与否的标准是相对的、有条件的,而不是简单的、绝对的。

第一,以生物学属性为准则:如果性行为符合生物学特征和需要,如与生殖功能目的相联系的就属正常的性行为,否则为异常。

第二,以社会文化道德规范为准则:凡符合历史特定阶段某一社会所规定的道德规范或法律规范的属正常的性行为,否则为异常。

第三,以对他人和社会的影响为准则:即一种性行为使性对象遭受痛苦和损害,则视为异常。

第四,以对本人的影响为准则:即一种性行为如果使本人感到痛苦或损害,则视为异常。

第五,以严重程度为准则:如果一种性行为长时间持续发生,并不能被一般的说服教育甚至惩罚所纠正,则视为异常。偶然发生的性偏离不能归为性心理障碍之列。例如,长期放牧的牧人,在没有机会接触异性的条件下,偶然发生的兽奸,不能视为具有性心理障碍。

性心理障碍患者虽然触犯社会规范，但不能一概认为他们道德败坏，流氓成性或性欲亢进。其实，大多数患者性欲低下，甚至不能进行正常的性生活，家庭关系往往不和谐，甚至破裂。他们具备正常人的道德伦理观念，对寻求性欲满足的异常行为方式，自己有充分的辨认能力。事后多有愧疚之心，但往往难以控制自己的行为。他们当中多数患者社会生活适应良好，工作尽责，性格内向、害羞、文静；或者孤僻、温和，具有女性气质。

性心理障碍患者没有突出的人格障碍，虽然性心理也是人格内容之一，但除单一的性心理障碍所表现出来的对变态行为屡教不改外，并无其他与社会不相适应的行为，更无反社会行为，不符合人格障碍的诊断标准。

性心理障碍不能等同于性犯罪。性犯罪是司法概念，其中包括性心理障碍的违法行为，还包括强奸、乱伦、卖淫、嫖娼等，及非性心理障碍者所实施的违法行为。当然，当性心理障碍者的异常性行为触犯法律，干扰社会秩序时，应予以追究。

二、性变态与犯罪

（一）性身份障碍

性身份障碍，主要指易性症。患者其特点是在心理上对自身性别的认定与解剖生理的性别特征相反，持续地存在改变自身性别的生理解剖特征以达到转换性别的强烈愿望，其性爱倾向为同性恋。

易性症患者常常为自己的性别而深感痛苦，为自己不是异性而深感遗憾。病情严重者渴望自己是异性或者坚持自己是异性，有的使用手术改变性别。手术不成功则长期服用激素改变自己的形体，抑郁自杀者也不少见。易性患者比较少见，发生率为 1/10 万。其中又以男性多见，男女之比约为 3：1。男性患者约 1/3 结婚，即使结婚，离婚比例较高。

性身份的核心，即我是男性或是女性的确认在人类大约 3 岁时完成。如果自觉性别在 3 岁时仍然是颠倒的，则以后就极难改变，到了儿童期或青春期几乎不可能建立正确的自觉性别，可能导致日后的易性癖。

男性易性癖 3~4 岁后出现明显的女孩兴趣和行为，自我性别辨认为女性。到了青春期和性成熟后，心理上认定自己属于女性。他们爱着女装参加女性社交活动，走路说话姿态均模仿女性，喜爱烹调缝纫，性欲较低。女性易性者幼年就出现明显的男性化行为倾向，到青春期或性成熟后有易性的强烈要求，在各项活动中以男性自居，行为举止模仿男性。

（二）性偏好障碍

1. 异装症

异性装扮癖即异装症，这是一种反复而强烈的涉及异性装扮的性渴求与性想象,并付诸实施的心理障碍。多见于男性。

异装症患者不要求改变自身性别的解剖生理特征,对自身性别的认同并无障碍。大多数人有正常的异性恋关系,性爱指向正常。同性恋患者中有些也喜穿着异性服装,但同性恋患者是为了取悦于性伙伴,增加自身的吸引力。此症多始于童年或青春期,开始着女装时,偶然与性兴奋联系起来,并导致了手淫和射精,使其有了深刻的印象,以后经学习机制和条件反射机制使异性装扮与性满足的联系习惯化了,则形成了真正典型的异装癖。

2.露阴癖

露阴癖主要表现是以反复在异性和陌生人面前暴露自身的性器官的性渴求和性想象,获取性满足的心理障碍。在性心理障碍中较多见,且多见于男性。

患者个性多内倾,露阴之前有逐渐增强的焦虑紧张体验。时间多在傍晚,并与对方保持安全距离,以便逃脱。当对方感到害怕、惊恐或耻笑辱骂时而感到性的满足。情景越惊险紧张,他们越感到刺激,性的满足也越强烈。露阴癖又称为裸阴癖,通常发生在青春期,高峰在 25～29 岁。露阴行为反复发生,频率不尽相同,多则频发或数日一次,少则数月或一年仅数次。他们的露阴冲动实际上是对自己性格的一种强烈的逆反,似乎想证明他的的确确是个男人,借以减轻他潜意识的焦虑。

3.窥淫癖

窥淫癖也称窥阴癖,其特征是以窥视异性裸体或性交行为活动,达到兴奋的强烈欲望,获得性满足的心理障碍。多见于男性。

窥淫癖者性格常害羞胆怯,平时缺乏接近女性的手段,或在正常性生活方面存在某种障碍,他们的行为往往被路人发现,常常被当作流氓抓起来。窥淫癖患者大多数为成年人,看到异性裸体或他人性交时自然会引起兴奋,且窥淫癖者对此有强烈欲求,勉强抑制即出现明显焦虑不安,且将性兴趣停留在观看他人裸体或性交活动上,并将其作为满足性欲的唯一手段。

窥淫癖者多有幼年时窥及异性裸体或他人性生活的经历,并对此有深刻印象,但典型的窥淫行为有规律性,具有反复发作的趋向。患者本人对窥淫行为有明确的非道德和非法认识,但在冲动时感到无法克制,虽被发现并受到过处分,但其后仍然重犯。有的由于偶然的机会偷看异性洗澡、上厕所,不属于此症。有的爱看色情片、录像、画册同时伴有性兴奋或作为增强正常性活动的一种手段,也不能诊断为窥淫癖。

4.摩(挨)擦癖

摩擦癖亦称性摩擦癖。这是一种以在拥挤场所乘人不备,以生殖器或身体的某些部位摩擦异性躯体或触摸异性身体的某一部位,以引起性兴奋为特征的心理障碍。仅见于男性。

摩擦癖患者没有暴露生殖器的愿望,也没有与摩擦对象性交的要求,有进一步的性侵犯动作甚至于企图强奸对方是流氓行为而不是摩擦症。在夏天无意中触摸到女性的臀部自发阴茎勃起甚至射精不能诊断为摩擦癖。

5. 性施虐癖（狂）和性受虐癖（狂）

性施虐癖特征是向性爱对象施加虐待，以获得性兴奋，多见于男性。性受虐癖以接受性爱对象的虐待而获得性兴奋，多见于女性。二者可以单独存在，也可以并存。

正常人在性生活中对配偶施加轻度的口咬、掐捻、压按等方式，造成对方疼痛，以增加性的快感的现象，并不少见，动物中也有类似的调情动作，不能视为异常。性施虐癖者多见于男性，有的性施虐癖者幼年曾有虐待动物的历史，成年后在性生活中屡次虐待对方甚至造成死亡。在性活动中鞭打、绳勒、撕割对方躯体，在对方的痛苦之中感受性的快乐，甚至于施虐成为满足性欲所必需的方式。性受虐癖以被鞭打、践踏、捆绑、绞勒或扮演某种受辱状态，作为获取性快感的屡用的方式。

性施虐癖和性受虐癖中，存在一些极端行为，如窒息自淫癖是通过罩上塑料袋或以绳勒颈，在部分缺氧的情况下伴以手淫产生性快感。偶因窒息致死者，称为性窒息。嗜血淫癖以割自己或对方的皮肤使其流血，通过吸食血液以增加性交时的快感，获取性满足。

（三）性指向障碍

1. 恋物癖

系指反复出现以异性躯体的某部分或其使用的物品为性满足的刺激物的心理障碍。几乎全发生于男性。

该症初发于青少年性成熟期，个别起源于儿童期，几乎仅见于男性，有相当部分是单身或孤独的男性。恋物癖患者的性兴奋或性兴趣通常与某一物品固定地联系在一起，而这些物品都没有直接的性内容。对他们而言，单纯的性活动无法引起性兴奋或得到性满足，只能在所恋物品的帮助或存在情况下才能获得性满足。正常人对心爱之人的所用之物有时也会产生闻一闻、摸一摸的想法，但不能视为恋物症。有的人所迷恋的物品是作为提高以正常方式获得性兴奋的一种手段，同样也不能视为恋物症。

恋物症患者所钟爱的物品范围很广，包括乳罩、内衣、内裤、头巾、手套、裙、外衣、鞋、丝袜、手帕、发卡等，异性的头发、手、脚趾、腿和画像等也可成为眷恋物。患者一般通过抚摸、吻、嗅这类眷恋物，或伴有手淫，或者在性交时患者本人或性对象持此类物品即能获取性满足。只有当所迷恋的物体成为性刺激的重要来源或达到满意的性反应的必备条件或作为激发性欲的惯用和偏爱的方式，方可诊断为恋物症。

恋物癖者的行为表现为千方百计地收集所偏爱的物品，常常不惜冒险偷窃，若看中某妇女拥有物后即窥探时机弄来，往往不择手段，其目标多为用过的异性衣物，如乳罩、内衣、鞋、袜等，一般无任何经济目的，此类恋物癖比较常见，最后多是由于盗窃案而被揭发。部分少年恋物癖患者在成年结婚具有正常性生活后，症状自行消失，单身汉、慢性酒精中毒及正常性生活受阻者预后不良。

2.恋童癖

成年男性以未成年的异性或同性为性对象，通过猥亵或性交，作为屡用的、偏爱的甚至是唯一的性欲满足方式，称之为恋童癖。

恋童癖患者多见于男性，他们多是受害儿童的家庭成员、亲属、朋友或熟人，其满足性欲的方式很多，包括窥视、触摸儿童阴部、拥抱接吻、鸡奸、手指插入甚至强奸等。他们中有的是单身汉，但多数已婚，中年患者多数婚姻关系和性关系均有明显问题，在与成年异性的性关系中总是感到沮丧，无法获得性快感。

3.同性恋

同性恋即以同性为性爱指向对象的心理障碍。即在正常条件下对同性在思想、情感和性爱行为等方面有持续表现性爱的倾向。

同性恋者幼年起表现出一定的迹象，如游戏时爱装扮异性角色、爱穿异性衣服、爱与异性玩耍等。到青春期后性爱倾向明显化，开始对同性萌生爱慕之心，而对异性则毫无此意。多数同性恋之间有具体的性行为。同性恋者对同性恋伴侣情投意合时欲建立"家庭"，所以，一旦伴侣离开，会十分痛苦，有的甚至自杀。近年来，国内已有多起因同性恋"失恋"而导致的伤害案件。

2001年4月20日出版发行的《中国精神障碍分类与诊断标准》第三版中一项修订显示：同性恋不再被统划为病态。但是在监狱的同性恋行为仍然是应该被禁止的。

三、性变态犯罪的特点

由于精神障碍的驱使，性变态者的犯罪行为往往表现出不同于一般正常人犯罪行为的特点：

(一)动机荒谬

性变态患者的犯罪行为往往缺乏相称的犯罪动机或者所具有的犯罪动机无法用常理来解释。如恋物癖者偷窃女性内衣，目的不是为了变卖，而只是为了欣赏或自己穿着以获得快感。

(二)目的异常

采用离开正常人常规范围的怪癖方式和手段，并不是为了达到性交的目的，而是基于一种意向性的满足。

(三)冲动性强

性变态者一般都具有性的异常冲动性，较难控制，一有机遇，极易再犯。

(四)行为模式固定

性变态者的异常性行为有一定的行为模式,如奸尸、鸡奸幼童等。他们往往以一种固定的行为方式发泄性欲,而且反复使用。

(五)侵害对象一般指向陌生人

性变态者的侵害对象一般是陌生人,很少指向自己的熟人、朋友或亲属,所以很难发现。

(六)性格特异

心理障碍者往往性格内向、安静少动、沉默寡言、不善交际,其行为具有隐蔽性和不可预知性,没有任何预兆。

(七)缺乏罪恶感

性心理障碍者对自己的怪癖的性行为毫不感到羞耻,伤害了性伙伴也不觉后悔。

第四节 精神病人与犯罪

一、精神病概述

(一)精神病的概念

精神病是指可造成社会功能障碍和现实检验能力下降的一组重性精神障碍。临床多表现为幻觉、妄想的特点,病程长短不一,部分病人会出现持久的功能损伤。

(二)精神病的分类

根据《中国精神疾病分类及诊断标准》第三版规定:精神分裂症和其他精神病性障碍分为精神分裂症(偏执型分裂症、青春型分裂症、紧张型分裂症、单纯型分裂症等)、偏执型精神障碍、急性短暂型精神病等;情感型精神障碍(心境障碍)分为双相障碍、躁狂发作和抑郁发作等几个类型;精神发育迟滞与青少年期心理发育障碍分为精神发育迟滞(轻度精神发育迟滞、中度精神发育迟滞、重度精神发育迟滞、极重度精神发育迟滞等)、言语和语言发育障碍、特定学校技能发育障碍、特定运动技能发育障碍、广泛性发育障碍等。

二、精神疾病与危害行为

精神疾病的主要症状是各种精神异常。在精神异常状态下的患者并不都产生违法犯罪行为。但某些精神病人一旦实施危害社会的行为,手段十分残忍,造成危害社会的后果也比较严重。

(一)各类精神病人的危害行为

1.意识清晰、智能正常状态下的危害行为

主要表现为患者实施危害行为时,意识清晰、智能正常,但是由于存在着幻觉或某种妄想(如被害妄想、罪恶妄想、疑病妄想、嫉妒妄想等),特别是言语指示性幻听和被害妄想,虽然能辨认自己的行为,却不能控制自己,常发生危害别人和自己的行为。

2.意识障碍状态下的危害行为

意识障碍可发生于多种精神病,如癫痫性意识蒙眬状态,药物引起的朦胧状态,病理性醉酒状态,以及病理性激情中的意识障碍,患者都可能产生某种幻觉或不能控制自己的冲动,从而发生危害他人和自己的行为。

一般地说,病人既不能意识到由此产生的冲动性攻击破坏行为的后果,也不能对其发作加以控制。这种行为往往表现为残酷的暴行,以致严重地伤害别人,危害社会。这种暴行的特点是,行为缺乏预谋和计划,带有冲动性、盲目性,病人常利用随手拿起的器物作为行凶的武器,突然地产生暴力行为。

3.智能缺陷状态的危害行为

先天性精神发育迟滞、老年痴呆症、器质性脑病的某些阶段,都可能表现出智能缺陷。由于自制力差,所以,智能缺陷者进行危害社会行为的情况很多。同时,由于智能低下,特别是痴愚和愚鲁的病人,对是非、善恶的理解和判断能力不够,容易受外界因素或他人的影响,暗示感受性较高,因而往往在他人的指使、暗示或教唆下进行犯罪行为。女智能缺陷者也常成为强奸或诱奸案的受害人,有的甚至被流氓唆使从事犯罪活动。

(二)精神病人社会危害行为的特点

1.危害对象的无选择性

由于精神障碍和精神病态的制约,精神病人对自己的行为无法控制或控制力大大减弱,因此,精神病人危害行为的对象,常常无选择性。如常把自己的亲人、朋友、邻居或素不相识的局外人作为攻击对象(危害对象往往是离其较近的人或物),这也是与正常人的犯罪案例的一个不同之处。

2.危害行为无预谋性或计划性

大量精神病患者的危害行为,通常事先无预谋、无计划,对作案的时间、地点、方法等缺乏选择,有偶然性特征。只有少数人(如妄想型精神病患者)的危害行为,实施前有一定预谋性、计划性,对行为的时间、地点、方法等也有一定的选择性。

3.危害行为的动机、目的不明确

与一般的犯罪动机、目的不同,精神病人作案往往没有明确的动机,或者是脱离现实的动机,直接受妄想和幻觉支配,动机内容古怪、奇特、难以捉摸。有的病人当众纵火,其纵火的动机难以理解,很难找出行为的原因。至于作案目的,有的表现为无明显目的,有的也能有选择地确定目的,如有妄想和幻觉的患者事先能确定目的,但仍与精神正常的犯罪者不同,他们往往不计后果,被抓后对案情往往供认不讳。

4. 对危害结果缺乏认识

精神病人危害行为往往相当严重,但主体对危害结果却缺乏认识,表现为若无其事,不知道后果的严重性。特别是精神分裂症患者的行凶行为往往表现得极端残酷无情,例如,一女病人将自己亲生的 10 岁女儿连续砍了 200 余刀,当场将其杀死。

5. 自我保护差

由于精神病人的危害行为是病理心理的表现,精神病人对危害行为的后果和给自己带来的不利结局不加考虑,作案通常不掩盖、不隐藏,事后也不加掩饰,缺乏自我保护意识。

在司法实践中,对精神病人应作认真、细致的鉴定,以便确定其危害行为是否负刑事责任或负刑事责任的大小。对于伪装的精神病人的违法犯罪行为,精神病人在发病间歇期的违法犯罪行为,以及在精神异常不严重的情况下,所发生的违法犯罪行为等,都应追究其刑事责任。对于被司法精神病鉴定部门鉴定为无责任能力的精神病患者,应采取相应的社会保护、医疗和监督措施,以减少或防止其发生危害行为。

第六章　几种主要犯罪类型的心理分析

第一节　财产型犯罪心理

要认识各类犯罪现象所呈现的表面性心理特点,更要认识这些表面现象背后所隐藏的深层次心理问题——是严重心理问题、人格缺陷、人格障碍以及其他的变态心理,还是单纯的遗传性、生理性、情绪性行为,充分地相信偶然中有必然,必然中有偶然的辩证法思想。

一、财产型犯罪心理概述

(一)财产型犯罪的概念和种类

财产型犯罪也称物欲犯罪、利欲犯罪,是指犯罪人出于贪利动机,采取抢劫、盗窃、诈骗、敲诈勒索、走私贩毒、贪污受贿等非法手段,攫取公私钱、财、物质,满足自己欲望的犯罪行为。财产型犯罪无论是在经济发达的国家,还是经济落后的发展中国家,始终是刑事案件中主要的犯罪形式,在我国历年的刑事案件统计中始终居于首位。

财产型犯罪的种类主要有:盗窃犯罪、抢劫犯罪、诈骗犯罪、走私犯罪、经济犯罪等。

(二)财产型犯罪动机

财产型犯罪动机是指指引、维持主体采取非法手段获取公私财物以满足自己钱、财物欲望的行为动力。它是由主体畸形需要激起的内在动力,与适宜犯罪的情景产生的诱惑力互相作用的结果。它是内驱力推和外力拉两种作用相结合的产物。

1.动机产生的心理背景

我国改革开放过程中,法律的不健全,刺激了一部分人为了满足私利欲望而冒险犯罪。同时,新旧文化冲突,价值观念更替,外来观念文化渗入,使得社会各个方面都在激烈地动荡之中,特别是社会控制管理方面的不善,刺激一些犯罪人的贪婪之心。这些现象给贪污、贿赂、走私等犯罪提供了机会。因此,以权谋私、贪污受贿、出卖肉体、盗窃公私财物等,成为致富手段。

2.财产型犯罪动机的心理机制

(1)内在犯罪动机的形成。不切实际的对钱、财、物质的畸形需要是犯罪动机形成的内在动机。不切实际的金钱物质的需要,经过刺激、引诱,这时的需要便形成了犯罪的内在驱动力——动机。犯罪分子受他们的人生观、价值观及生活目标制约。他们错误的人生观、价值观、生活目标集中地表现在贪图享受,追求实惠,他们的犯罪行为都是在物欲动机、金钱动机驱使下产生的。这种极端错误的价值观与生活态度构成他们个性心理的一部分,影响了他们对客观事物的正确选择和积极生活的态度,使他们对发展、变迁中的社会现象不能作出正确理解,因而又巩固了犯罪动机。

(2)外在的犯罪诱因。在利欲动机形成的过程中,起关键作用的是诱因,欲望是内心一种主观意念,有了外在的诱因条件时,人才能为满足欲望采取行为,愿望才表现为活动动机去推动行为达到目标,否则就不能成为活动因素,不能导致满足需要的行为。心理学家认为,"凡是能引起个体动机的刺激或情境,都称之为诱因"。它可以是具体事物,也可以是事物的表象或概念。随着改革开放和社会的发展,经济收入增多,居民家庭人口向小型化方向发展,住房条件改善,向小区化、高楼化、单元化方向发展,与传统的居住方式、家庭结构模式相比,人际关系不断削弱,邻里之间交往减少,同住一单元,来往不相识,互不关心,居民的防范意识淡薄,心理松弛,对犯罪的控制能力逐渐下降。所有这些为犯罪分子作案客观上提供了时间、空间,成为他们满足利欲的动机诱因源。

(三)财产型犯罪心理的一般特征

1.财产型犯罪的动机特点

财产型犯罪动机追求的是金钱、财物、享乐腐化,既满足本能需要,又能高档次享受,过上"幸福"生活。他们满足私欲的动机,本身就与社会要求、大众生活水平相冲突,是脱离现实的奢望,靠自己的劳动和其他合法收入是不能满足的。对那些认识偏颇、思想不端正的人来说,只有违法犯罪才能获得"外财",实现"马无夜草不肥,人无外财不发"的梦想。因此,财产型犯罪的动机特点集中表现为满足本能需要、追求高档享受。

2.财产型犯罪心理的认知特点

极端财产型犯罪人容易感知那些阔绰的生活方式。他们由羡慕到追求的认知过程,往往不考虑个人的经济能力和奢华生活是否符合现阶段的要求,不考虑国家现阶段的政策是否允许,更不想通过合法手段提高收入,相反把自己的经济收入不高归罪于社会,归罪于改革开放,以至于形成反社会心理。

从认知能力水平来说,这类犯罪人不一定都低于常人,主要是他们的观点,人生观是腐朽的,对问题的认识是偏激、片面的。单从他们作案的技能来说,盗窃犯、抢劫犯往往在作案前都要进行调查研究。例如多次踩点、选择时间、地点、路线、对策和转移方式等。有的要考虑改装、伪装现场、撬门毁锁等技巧；有的犯罪分子也要研究心理学，观察、掌握各类人的心理动态。所以这类犯罪分子的根本问题是思想意识的反社会性。

3. 财产型犯罪心理的情绪和意志特点

财产型犯罪人情感淡漠，情绪不稳定，意志方向不确定，行为目的是为了贪利欲望的满足。他们重利轻义，对看准的金钱、财物倾心向往，垂涎三尺，使他们失去人性，从没有对被害者的同情和怜悯之心。

比如盗窃犯罪人多数是从小偷小摸开始，成功了沾沾自喜，成功多次之后，满足了虚荣心，巩固了信心，这样的人很少主动洗手不干，改造也较难，形成恶习，易成累犯、惯犯。他们在改恶从善的道路上，意志表现薄弱，不坚定，不能自控，但有坚定的犯罪意志。

4. 财产型犯罪人个性特点

财产型犯罪人个性特点表现为不良的个性倾向和消极的性格特征。财产型犯罪的个性倾向性表现为错误的人生观、价值观、个人主义、享乐主义或拜金主义，性格倾向于消极方面。从气质特点看，盗窃犯倾向于粘液质、多血质方面的特性，抢劫犯倾向于胆汁质方面的特性，而诈骗犯倾向于多血质方面的特性。

(四)财产型犯罪的行为方式

财产型犯罪的行为方式是因人而异的，与犯罪人的生理、心理条件和客观环境相关。一般地说，少年犯多是通过偷扒的方式满足自己的欲望，例如"收晒"、"钓鱼"、"顺手牵羊"等方式；青年犯罪人多是通过盗窃、抢劫、诈骗、贪污、走私等方式满足贪利欲望。男性犯罪人多采用直接的、主动的、暴力的方式满足欲望；女性多数依附男性，采用诈骗或色相引诱、出卖肉体等方式满足欲望。一般工人、农民、学生、闲散人员、待业人员多采用偷盗、欺骗、抢劫等方式满足欲望。有社会地位的人多采取权力、职务特长贪污、受贿等方式满足欲望。从事各种不同的职业、技术工作的犯罪人多采用智能化方式满足欲望。总之，都有各自的特长。

故意犯罪都有一个心理准备的过程，围绕"既达到目的，又逃避打击"这一中心。财产型犯罪人趋利避害的过程是：心理准备，找好目标，看准机会，了解分析作案对象的特点，探听内部管理漏洞，确定时间、地点；制定计划，不留作案痕迹，防止意外，准备作案工具等。犯罪人各自根据具体情况，按计划实施犯罪行为，以满足钱、财物的欲望。

二、盗窃犯罪的心理特征

(一)盗窃犯心理活动的一般分析

盗窃犯罪是指以非法占有为目的，秘密窃取公私财物的行为。这是一种隐蔽方式的财产型犯罪。

近年来,盗窃犯罪的形式、时间都发生了很大变化。以扒窃为例,选择作案的时间,一是上下班高峰期。此时公交车辆上人多拥挤,个体对外界触碰、挤靠的感受力下降,扒手容易作案。二是节假日期间。商店、车站、公园等地人多拥挤,而且都带有一定的钱物,扒手易作案。三是春秋季节。夏季衣着单薄,易触及皮肉,冬季衣着太厚不易下手。春秋季节人们穿着不厚不薄,户外活动又多,是扒手作案的好机会。

从作案过程与形式上,表现为:(1)作案谨慎小心,先细心观察,看准目标,再迅速下手,盗得钱物,迅速转移,团伙扒窃是将赃物迅速转移给远离被盗的"无关人"。(2)团伙扒窃形式更多,计划周密,分工明确,相互配合,相互掩护,成功率高,气焰嚣张,危害性特别大。(3)易被扒窃侵害的人群是身上带有钱物,防范意识差和防范能力弱的人。比如,女性常携带皮包装些钱物,钱物与人身分离;老年人对外界事物感知迟钝;外地出差人或农民进城购物,他们都带有现金,人地两生,且注意力多集中于街道景色和琳琅满目的商品上。因而,这些人易被扒手选中,作为侵害对象。

(二)盗窃犯的心理特点

1.盗窃犯罪心理形成过程是由量变到质变

盗窃犯从贪小便宜或捞外快,小偷小摸开始,逐步发展到偷窃,越偷越想偷,偷的技术越高欲望越大。当初次作案得到实惠的心理感到满足,侥幸愉快。他们共同心理过程是,开始也认为盗窃是犯罪行为,害怕被抓住。心理上有矛盾冲突,行为上也有不协调的地方。经过斗争,心理上消除了顾虑,消除了不协调的因素,例如,"我干得巧妙,不会被抓住!""我只干一次"或"我是没办法才干这个的",以此自我安慰,自我鼓励。第一次作案后得到满足,犯罪心理得到强化,有可能再犯。极少有惧怕法律的威慑,或者来自各方的压力,而产生悔过心理,从此洗手不干的。

2.再次作案的盗窃犯心理特征

再次作案的盗窃犯,心理特征突出表现为欲望越来越大,紧张性降低,惧怕心理小于获得满足感。

盗窃犯容易发展为再犯的原因:(1)犯罪欲望不会一次性满足,人的需要是不断产生、发展的,上次的盗窃只是暂时满足了欲望,随着钱、财的消耗,随之产生新的需要,还会出现新的犯罪动机,内驱力促使再次作案。(2)由于侥幸心理得逞,犯罪人会产生错觉,认为偷窃简单易行,得利快,不易被发现,这就巩固了侥幸取胜心理。

3.盗窃犯的情绪特点

由于恐惧表现出紧张、动作不协调、神情紧张;偷盗获得成功后禁不住流露出喜悦心情。初犯、偶犯表现明显,惯犯情绪变化不明显,不易觉察。

三、诈骗及贪污犯罪心理

诈骗犯罪与盗窃犯罪、抢劫犯罪是利欲犯罪最典型的前三种形式,其他还有贪污贿赂犯罪和赌博、封建迷信等财产型违法犯罪活动。

(一)诈骗犯罪心理

1.诈骗犯罪的一般分析

诈骗犯罪是指采用虚构事实真相的欺诈方法,骗取被害人的钱财的不法行为。诈骗与抢劫、偷盗都不同,诈骗的特点是采用欺诈、诱骗的手段,使被害人产生错误的知觉,好像是"心甘情愿"地把钱财主动交给犯罪人,其实犯罪动机、目的同盗窃、抢劫的性质一样,都是故意犯罪。

诈骗犯罪的社会心理基础,一是诈骗犯罪分子公开打着改革开放搞活经济的旗帜,利用一般人都想增加收入的心理。有的钻空子,拉关系,买空卖空,招摇撞骗;有的利用介绍工作、帮助升学的幌子骗吃骗喝、骗钱骗色。二是诈骗案中大案要案不断出现,诈骗财物数额越来越大。这种消极现象滋生了一些人的利欲思想。

2.诈骗犯罪的认识特征

腐朽的世界观,自私自利的人生观。诈骗犯根据自己的需要和眼光观察社会、评价社会,有意识有目的地捕捉可利用的社会信息和政策法规、各种管理中的失误和疏漏,分析人们对国家形势发展的认识、情绪状态,利用人们心理上的弱点寻找不同人的心理规律,研究"投其所好,对症下药"的方法,利用社会上一般人最需求的带趋向性的诱惑力,制造假象,编造谎言,使受骗人中其圈套。例如,有些人想致富,没门路,或文化水平低,或信息不灵通,或本身就是个好逸恶劳的人,利用人们的弱点给以"方便"、"指路"、"代办"等骗取钱财物。而诈骗分子对自己的犯罪行为缺乏正确认识,认为自己一不偷、二不抢,别人自觉自愿送的办公费、劳务费、介绍费,是正当途径得来的,不是违法行为。

3.诈骗犯罪的人格特点

第一,善于伪装,巧妙地掩藏真实动机。骗子善于察言观色,能说会道。善于揣摩人的心理活动,解除受害人的警惕性,投其所好,使受害人受骗。

第二,诈骗犯对人冷酷无情,笑里藏刀。诈骗犯罪人虽然装得笑容可掬,似乎非常关心人、体贴人、乐于助人,实际上骨子里看准的是金钱、财物。

第三,诈骗犯对社会现实的态度是消极的。不愿意本分做人,只想投机取巧,过上不劳而获的生活。

4.诈骗犯的能力特征

第一,应变能力强,依靠自己的特长和优势,自我设计,冒充身份,根据情况扮演所需要的角色,自信装什么像什么。

第二,善于应付变化的情境,改变不同的话题,采取不同的诈骗手段。善于见景生情,逢场作戏,胆大细心。行骗时见风使舵,随时修补自己的谎言,具有较强的应急能力,使人不易看出破绽。

第三,善于根据人的心理状态,摸底试探,对诈骗对象上当后信而有疑,疑而又信的心理特点,或抛诱饵或说服教育,真真假假,山南海北,能言善辩,思维敏捷;还常用情感的强化,消除受骗者心理的疑虑。

5.诈骗犯罪的行为特征

第一,虚构事实、捏造事实,自我吹嘘,造成被害人的错误认识。

第二,矫揉造作,过分渲染,不着边际,故弄玄虚,利令智昏者易上当受骗。

第三,骗术只能骗人一时,不能长久,时间上是短暂的。

(二)贪污犯罪心理

贪污犯罪专指国家工作人员、集体经济组织工作人员或其他经手、管理公共财物的人员,利用职务上的便利,侵吞、盗窃、骗取或者以其他手段非法占有公共财物的行为。

1.犯罪前贪污犯的心理特征

犯罪前心理是犯罪人实施犯罪前的心理活动状况。贪污犯罪主体在实施犯罪前和实施犯罪中,由于需要结构和动机的差异,以及价值取向的不同,他们的心理活动特征,也具有自身的特点。

(1)贪图享受型。这种心理特征的贪污犯罪主体是最常见最普遍的。一些国家工作人员,由于受资产阶级思想的腐蚀和社会上不正之风的影响,一味追求享受,戴洋表、穿洋服、住洋房、泡洋妞成了这些腐败分子的追求时尚。如原安徽省副省长王怀忠,原河北国税局局长李真,原沈阳市市长慕绥新等,戴的是十几万的劳力士手表,穿的是几万元一套的洋服。为达到"享受"的目的,就在"权"字上做文章,进行权钱交易。

(2)贪婪成性型。廉者常乐无求,贪者常忧不足,一些掌握实权的党政干部,贪污受贿已成一种恶习。利用党和人民给予的权力,疯狂敛财。原湖南省吉首市委书记石远章,在五个月中贪污受贿金额达 20 多万元。而其同案犯张正茂有过之而无不及,作案 43 次,犯罪金额达 110 万元。此案涉及处级干部 5 人,科级干部 8 人,一般党员干部 23 人。在诸如此类的贪污犯罪中,其贪婪性表现得淋漓尽致。

(3)侥幸过关型。贪污犯罪主体在实施犯罪时,也都或多或少地出现过担惊受怕,害怕事情败露而受到惩罚,即使位高权重的人,或者是老奸巨猾的惯犯,在作案时也都心存侥幸。但是,由于贪欲的驱使,在侥幸心理支配下,或认为自己权大,可以遮盖;或认为做得高明,不会被发觉等,踏上犯罪不归路。如原湖南省岳阳市商检局局长苏统江、副局长刘先松等 4 名局领导将 10 余万元商检款转到账外共同贪污各自分得 3 万余元,就是如此。

(4)投机钻营型。我国目前正处在计划经济向社会主义市场经济的转型期,市场经济体系还没有完全发育成熟。尤其是对市场经济体制起约束作用的法律法规严重滞后,这就使一些国家工作人员钻国家政策和法律的空子,投机取巧,大肆贪污。

(5)铤而走险型。贪污犯罪的人并非都是法盲,大部人对法律、法规和政策还是有充分认识的,他们也知道,一旦贪污行为败露,轻者受党纪政纪处分,重者受到法律制裁。那么,他们之所以知法犯法,敢于以身试法,关键在于狂妄的冒险心理在起作用。如原沈阳市常委、副市长马向东,多次携公款乘飞机到澳门豪赌、挥霍几百万元,就是在冒险心理支配下所实施的犯罪行为。

(6)贪图私利型。在贪污犯罪中,有相当一部分人,或贪图小利,或追求暴利,或被他人所利用,或被他人拖下水等,逐步走上犯罪道路。以挪用公款方式贪污的案件大都如此。比如,公款使用者许诺在较短的时间内,不但还清公款,而且给予挪用者较高的回报。挪用者以为有利可图,不顾国家法律和财务制度,擅自挪用较大或巨额资金,给国家和单位造成重大损失。

(7)盲目攀比型。有的人走上贪污犯罪的原因,是攀比心理的支配。他们看到社会上一些人用不正当手段暴富,一夜之间成了大款,而自己的能力不仅不比他们差,而且要比他们高得多,为什么自己要捧着"金饭碗"受穷? 为什么不趁机捞一把? 在这种思想驱使下走上了犯罪道路。比如,湖南电视机厂原厂长张德泉,他在湖南电视机厂工作的前十年,踏踏实实,兢兢业业,事业上取得了巨大成就。他之所以走上犯罪道路,就是通过攀比,导致心理失衡开始的。他在业务往来中,通过和那些个体老板、大款攀比,深感自己太寒碜、太窝囊,想想自己奋斗了几十年,还是一贫如洗,太吃亏了。因此,从世界观和人生观上开始发生了变化,认为自己过去太"谨慎"、"保守",开始解放自己,在短时间内贪污受贿20多万元。

(8)相互仿效型。有许多窝案、串案的发生,大部分是仿效心理支配去实施犯罪行为的。俗话说:"上梁不正下梁歪,中梁不正塌下来。"上行下效,是目前贪污犯罪的特征之一。在司法实践中,常常遇到的现象是,单位一把手贪污腐败,班子其他成员及下属也跟着贪污腐化,这就是心理学上所讲的责任扩散性的群体犯罪。犯罪群体中的成员,往往认为,反正贪污者也不是我一人,大家都在贪污,即使被抓,也不一定就是我,如果我不贪污就吃亏了,等等。贪污者心照不宣,互相效仿,互相感染。如原湖南省衡阳市交警支队副队长廖宏皆,同车管科和车辆检测中心有关人员利用审批走私车上牌之机,贪污受贿10多万元,就是在交互感染和仿效心理支配下作案的。

(9)自我补偿型。一些领导干部,认为自己为革命工作了一辈子,马上就要退休了,再不捞一把就没有机会了。因此,就产生了"有权不用,过期作废"的自我补偿心理。在这种心理支配下,利用手中的权力,伸出贪婪之手,寻求所谓的补偿。如,某省交通厅原厅长张某,因贪污、受贿等犯罪被判刑。当电视台记者采访他,问他为什么犯罪时,他直言不讳地说:"我年纪这么大了,临近退休,已经没有什么政治前途了,就想在经济上捞一把。"自我补偿型贪污犯罪,在临近退休的老干部犯罪中带有普遍性。这就是人们所说的"五十八岁效应"。

2.贪污犯的犯罪特点

河南省监狱管理局,在对在押的200多名职务犯(主要是贪污、受贿)调查后认为,贪污犯罪的特点包括以下几个方面:

第一,从犯罪的主体情况看,整体文化素质较高,且绝大多数是党员干部,这是贪污犯罪的一个重要特点。在被调查的188名贪污犯罪罪犯中,大专以上文化程度的有123人,占被调查对象的65%,中专(高中)文化程度的有46人,占被调查对象的25%。此次调查的贪污犯罪罪犯中,原是党员干部的约占82%,达到154人。

第二,从犯罪的动机看,谋取经济上的利益是贪污犯罪的一个重要特点。据统计,贪污公款(含挪用单位资金)犯罪约占本次调查人数的79%,而且这些犯罪多发生在权力部门或国有企事业单位,这种犯罪特点说明了作为权力(财产)所有者的虚无主体——国家与作为经营管理者的个人利益正发生着越来越严重的冲突,加强监督已是势在必行。

第三,犯罪手段形式多样,牵涉罪名广。贪污犯罪罪犯从作案形式上看已不仅仅局限于贪污、挪用公款等,目前已逐渐扩展到市场经济环节的各个领域,并且,犯罪者往往集贪污、受贿、巨额财产来源不明等多种犯罪于一身。

第四,一人多罪,交错而生,罪重刑长。据统计,在188名被调查罪犯中,身负两罪以上的有56人,三罪的有20人,分别占被调查人数的30%、11%。这一现象尤以贪污、受贿、挪用公款、财产来源不明为甚。从判决的情况看,被判5～9年的罪犯有55人,占被调查人数的29%,10～20年的有102人,占55%,无期死缓31人,占16%,后两者相加比例达到了71%。这为改造增加了难度。

第二节 暴力型犯罪心理

一、暴力型犯罪心理的概述

(一)暴力型犯罪的概念

暴力型犯罪有广义和狭义之分。广义的暴力型犯罪,是指使用暴力或以暴力相威胁的方法为特征的一切犯罪活动。根据犯罪侵害的对象、目的、动机、情节的不同,暴力型犯罪可分为以下几种:(1)以暴力危害国家安全的犯罪,如叛乱、暴动等犯罪;(2)以暴力侵害公共安全的犯罪,如放火、爆炸等;(3)以暴力侵害公民人身权利、民主权利的犯罪,如杀人、伤害、强奸等;(4)以暴力侵害财产的犯罪,如抢劫、绑架勒索等;(5)以暴力妨碍社会管理秩序的犯罪,如暴力扰乱社会秩序、聚众斗殴等;(6)以暴力妨碍婚姻、家庭的犯罪,如暴力干涉婚姻自由、暴力虐待家庭成员等。

狭义的暴力型犯罪,通常是指以暴力或暴力相威胁直接侵犯或危害到公民人身权利、民主权利的犯罪,一般包括杀人、伤害、强奸罪、抢劫等。在此,适用狭义的暴力型犯罪概念。

(二)我国暴力型犯罪的特点

1.具有较强的攻击性

从暴力型犯罪主体的年龄特征来看,大多数是 14～25 岁的青少年,主要是 20 岁左右的青年,高峰年龄为 23 岁。这些人生理发育基本成熟,精力旺盛、自尊心强,具有较强的攻击性。

2.暴力型犯罪的突发性

由于暴力型犯罪的主体大多数是青少年,因青少年的情绪控制力较差,故其暴力行为通常是对突然发生的冲突的不对称反应。一遇刺激,行为不能自制,立刻出现冲动行为。例如,某些青少年在他人的教唆、挑逗及醉酒的情况下表现出的暴力行为,常具有这样的特点。

3.暴力型犯罪动机的复杂性

暴力型犯罪的动机,往往表现形式最复杂、种类最多,其他类型犯罪中出现的动机在暴力型犯罪中都可能出现。暴力型犯罪者有出于政治动机而犯罪的,但更多的是基于利欲、性欲和报复动机而犯罪,也有的是基于嫉妒、逞强的动机而犯罪。

4.暴力型犯罪的恶劣性

暴力型犯罪是最严重的刑事犯罪,常表现为对他人生命的非法剥夺及对他人身体的伤害,所以,与其他类型的犯罪相比,暴力型犯罪更具有恶劣性的特点。另外,暴力型犯罪常常是在激情状态下出现的,由于犯罪人对被害人的仇恨、报复欲望强烈,或者为了保护自己而逃避刑罚,犯罪人对被害人往往表现出残忍性和疯狂性。犯罪手段极其残酷,例如,刀杀、斧砍、枪打、爆炸、毁尸等。

(三)暴力型犯罪人的一般心理特征

1.暴力型犯罪人的情绪特征

暴力型犯罪是一种直接的进攻性行为。行为的实施常为激烈情绪所支配,表现出激烈冲动的情绪特征。愤怒、怨恨、嫉妒、恐惧等消极情绪,支配、贯穿着整个暴力型犯罪过程,成为暴力型犯罪人主要的情绪特征。

(1)愤怒。犯罪人的愤怒往往是由于目标的达到受到干扰和阻碍而产生的。愤怒情绪从程度上可分为轻微不满、生气、愠怒、激愤、大怒、暴怒等不同状态。当愤怒情绪产生并达到不可抑制的程度,就会使某些犯罪人在强烈情绪支配下,对引起挫折的人或第三者乃至社会发泄自己的愤怒,产生直接的攻击性行为,产生暴力型犯罪。由于愤怒情绪产生的暴力行为多表现为进攻、亢进的形式,并且在整个犯罪过程中,愤怒的兴奋和亢进始终贯彻始终,表现出情绪的不可抑制和突发的特点。正因为如此,暴力型犯罪心理具有不计后果、危害性大的特征。

（2）怨恨。怨恨与愤怒的情绪相近，它是因为遭挫折，长期积压在心中的一种紧张和不满情绪，怨恨情绪多产生于一些内向性格的人，他们不易流露自己的不满，但不满情绪却长期积压在心里，由于未得到释放，积累到一定程度或遇某一事件的刺激，也容易产生攻击性行为。由于怨恨也是长期积压在心里的一种不满情绪，所以，在这种不良情绪的支配下，犯罪人在犯罪过程中会表现出冷漠、沉静、残忍等行为特征；在犯罪后，有的甚至还流露出报仇雪恨后的满足感。

（3）嫉妒。嫉妒往往是因别人的幸福或成功伤害了自己的自尊心而产生的一种消极情绪。嫉妒心理在一定条件下会转化成愤怒、怨恨，甚至强烈的仇恨。嫉妒与个人人格特征有关，那种性格冷漠自私、虚荣心强、以自我为中心、不虚心承认自己的错误、缺乏自信和自卑感强的人，容易产生嫉妒情绪。在嫉妒心理支配下，也容易产生攻击行为。例如，因别人的富裕而抢劫，因别人的成就而伤害对方。

（4）恐惧。恐惧是企图摆脱、逃避某种情景而又无能力时所产生的情绪。当恐惧情绪高涨时，为了从不利的情境中脱离出来，有时也会不加思索地施行暴力。例如，因盗窃活动被人发现，由于恐惧便慌乱地杀害事主或证人，就是属于这一种情况。

2. 暴力型犯罪人的意志特征

从总的特点上看，暴力型犯罪人的意志品质薄弱。这种意志薄弱通常表现为以下两种情况：

（1）自制力失调。心理学家、精神医学家对大量暴力型犯罪人进行的研究表明，暴力型犯罪的主要原因之一就是对攻击行为内部自制力的失调。更确切地说，就是犯罪人缺乏正常人所具有的内部自制力，这种自制力的失调在很大程度上造成暴力行为的发生。暴力型犯罪人在遭受挫折和攻击，产生不满情绪时，有两种不良的反应：一是不能有效地控制不满情绪，而是任其发展，产生强烈的愤怒情绪，表现出不可抑制的状态，在这种不可抑制的愤怒情绪的支配下，直接产生侵犯他人的暴力行为；二是在不满情绪产生后，过分抑制自己，把这种强烈的不满情绪压抑到内心深处，不让它表现和流露出来，然而，当遇到更强烈的刺激时，这种长期受压抑的不良情绪就像火山一样全部迸发出来，支配行为人做出更严重的侵犯他人的犯罪行为。可见，抑制不足和抑制过度是自制力失调的两种主要表现。

（2）易受暗示、顺从和盲目模仿。暗示是用含蓄、间接的方法对人的心理状态产生迅速影响的过程。暗示可以由人实施，也可以由情景产生。接受暗示往往是无意识的，即不知不觉、潜移默化的。某些生活在不良环境（如打架斗殴、充满暴力气氛）中的犯罪人最容易受暗示产生暴力行为。顺从是依照别人的意思思考和行为的过程。暴力犯罪团伙中的从犯、胁从犯往往就是由于避免不了对不良环境的顺从而实施暴力行为的。在暴力环境中生活的犯罪人，有时也会由于盲目模仿而产生暴力行为。

3.暴力型犯罪人的人格缺陷

有些实施暴力已成习性的犯罪人,或暴力型犯罪人中的惯犯,往往存在着某种人格缺陷,他们经常放纵自己,不能有效地控制自己的言行,常把暴力行为作为其解决人际关系矛盾冲突的主要手段。其人格缺陷可以分为以下四种类型:

(1)自我意识补偿型。在青年暴力型犯罪人中,这是最常见的一种。他们之所以采取暴力行为,显然是出于不安全感和自卑感。这种人根本看不起自己,于是,便经常使用暴力来作为保护和增强自我意识的手段。

(2)自我纵容型。这种人之所以采取暴力行为,原因在于其本身幼稚的、以自我为中心的世界观。他们一切从自我出发,要求别人服从他们的意见,满足他们的需要。一旦别人不听他们的使唤,或不以他们的意志为转移时,他们便认为别人是有意与自己作对,是有意冒犯自己的"神圣"或"权威",于是,便感到非常气愤,并报以强烈的暴力,希望以暴力的方式来迫使别人就范,以满足其狭隘的自私自利,以自我为中心的世界观。

(3)虐待狂型。这种人对别人的痛苦和不幸感到很大的乐趣,他们在选择进攻目标时,总是挑选那些对他们的攻击非常敏感的人。当别人越是示弱,他们就越感到快乐和满足,就越是残暴地虐待他人。不过,要是找不到这类受害人,他们就会千方百计制造各种条件,使自己占上风。受害人一旦屈服,他们就变本加厉地折磨对方。这种虐待狂的满足感对罪犯的暴力行为的恶性发展,起到了很大的促进作用。

(4)自我保护型。还有大量的暴力型犯罪人,他们之所以采取暴力行为是由于对别人的极度恐惧。他们担心自己的把柄被别人掌握,整天提心吊胆地过日子,以此摆脱所面临的危险。

(四)暴力型犯罪的原因

在每一个国家,暴力型犯罪都是社会危害最为严重的犯罪类型,因而也是犯罪学界最为关注的一类犯罪。不同的学者,由于其理论基础不同,研究的视野、角度不同,研究对象的表现形式不同,再加上对暴力在外延上所包含的具体犯罪有不同的理解,因此,对暴力原因的解释各异,形成了不同的理论。

对暴力型犯罪原因的早期研究中,以生物学派、行为学派、心理分析学派为代表。生物学派把暴力型犯罪的原因归为异常体形、生理结构、基因遗传并在外在环境作用下的结果。行为学派则认为,行为人因发现他人的暴力行为获得奖赏、利益后,就会产生或强化其内在攻击驱力而出现暴力行为。而精神分析学派却认为,早期婴幼儿的不良体验导致人格冲突、人格异常或暴力行为,人格中自我控制力弱是暴力行为的原因之一。后来,又出现了认知学派、社会结构学派、社会化过程学派及社会冲突学派,认知学派强调的是认知因素在暴力型犯罪中的作用,认为有些人的道德观念未达到应有的程度,认识不到自己的暴力行为破坏性,因而,容易导致暴力行为的经常发生。社会结构学派从社会原因着手,认为居住在城市贫民区的青少年不断受到挫折和压力,因而,容易产生暴力行为。社会化过程学派的学者则看到的是社会化过程的重要性,认为暴力行为是那些与学校、家庭等社会化机构联系不密切,因而可能通过与不良倾向的人交往而学到的。而社会冲突学派则认为暴力犯罪如同其他一切犯罪,都是资本主义社会固有阶级冲突的结果。

上述各种理论,各有特色,尤以本能理论、挫折攻击理论和社会学习理论的影响最为突出,同时也有较强的说服力,但在对具体的暴力犯罪原因进行解释时,每种理论都有其局限性。其实,暴力型犯罪的原因是多方面的,它应当是一个因素群。暴力型犯罪的产生是犯罪人的生理和心理因素、社会环境因素以及受害人的因素综合作用的结果。

二、杀人犯罪心理

(一)杀人犯罪的动机分析

日本的犯罪心理学家在考察了原始形态的杀人与现代型的杀人犯罪后,得出一个结论:杀人作为一种自然犯罪是贯穿于各个时代的,具有令人惊异的共同性。同时,其杀人犯罪的动机又随着文化内容变化的影响而变迁。杀人的最初形态是处于饥饿状态下的人,以了为获取较多的食物为动机的;然后,它向着以通过征服来获取财物为动机的方向发展,如因盗窃、抢劫财物而杀人;后来,又出现了把性欲冲动和伤害冲动直接结合起来以获得性快感的杀人动机,如以满足变态心理的强奸杀人或快乐杀人;到了现代,则开始出现追求无代价的生活和自我实现的杀人动机,如把杀人等犯罪作为一种生活目标,为了犯罪而犯罪的杀人。他们认为这种新的杀人犯罪动机已不能用表面利益和普通传统动机理论来说明。

1. 杀人犯罪的动机类型

就我国当前的杀人犯罪来看,主要有以下几种动机:

(1)利欲动机。强烈地追求物质满足,过奢侈的生活,挥霍无度。这种欲望在客观上不能得到满足时,必然与现实产生尖锐的矛盾。当个人占有欲居主导地位时,便采取暴力手段来达到自己的目的。例如,抢劫杀人、盗窃杀人,以及赌博纠纷杀人、财产纠纷杀人等。其特征是满足其利欲和排除利欲障碍。

(2)性欲动机。有的杀人犯罪人是由于对异性的神秘感和好奇心的驱使,有的是性欲亢进,当这种强烈的性欲要求与社会道德规范和法律相矛盾时,矛盾斗争的结果,使性欲占上风,就可能形成暴力强奸杀人的动机。另一种情况,就是性虐待狂的变态犯罪动机,不仅实施强奸、轮奸行为,而且采用折磨、摧残、伤害甚至杀人的方式,以目睹被害人的惨状来满足自己的变态性欲。

(3)报复动机。这是常见的杀人犯罪动机,犯罪人以报复宣泄愤恨,取得自己的心理平衡为动机。有的是受他人的侵害,或者挫折等,包括报仇雪恨、团体械斗、嫉妒、被害妄想等。

（4）逃避或恐惧动机。恐惧通常会引起本能的自卫反应。罪犯被捕时杀害执法人员，在恋爱婚姻关系中为摆脱纠缠虐待恋爱婚姻对象，另外，罪行的可能败露、隐私的公开、名誉和社会地位的丧失，由于对方的继续生存对犯罪人的安全感构成威胁，出现恐惧，为灭口而杀人。

（5）政治动机。有的犯罪人由于具有反社会的"自我实现"的需要，而这种需要与现行社会制度相矛盾，必然受到挫折，或受到打击，因此，逐渐形成了与政府或社会制度的严重对立，并且，将这种对立情绪转化为以反抗和仇视现行社会制度为动机的杀人犯罪行为，如政治暗杀、以杀人制造恐怖气氛或造成恶劣的政治影响等。

2.杀人犯罪的动机特征

综合上述的动机类型，并结合一些具体案件和具体的犯罪人进行分析，可以发现，杀人犯罪动机具有以下特征：

（1）多样性和复杂性。即犯罪人在杀人犯罪动机形成的过程中可能有多种动机存在，其侵害的对象也可能是多样的，既有预谋的动机，也有激情动机。

（2）强烈的内在冲动性。"杀人偿命"的传统伦理观念，以及刑法对杀人犯罪的严厉处罚，对犯罪人是有很大威慑作用的。但是，现实生活中却仍然有杀人犯罪行为的存在，这说明杀人犯罪的动机具有强烈的内在冲动性，它一旦产生，就难以抑制。特别是激情杀人和义愤杀人，其动机的冲动性表现得更加明显。

（3）恶性转化性。犯罪动机恶性转化也是杀人动机形成的重要特征。所谓杀人犯罪动机的恶性转化，是指当犯罪人实施第一犯罪动机时，因为遭到阻止，受到意外挫折和困难，便急剧转化、升级为第二犯罪动机的实施，甚至还有第三动机的实施。例如，盗窃犯在进行盗窃犯罪活动时，因被事主发现，或同事主相遇搏斗，便产生杀人灭口的第二犯罪动机；杀人后还可能产生放火灭迹的第三犯罪动机。这在盗窃杀人、抢劫杀人、强奸杀人等犯罪案件中是比较常见的。当然，犯罪动机的恶性转化并不是必然的，它在某种条件下也可能向良性的方向转化。

（二）杀人犯罪的其他心理特征

1.情绪的激烈性

杀人犯罪与情绪的关系极为密切。情绪激烈、不可抑制在杀人犯罪的整个过程中表现得特别明显。杀人犯罪往往与不良情绪的长期积累而突然爆发有关，例如，长期的愤怒、憎恨、嫉妒爆发的杀人。此外，杀人犯罪也容易在激情、应急状态下出现。

2.攻击性

强烈的攻击心理是促成杀人犯罪的主要心理因素。攻击性、利欲和性欲在国外被视为杀人犯罪的三大原动力。攻击性由挫折引起，欲求不满和欲求被抑制都可称为挫折，自尊心受损害、前途受阻，感情被玩弄、精神被压抑都可形成挫折。杀人犯罪的主体多是在受到挫折的情况下，而去实施犯罪行为的。其攻击性强度与其欲求不满、欲求受到压抑而形成的挫折强度成正比。

3. 推诿心理

杀人犯罪人常常把自己的错误、失误、犯罪的冲动与态度归咎于他人。一些杀人犯常把引起杀人的原因推诿给被害人，以自己受到侵害、攻击、名利损害等为由而杀害对方，即所谓"杀人有理"，是"迫不得已而杀人"。例如，恋爱中一方断交，配偶与他人私通，口角中对方动手都可能成为杀人的理由。犯罪人之所以产生推诿心理，是想以此减轻自己的罪责感。

4. 意志薄弱

杀人犯罪人的意志薄弱主要表现为抑制力的薄弱，自控能力差，遇有外界不良刺激，会贸然行动，缺乏意志指导，不能用理智处理事情和预料严重后果，表现出冲动性。

三、抢劫犯罪心理

(一)抢劫犯罪的一般特点

抢劫犯罪是指实行暴力、胁迫或者其他使人不能抗拒或不知抗拒的方法，将公私财物据为己有的行为。抢劫犯罪具有暴力犯罪和财产犯罪的双重性。考虑到人的生命和健康的价值应高于财物价值，我们将抢劫犯罪列入暴力型犯罪中。从我国当前的抢劫犯罪来看，它具有以下的特点：

1. 抢劫犯罪的主体以青少年居多

在抢劫案件中，青少年占的比例很大，25 岁以下的青少年大约占 80％左右，其中又以 18～25 岁这个年龄阶段占绝对优势。因为这个年龄阶段的人，骨骼肌肉已发育成熟，正处于身强力壮的时候，具有抢劫犯罪的体力条件。此外，青少年时期，情绪波动较大，冲动性强，这也是引发部分青少年抢劫犯罪的一个因素。从当前的抢劫来看，罪犯年龄有偏小的趋势。

2. 抢劫的手段和方法多样化

除传统的持刀、斧、棍棒、枪支抢劫外，还有电击抢劫；以麻醉、催眠药物使被害人处于昏迷状态，再抢走其钱财；以石灰粉、盐酸、白酒喷洒受害人眼睛抢劫。除直接实施抢劫外，还有冒充公安、联防人员或其他执法人员进行抢劫；或犯罪分子男女勾结，先由女性以色相勾引被害人上钩，继之男性犯罪分子闯入，软硬兼施，劫走被害人财物。另外，驾驶汽车、摩托车"飞行"抢劫，抢劫公共汽车、出租车、旅客列车等案件也时有发生。

3. 抢劫犯罪的时间和地域特征

抢劫犯罪案件与季节有一定的相关，春秋两季偏少，冬夏两季皆会出现抢劫案件的高峰期。从时间看，夜间抢劫的多，白天抢劫的少。从地域看，城市的抢劫案比农村的多，荒僻的街道、城乡结合区、公共场所、银行、商店等是抢劫案的易发点。

4.抢劫目标的精心选择

犯罪人在抢劫犯罪前，一般会事先周密策划，精心选择抢劫目标。例如，专门选择正在谈情说爱的男女青年，特别是抢劫有越轨行为的男女青年；抢赌金，黑吃黑，以为对方不敢报案；潜伏路边，抢劫单位的公款；趁被害人无反抗能力，或趁商店、银行的工作人员吃饭、休息、关门之机，突然入室抢劫，得手后迅速潜逃。此外，在预谋入室抢劫案中，犯罪人事先也会精心调查受害人的财产状况、生活规律，以及受害人的家庭人员状况等。

此外，抢劫犯罪常常连带其他犯罪的发生。例如，为了达到抢劫财物的目的，犯罪分子对被害人往往要进行伤害，甚至杀害，特别是杀人灭口的抢劫案件明显增多；在抢劫过程中，犯罪分子如发现被害人是青年女性，往往会突发歹意，进行猥亵或强奸，这在团伙抢劫案中屡有发生。

(二)抢劫犯罪人的类型

抢劫犯罪虽然大多数都是以获取财物为目的，但也有基于其他原因实施抢劫的。依其抢劫的原因，可将抢劫犯罪人分为以下四类：

1.职业抢劫犯罪

他们以抢劫作为生活或者挥霍的主要来源，往往没有正当职业，或以某种职业为掩护，并同时可能兼有其他犯罪。

2.偶然抢劫犯罪

他们不以抢劫为职业，而因发现有利于抢劫的时机而临时起意去进行抢劫。例如，抢劫老人和儿童，或其他见财起意的抢劫，这类抢劫犯罪人单独作案的多。

3.吸毒性抢劫犯罪

他们抢劫财物的主要目的是为了购买毒品。由于吸毒消费巨大，又无高收入职业，就只能靠偷和抢来延续其吸毒习性。这是近十年来出现的一种新情况。

4.取乐或逞能抢劫犯罪

这些抢劫犯多为少年，特别是少年的结伙抢劫，有时并非出于对金钱财物占有的动机，而是为了寻找乐趣、追求刺激或逞强显能而实施抢劫行为。这类抢劫通常无预谋，且抢劫的财物往往并不是他们实际所需要的。

(三)抢劫犯罪的心理特征

1.抢劫犯罪人的认识特征

抢劫犯罪人在认识上，往往具有反社会的野蛮英雄观，以为"不怕死"、"心狠手辣"、"大胆亡命"就是"勇敢"，鼓吹"只要钱到手，休管人死活"。他们崇拜暴力，认为只要刀子威逼，受害人就会乖乖地交出财物。从抢劫犯罪的发展趋势来看，有些抢劫犯罪人的犯罪意识更加严重，专门实施以巨额财物为目标的重大抢劫和特大抢劫。

2.抢劫犯罪人的情绪特征

由于抢劫犯罪是一种公开的、面对被害人和第三者的犯罪，而且在具体实施时,犯罪人还要使用暴力相威胁。所以,在抢劫犯罪中,犯罪人的情绪总是处于高度紧张状态,怕遭遇激烈反抗,有时,甚至出现强烈的恐惧心理。在作案后,犯罪分子也会因害怕被被害人或第三者认出,而随时产生被捕危险感,并由此而产生持续的紧张和焦虑心理。

3.抢劫犯罪人的需要特征

畸形膨胀的物质需要是财产犯罪人的需要特征,而希望获得需要的立刻满足则往往是抢劫犯罪人的主要特点。一些青少年抢劫犯罪人,特别是初犯,一经产生强烈的物质欲求,便想立刻获得满足,完全凭冲动的感情办事,自我控制力差。有时为了满足很小的欲求,便不惜铤而走险,采取抢劫的犯罪行为。

4.抢劫犯罪人的性格特征

从性格类型看,抢劫犯罪人多为兴奋型、外倾型。抢劫犯多数性情暴躁,情绪不稳定,行为莽撞,喜欢攻击。

5.侥幸心理突出

由于抢劫犯一般都有强烈的物质欲望,所以,总为自己作案的成功抱有侥幸心理。在这种侥幸心理的支配下,一次成功后会使抢劫动机受到强化,往往很难自行中止,直至被抓获才被迫停手。

6.恶作剧心理

有的青少年抢劫犯,平时闲逛街头,无所事事,有时为了寻求刺激拦路抢劫,抢得钱财后一哄而散,或向同伴夸耀,或即刻消费,其抢劫行为往往属于缺乏生活目标的恶作剧行为。

第三节　毒品型犯罪心理

毒品犯罪作为犯罪学上的一个概念,它与刑法学上的毒品犯罪概念相似相近但不完全相同。一般地说,它是指与毒品有关的一系列犯罪的总称。毒品犯罪既是国际公约规定的一种国际犯罪,也是各国国内法规定的犯罪。但是当我们考查世界上大多数国家的刑法和有关禁毒立法时,均未有毒品犯罪概念的界定,而只是对毒品犯罪的种类作了具体规定。同样,我国1997年《刑法》分则第六章第七节虽然规定了走私、贩卖、运输、制造毒品罪,但也没有对毒品犯罪下定义。

毒品犯罪主要包括走私、贩卖、运输、制造毒品罪,非法持有毒品罪,包庇毒品犯罪分子罪,窝藏、转移、隐瞒毒品、毒赃罪,走私制毒物品罪,非法买卖制毒物品罪,非法种植毒品原植物罪,非法买卖、运输、携带、持有毒品原植物种子、幼苗罪,引诱、教唆、欺骗他人吸毒罪,强迫他人吸毒罪,容留他人吸毒罪,非法提供麻醉药品、精神药品罪。

一、我国毒品犯罪的现状

当前,我国由于受国际毒潮泛滥和国内涉毒因素的影响,毒品问题发展蔓延的总体趋势尚未得到根本扭转,既面临境外毒品渗透加剧与国内毒品来源增多的双重压力,又面临阿片类传统毒品继续发展与冰毒、摇头丸等新型毒品迅速蔓延的双重压力,禁毒工作形势仍非常严峻,任务依然繁重,具体表现在以下几方面:

(一)境外毒品多头入境的局面仍然没有改变

西南境外,"金三角"特别是缅北仍是对我国危害最大的毒源地,在我国消费的海洛因大部分来自该地区。据联合国报告,2006年,缅甸罂粟种植面积为49.2万亩,同比下降26%;鸦片产量为312吨,同比下降16%。看似海洛因渗透有所减少,似乎情况有所改观,但事实上是毒品犯罪朝着多元化的方向发展着,制贩冰毒等化学合成毒品比重明显加大。

(二)国内滥用海洛因问题尚未得到有效解决,滥用新型毒品问题来势迅猛

据国家禁毒办公布的数字,截至2006年底,全国有吸毒人员78.5万名。目前,海洛因仍是我国消费的主流毒品,全国现有海洛因吸食人员70万,占吸毒人员总数的78.3%。其中,35岁以下青少年、农民和无业闲散人员分别占69.3%、30%和51.7%。新型毒品问题正呈不断扩大蔓延之势,冰毒、摇头丸、氯胺酮等新型毒品违法犯罪活动发展迅猛,新型毒品正超过海洛因等传统毒品严重威胁着公众的生命安全。

(三)易制毒化学品走私出境和流入国内非法渠道的问题依然突出

受境外易制毒化学品需求和毒品暴利刺激,易制毒化学品走私出境情况仍屡禁不止。我国生产的醋酸酐、乙醚、苯基丙酮、胡椒基甲基酮、高锰酸钾等化学品被走私至"金三角"、欧洲和北美洲等地时有发现。

(四)境内制贩毒品犯罪活动屡禁不止

受毒品暴利的刺激,一些地方出现了以家族、民族、地缘为纽带的职业贩毒团伙,并与境外贩毒势力相勾结,将境外毒品大量走私入境。贩毒手段更加多样,武装对抗性增强,人体藏毒、武装贩毒活动突出,零星贩毒活动有增无减。

二、毒品犯罪的特点

近年来,毒品问题已成为全球性的社会问题。不同国家、不同地域、不同民族、不同群体都普遍地受到毒品的危害。自20世纪80年代中期以来,新一轮毒潮冲击我国并迅速扩展蔓延。具体表现为:毒品犯罪屡见不鲜,吸毒人员急剧增加,由吸毒引发的各种刑事犯罪不断上升。可以说,毒品犯罪和吸毒问题已成为严重危

害民族素质,败坏社会风气,恶化社会治安形势,阻碍经济发展的恶魔和绊脚石。当前,我国毒品违法犯罪的特点主要有以下几种。

(一)毒品违法犯罪数量急剧上升

毒品违法犯罪数量逐年上升,来势迅猛。据统计,1985—1990 年 6 年间,全国公安机关共查获贩毒案件近 3 万件,缴获鸦片近 3 万公斤,海洛因 4000 公斤。海关查缉走私案件 700 多起,缴获毒品 2000 多公斤。1991—1997 年,全国共破获毒品案件 40 多万起,查获毒品违法犯罪人员 30 多万名,缴获海洛因和其他毒品 57.7 多吨,严惩了一大批毒品犯罪分子。[①]

(二)毒品犯罪的集团化、职业化

世界上凡大批量的贩毒活动,几乎均系职业性的犯罪集团所为。从我国已破获的毒品犯罪案件看,集团化、职业化趋势非常明显。犯罪分子结成集团、团伙,或境内外勾结,或跨省区勾结,他们长期经营,形成产、供、销一条龙的职业性犯罪体系。他们有秘密联络点存储毒品,用现代通信手段相互联系,有专车运输毒品,形成毒品交易网络。

(三)毒品犯罪的全球化态势突出

当今世界,毒品犯罪全球化问题已对人类的生存和发展构成重大威胁。由于以天然植物为原料的毒品除了古柯类毒品和大麻类毒品具有一定地理气候因素制约外,罂粟几乎适合在世界各地种植。而以海洛因为主的鸦片类毒品仍是世界毒品消费的主体,因此,毒品种植、生产不断扩大。此外,人工合成类新型毒品由于原料易得,工艺相对简单,规模可大可小,可以在家庭、小作坊甚至任何地方制造。因此,毒品从种植、制造、加工、运输、贩卖,经历了一系列的环节,形成了跨国的国际化犯罪循环体系。从 20 世纪 80 年代初,国际贩毒分子竭力开辟"中国通道",假道我国从"金三角"转运到港澳投入国际市场。中国毗邻毒品生产基地"金三角"和"金新月",受国际贩毒渗透影响,已逐渐成为毒品贩运的重要过境国和消费国,国际贩毒情形极为严重。全国近年来破获了多起港、澳、台毒犯与内地毒犯勾结的贩毒大案。我国已面临毒品"多头入境,全线渗透,内外夹击"的态势。境内外犯罪分子勾结作案,"制、运、销"一条龙,国内与国际贩毒路线已四通八达,构成一张张"毒网",使中国的毒品犯罪打上了明显的国际化烙印。[②]

(四)制贩毒手段狡诈多样化

首先,犯罪分子使用的贩毒手段极为隐蔽狡猾,人体内藏毒、物体夹层藏毒等手段均已出现。其次,武装贩毒案件增多,有的贩毒集团既贩毒又贩枪。伪装、隐蔽与暴力武装相交织,毒犯使用伪装隐蔽手法走私毒品是贩毒的主要特点。如利

①　梅传强:《犯罪心理学》,法律出版社 2003 年版,第 272 页。
②　同上,第 273 页。

用人体特殊部位藏匿和贩运毒品；利用随身衣物携带毒品，例如一外国妇女的手提箱外壳是用毒品可卡因和树脂的混合物制成的，毒犯可用化学方法将毒品与树脂分离；利用老人、小孩、残疾人、孕妇和少数民族女性携带毒品。近几年发现，在各种机器设备、汽车钢梁、木材、佛像、画报、水果罐头、不透明酒瓶、电子琴、电子锅、精密电筒等的中间，凡是可以挖空的东西，都被毒犯做了"文章"，而且，一般用X光机无法识别。[①]

（五）毒品犯罪具有流程性和周期性特点

毒品犯罪的流程性特点使毒品犯罪构成了类似生物学上的生物链，每一环节都对上下环节具有影响和制约作用，这导致了毒品犯罪的有组织化程度日益增强。毒品犯罪的周期性是指毒品的非法滥用和毒品犯罪互相依存、互为发展。由于毒品滥用和毒品犯罪具有互动性，有毒品滥用必然会有毒品犯罪，有毒品犯罪必然会刺激毒品滥用，毒品滥用和毒品犯罪互相促进，呈现周期性螺旋上升的趋势。

（六）吸毒人数逐渐增多，青少年比例较大，女性犯罪呈增加趋势

当前我国吸毒现象的主要特点：①已蔓延到社会各个阶层。从前几年的个体户发展到工人、农民、职工、干部、知识分子、青年学生等各类人员。②年龄结构低龄化，青少年吸毒者占大多数。全国吸毒人员中7～35岁的占85％，吸毒人员最小的仅7岁。③女性吸毒有增加的迹象。有的地方女性吸毒占到吸毒总数的20％～30％。④吸食毒品以海洛因为主，静脉注射已成为普遍采用的方式，吸食"冰毒"、"摇头丸"也日趋严重。据统计，甘肃省女子监狱所关押的罪犯中，80％以上是涉毒犯罪；而云南省三个女子监狱所关押的近万名罪犯中，涉毒犯罪者占85％以上。[②]

（七）吸毒者为了获取毒资，往往以贩养吸

广州市公安机关1996年抓获的贩毒分子中，有80％的人吸毒，有的地方毒犯以贩养吸的占95％。许多吸毒人员由吸到贩，以贩养吸，形成恶性循环。为了筹集毒资，不择手段地进行侵财型犯罪活动，如盗窃、抢劫、绑架，甚至谋财害命。

三、吸毒的危害性

吸食毒品，不仅是一种损害健康的不良行为，也是一种精神颓废的表现，而且更是一种腐蚀性强、危害性极大的社会丑恶现象。吸毒行为对国家、民族、社会、家庭，以及吸毒人员自己都会产生严重的危害后果，具体表现：

（一）吸毒对国家的危害

毒品关系国家兴亡、民族兴衰。吸毒消耗巨额财富，浪费大量资财，严重影响

---

① 梅传强：《犯罪心理学》，法律出版社2003年版，第273页。

② 同上，第274页。

着一个国家的经济建设,危及国计民生。据调查,目前世界上至少有5000万以上人吸毒,全球毒品年交易额达8000亿美元至10000亿美元。据有关部门统计,1997年底,我国登记在册的吸毒人员多达54万人,每年的毒品消费约需人民币1000亿元。加之国家用于缉毒、禁毒、戒毒的巨额开销,以及由毒品引发和衍生犯罪所造成的损失,更是无法估量。

毒品泛滥,吸毒普遍,不仅直接关系到国家的政治、经济、文化、伦理和社会各项事业的发展,而且还殃及子孙,导致民族衰败。因为吸毒会导致体质急剧下降,四肢无力,精神萎靡,不思进取,未老先衰。旧中国,我们中华民族饱受毒品侵害,因为吸毒极为普遍,许多青壮年的体质都十分虚弱,被当时的帝国主义称为“东亚病夫”,我们的民族也因此而饱受帝国主义列强的侵略、欺凌和蹂躏。从鸦片战争到新中国成立的一百多年屈辱史,不正是毒品带给我们民族的灾难吗? 我们切不可好了伤疤忘了痛,一定要牢记血的教训。在当前的吸毒人员中,青少年占了绝大多数,而青少年又是国家的希望、民族的未来,所以,为了国家的兴盛,民族的富强,我们一定要坚决把贩毒、吸毒问题解决掉。

(二)吸毒对社会的危害

吸毒以及由它所引发的各种刑事犯罪已成为世界许多城市的严重忧患。例如,在纽约,与毒品有关的犯罪占各种犯罪总和的四分之一;在暴力犯罪中,有将近30％的案件与毒品有关。在我国,由吸毒衍生的各种刑事犯罪也非常普遍。据调查,一名吸毒者一年的吸毒费用至少需要5万元人民币,有的甚至高达几十万甚至上百万元。如此高昂的经济支出,使得吸毒者的家产很快就化为乌有,变得一贫如洗,甚至债台高筑。当吸毒成瘾后,由于忍受不了毒瘾的折磨,为了筹集毒资,不惜铤而走险:男性吸毒人员常常不择手段地实施抢劫、绑架、盗窃、杀人等刑事犯罪;而女性青少年吸毒人员则往往沦为妓女,靠出卖自己的灵魂和肉体来维持吸毒。可见,吸毒会严重恶化社会治安,败坏社会风气。不仅如此,国际贩毒集团还常常与国际恐怖组织和各国黑社会组织狼狈为奸,严重影响国际社会的和平与稳定,诱发国际性的有组织犯罪和跨国犯罪。

此外,吸毒现象的蔓延,还将直接败坏社会风气,导致家破人亡。因为吸毒会驱使人道德沦丧、伦理颠倒。为了吸毒,常常是不顾一切,不惜一切,什么道德、良心、责任感等通通抛到脑后。“烟枪一支,不见枪声震动,打得妻离子散;锡纸半片,不见火光冲天,烧尽财产家园。”这是新中国成立之前对吸毒人员危害家庭的真实写照。在现实生活中,因吸毒而导致家庭解体,或者家破人亡的事例数不胜数。真可谓“一人吸毒,全家遭殃”。此外,吸毒还会传播各种疾病,导致国民素质下降。因为吸毒者常采用静脉注射、肌肉或皮下注射的方式,在吸毒过程中经常是多人共用未经消毒的注射器或针头,这样,便通过注射器或针头传播各种皮肤病、性病,甚至艾滋病等。

(三)吸毒对个人的危害

1.吸毒对个人生理上的危害

(1)吸毒对身体的毒性作用。毒性作用是指用药剂量过大或用药时间过长引起的对身体的一种有害作用，通常伴有机体的功能失调和组织病理变化。中毒主要特征有：嗜睡、感觉迟钝、运动失调、幻觉、妄想、定向障碍等。

(2)戒断反应。这是长期吸毒造成的一种严重和具有潜在致命危险的身心损害，通常在突然终止用药或减少用药剂量后发生。许多吸毒者在没有经济来源购毒、吸毒的情况下，或死于严重的身体戒断反应引起的各种并发症，或由于痛苦难忍而自杀身亡。戒断反应也是吸毒者戒断难的重要原因。

(3)精神障碍与变态。吸毒所致最突出的精神障碍是幻觉和思维障碍。他们的行为特点围绕毒品转，甚至为吸毒而丧失人性。

(4)感染性疾病。静脉注射毒品给滥用者带来感染性并发症，最常见的有化脓性感染和乙型肝炎，及令人担忧的艾滋病问题。此外，还损害神经系统、免疫系统，易感染各种疾病。

2.毒品对个人心理上的危害

(1)削弱人的意志，使人意志消沉，久而久之，感觉干任何事情都没有意思和兴趣，做什么事都提不起精神，过着一种行尸走肉般的生活。青少年本来应该是充满生机、朝气蓬勃的，可染上毒瘾后却变得老气横秋、未老先衰。

(2)人格扭曲，性格怪僻，谎话连篇，自私自利。缺乏人与人之间的真诚感情和信任，变得麻木不仁。青少年时期是人格发展和逐渐定型的时期，如果这一时期受到毒品的侵害，人格发生变异，那么对人的整个一生发展都是极其有害的，甚至就此毁了一个人。

(3)丧失事业心和责任感，使人目光短浅，无所事事。既无追求，也无寄托，得过且过，活一天算一天。至于责任感也逐渐丧失殆尽，且不说对国家、民族、社会承担责任，就连普遍的家庭责任感都逐渐丧失，不仅如此，吸毒者常常还要连累家庭，耗尽家庭财产，搞得全家甚至三亲六戚都不得安宁。

(4)沦丧道德伦理。可以说，人类天性中一切美好的品德在瘾君子头脑里往往都荡然无存，而人性中丑恶的一面却在毒烟缭绕中急剧膨胀。为筹毒资，什么事都干得出来，至于法律和道德、廉耻等统统抛在脑后；女瘾君子常出卖人格和身体，男瘾君子则结伙打家劫舍、敲诈勒索，甚至持械杀人，或者以贩养吸。可见，毒品万恶，泯灭廉耻。

四、毒品犯罪的一般心理特征

与其他刑事犯罪相比，毒品犯罪者在心理上更贪婪、更狡诈、更胆大妄为，具体表现在以下几方面：

(一)强烈的、贪婪的贩毒欲望

牟取暴利的贪婪欲望,是毒品犯罪的共同心理动力。毒品犯罪尽管风险很大,却是一本万利的勾当。悬殊的价格,高额的收益,极具诱惑力,在强烈的、贪婪的欲望驱使下,犯罪分子冒着生命危险实施犯罪,表现了强烈的冒险意识和亡命徒式的意志特征。据统计,目前,国际毒品年交易额在8000亿美元以上,丰厚的利润不断刺激着毒品的生产、贩运,而且毒品价格的地区差异悬殊,贩毒成功一次,犯罪分子一夜之间就可暴富起来。因此,贩毒分子冒着坐牢、杀头的危险,想尽一切办法,通过各种渠道,制造、贩运毒品。

(二)侥幸心理

侥幸心理是指从事毒品交易的罪犯心存可以侥幸逃避法律制裁的心理。导致毒品犯罪分子形成这种心理的原因很多。由于毒品犯罪是近年来才出现的一种新的犯罪类型,我国政府在毒品的管理、检查、缉私方面工作经验不足,同时,我国边境线漫长,紧邻毒品种植大区"金三角"和"金新月",此外,技术装备相对落后,缉查人员严重不足,控制防范不严,导致一些犯罪分子主观上认为有可乘之机,心存强烈的侥幸心理,跨越国境,冒充边民、旅游者,制造、贩运、走私毒品,甚至有些拥有外交豁免权的驻我国使领馆的外国工作人员也利用公务之便携带、贩卖毒品。另外,有些不法分子在某些人迹罕至的山区、边境地区种植罂粟、大麻,秘密生产、加工毒品,销售到世界各地。如果这些犯罪行为获得成功,就会强化毒品犯罪者的侥幸心理,胆子越来越大,犯罪程度越来越严重,即使被查获甚至被抓获,其侥幸心理也不一定完全消失,只要他(她)认为自己的行为所获得的利益远远大于损失,一旦机会来临,他们往往又会重操旧业。由于毒品犯罪是"一本万利"的"行业",在巨额利润的驱使下,即使只有千分之一甚至万分之一的成功概率,他们也会心甘情愿地去冒险、去犯罪。因此,侥幸心理是重大的犯罪分子或犯罪集团屡屡作案的重要心理基础。

(三)冒险心理

冒险心理是指毒品犯罪者受到巨额利润的驱使,甘愿冒着被法律制裁的风险的心理。这种心理在制毒、贩毒分子中普遍存在。由于不同地区毒品价格悬殊,从事毒品交易便可获得丰厚的利润。比如,4号海洛因在"金三角"地区的售价每公斤800~1000美元,几经周折、转手,在美国市场上卖给吸毒者,竟达到200~230万美元,利润高达几千倍。正是这巨额利润,引诱着毒品犯罪者宁可冒生命危险,不惜以青春和生命作赌注。有的毒贩宣称"成功一次,富裕一世","搞一次,富百年"。因此,有的犯罪分子嫌小打小闹、小偷小摸见效慢,便肆无忌惮地暗中从事大宗制毒、贩毒活动,同时还购买装备先进的枪支、弹药,掩护毒品交易活动。一旦遇到公安人员的查获、缉私,毒品犯罪者便使用暴力拒捕,负隅顽抗。因此,那些从事跨国贩毒的犯罪集团经常千方百计地开辟新的贩毒渠道,规划着新的贩毒路线。

为了达到目的，他们不惜用金钱贿赂、拉拢政府官员、海关人员、公安执法人员等。国内的一些人也在这种暴利的诱惑下，或者在穷乡僻壤的山区种植毒品原植物，或者参与境外贩毒集团的走私贩毒活动，以牟取暴利。可见，牟取暴利的贪婪欲望正是驱动毒品犯罪者冒险犯罪的心理动力基础。

(四)迷信"江湖义气"

一般来说，参与贩毒的各方都是有长期合作关系的，他们除了共同的经济利益外，还共同承担风险，都得考虑安全。故贩毒分子较一般刑事犯罪分子更为谨慎，往往选择自认为可靠的、有交情的合伙人，这样使得一些难兄难弟、"好朋友"纠合在一起从事贩毒犯罪。一旦被拘捕，也总是幻想同案人讲"义气"，不会出卖自己而抵赖拒供，企图蒙混过关，而且关系越密切的贩毒犯罪分子，越是迷信"江湖义气"。同时，贩毒犯罪分子知道，供出同伙意味着暴露自己更多的罪行，因此，在审讯中，他们总是千方百计去保对方，以图保自己。有的犯罪分子为了"江湖义气"，为了攻守同盟，为了保护同伙，便主动承担责任，甚至为了同伙去死。特别是近年来，来自甘肃、宁夏一带的贩毒犯罪分子，与同伙彼此约定"谁出了事，别的成员就负责照顾他的家人"，因而被拘捕后，这些贩毒犯罪分子舍命一死的心理十分严重，为了照顾家庭，或怕同伙报复家人，出事的贩毒犯罪分子就宁愿死也不"出卖同伙"，将一切责任都揽到自己身上。

(五)逆反心理

逆反心理是指毒品犯罪者因情绪影响而做出的与社会道德规范相反的心理表现。这种心理在青少年身上最为普遍。有的青少年认知能力低下，对毒品的危害认识不够，法制观念淡薄，明辨是非能力差。同时，学校、家长也未能很好地针对青少年成长发育的规律去因势利导、因材施教，教导其成长，从而造成了他们人格、心理的缺陷，与社会伦理道德、法律规范不相符合，由情绪上的敌对性导致心理上的逆反性。主要表现有：法律不允许的事，学校、家长不允许的事他们偏要去做，专门对着干。有的人，包括一些成年人，明知沾染毒品是危害国家、社会以及本人的，却依然参与制毒、吸毒的犯罪活动，陷入罪恶的深渊。

(六)恐惧心理

恐惧心理是毒品犯罪者对本身行为产生恐惧的心理状态。这种心理常常伴随着从毒品犯罪意识开始到犯罪行为实施后的整个过程。对毒品犯罪者而言，从犯罪意识的形成、犯罪行为的完成直到犯罪证据的被查实，恐惧心理都不同程度地存在着，尤其是在公安人员的盘问、查缉时，这种心态特别明显。其外在表现常为手足无措，贼眉鼠眼，目光游离不定，举止生硬僵直，手足不时颤抖，屏息静气，脸色发白，浑身直冒冷汗等。在日常生活中，比如逛街、买东西时，总怀疑别人在监视、跟踪，担心犯罪行径被人发现，总是小心谨慎地处世。而且对人、对事敏感多疑，有时外部出现与自己毫无关系的刺激也会令他紧张不已，特别是在海关、边防检查口岸进行例行检查时,他们的表情会异常严肃、紧张;当检查人员的注意力转移时,其脸上的神情才会放松,出了关口,才会如释重负地大出一口气。毒品犯罪特别是吸毒者也能意识到其行为的严重后果,有时主观上也想尽快终止这些不良行为,远离毒品,从而产生了难以摆脱的恐惧感。

五、青少年吸毒的心理演变

毒品犯罪总是与毒品消费密切相关的,要打击和预防毒品犯罪,必须要控制和治理吸毒问题。

一般认为,青少年吸毒的心理演变过程,可分为三个阶段:吸毒初期、中期和晚期。在不同的阶段,吸毒者的心理活动和行为表现是有差别的。

(一)吸毒初期的心理表现

心理学的研究表明,人的行为总是由一定的动机驱使的,吸毒这种不良的社会行为也不例外。据调查,初次吸毒的动机,主要有以下几种:

1. 盲目好奇,追求刺激

许多研究表明,大多数人初次吸毒是受好奇心驱使的。青少年时期,人的好奇心特别强烈,富于冒险。有些好奇心强且胆大的青少年,在一些书里或者别的描述中知道了吸毒会产生一种欣快感和梦幻状态,便不顾一切地去尝试,当他们体验到了吸毒的乐趣时,也就成瘾了,想停止尝试往往身不由己,想摆脱毒品也不大可能了。也有的人因缺乏正确的世界观、人生观和价值观,精神空虚、寻求刺激,喜欢追求新鲜事物和体验新生活,追求醉生梦死的生活方式而走上吸毒道路。

2. 贪图享乐,寻求解脱

在日常生活中,有的人由于家庭破裂,事业失败,情场失意,或者学习成绩不好,升学无望而受人歧视等,在无聊和无奈的消极状态下,为了排解心中郁积的苦闷,寻求解脱而染上毒瘾。有的青少年涉世不深,在不如意或者受到挫折时,容易把吸毒当作一种解脱,以此来麻痹自己,暂时忘却痛苦,享受癫狂的和极度快乐的感觉。在当前的吸毒人员中,个体户、无业人员、外来流动人员、"三陪小姐"居多,究其原因主要是这些人大多文化程度低,缺乏自我调节能力,无更高的精神追求,只想借毒消愁、借毒解忧。

3. 上当受骗,偏执逆反

毒贩们为了推销毒品,挖空心思,诱人上当。有的说,毒品是"药中王",能治疗各种疾病;有的说,毒品是"减肥药",能使人身材苗条;有的说,毒品是"春药",能增强人的性功能,等等。一些愚昧无知或者辨别能力低的人,由于无法识破毒品的危害性,是非不分,轻信传言,糊涂尝试,结果是旧病未除,又添恶症,不幸染上毒瘾。也有的人是在偏执逆反心理支配下吸毒的。例如,有些年幼无知的青少年,他们对一切事物都持怀疑态度,认为那是危言耸听的,"恐怕没有那么严重吧? 到底怎么样，吸吸就知道了"，结果一吸就上瘾，等知道毒品的真正危害时，已悔之晚矣。还有的人是因为交友不慎、被朋友拉拢和引诱而失足毒海的；有的人是因为亲友吸毒劝告无效而赌气吸毒的。

4.炫耀富有，追求时髦

在现实生活中，有的人先富起来了，为了炫耀自己有钱而吸毒。这种人将吸毒作为一种炫耀的资本，作为提升自己社会地位的标志。也有的人错误地认为"吸毒时髦，吸毒光彩"，"有钱、有本事的人才吸毒"，于是他们为了追赶时髦，不惜冒险吸毒。

由于毒品一般都是中枢神经系统的兴奋剂，在药物发生效力的短暂时间里，吸毒人员中枢神经系统极度兴奋，使人感到从未有过的愉快、振作、精力充沛，不易疲劳，使人忘却痛苦，出现一种超脱尘世的幻觉世界，产生飘然若仙的感觉体验；所以，在吸毒初期，往往能减轻或驱除心理的紧张、抑郁和焦虑等，使人获得应付各种社会压力的信心和勇气，或者借此麻痹自己，逃避现实。正是由于毒品有这样的功效，吸毒人员一般又忍不住第二次吸食。有了一次、二次经历后，他们又盼望第三次吸食，数次吸食体验后，便渐渐地对毒品产生强烈的依赖，逐渐发展到离不开毒品的刺激。一般而言，处于吸毒初期的人，如果及时加以强制戒毒，并彻底远离毒品，那么，戒掉毒品的成功率就比较高；反之，若戒毒不及时，就可能进一步演变成生理上对毒品的依赖。

（二）吸毒中期的心理表现

吸毒中期为吸毒症状反应期，其心理表现为，中毒不深，想摆脱毒品，但又心存侥幸，经不起诱惑。逐渐由爱好毒品到依赖毒品，再到沉溺于毒品不能自拔。此时，在生理上对毒品有强烈依赖，若长时间没有吸食毒品，便会产生生理性反应。例如，打呵欠、流眼泪、流鼻涕、出汗、打喷嚏、起鸡皮疙瘩、寒战，甚至出现了瞳孔放大、恶心呕吐、腹绞痛、腹泻、全身骨骼和肌肉疼痛等症状。为了减轻痛苦，吸毒人员总要想方设法地寻求、获得毒品。如果此时没有及时戒掉毒品，就可能进一步发展成为毒品的心理依赖，形成心瘾。一旦形成了心瘾，戒毒就比较困难了，且戒毒时必须要辅之以心理矫治，消除心瘾，否则，戒毒后又容易出现复吸现象。

（三）吸毒晚期的心理表现

吸毒晚期，在心理上已形成了对毒品的强烈依赖。此时，吸毒已成为强迫性行为，如果长时间没有吸食毒品，不仅会产生生理性反应，而且也会出现心理性反应。例如，焦虑不安、易激惹、好冲动、攻击性强，有难以忍受的渴求用药感，甚至出现自伤、自残的变态心理。在这个阶段，不仅吸食无度，正常的生活规律被破坏，而且，对其他正常社会生活也逐渐失去了兴趣，不愿也无力从事社会活动，自控力和工作效能丧失，缺毒就成病态。发展到吸毒晚期的人，由于吸毒时间长，在生理和心理上都形成了对毒品的强烈依赖，久而久之，人格就会发生变异，变得意志薄弱、自制力极差、自暴自弃、心灰意冷、脾气暴躁、破罐破摔，他们易受诱惑和暗示，回避矛盾,逃避现实,性格脆弱,经不起失败的打击和别人的批评,不能真实地面对自我。正是由于有了这些人格上的变异,所以,许多吸毒人员即使经过强制戒毒,但一旦回归社会后又很快旧病复发、重新染上毒品。因此,对吸毒晚期的人员进行药物生理脱瘾治疗的同时,必须施行心理干预和心理康复,以矫治其变异的人格。

第四节　性欲型犯罪心理

一、性欲型犯罪概述

性欲型动机犯罪,又称性动机犯罪或淫乱型犯罪,是一种具有严重危害性的犯罪,也是侵犯公民人身权利和妨害社会管理秩序犯罪的一个重要类型。

(一)性欲型犯罪的概念

性欲型犯罪是指以淫乐性动机作为犯罪动机,以满足性欲为目的或以性行为为手段达到其他目的的犯罪行为。它是一种违背社会道德规范和法律规范、侵害性权利、妨害家庭和社会秩序的犯罪。性欲型动机犯罪具有严重的社会危害性,它不仅侵犯了他人的性权利,而且对被害人直接造成身心创伤;削弱人们的安全感,严重地侵蚀人们的身心健康,污染社会环境,破坏社会的人际关系、道德观念、文化传统。

国外关于性欲型动机犯罪的概念有广义和狭义之分。广义是指一切受法律、道德、风尚习惯等社会规范所禁止、谴责和惩罚的性行为;狭义的性犯罪指刑律所禁止并予以惩罚的性行为。犯罪心理学的研究应以狭义的概念为范围。

(二)性欲型犯罪的主要类型

根据我国刑法规定,属于性欲型动机犯罪的主要有:

1. 强奸妇女犯罪

是指违背妇女意志,使用暴力、胁迫或者其他手段,强行与妇女发生性交的犯罪行为。

2. 奸淫幼女犯罪

是指同不满14周岁的幼女发生性交的行为,是强奸罪的一种特殊形式。

3. 强迫妇女卖淫犯罪

是指违背妇女意志,以营利为目的,使用暴力、胁迫、虐待、诱骗等手段,强制妇女出卖肉体,与男子发生性关系的犯罪行为。

4. 其他侵犯公民人身权利犯罪和扰乱公共秩序犯罪

如侮辱、猥亵妇女犯罪、聚众进行淫乱活动犯罪等。

二、性欲型犯罪心理的成因分析

性欲型犯罪行为的实施,从某种意义上讲,主要是行为人生理、心理方面的欲望与自身控制、调节这种欲望的能力方面失去了平衡。因此,在研究性犯罪心理时应着重研究造成这种不平衡的各种因素。

人性是自然性与社会性的统一。性欲是人带有自然性的一种欲望,在人的社会化过程中,它也被打上了社会的烙印。因为人是生活在社会中的,是超越动物类的具有理智的主体,应该遵守社会规范,具有自我克制的能力。如果放纵性欲,不仅伤害别人,触犯社会道德法律规范,而且也把自己降低到动物的水平。近年来,在新的社会背景下,协调人们性行为的传统观念逐渐被淡化。与此同时,低级庸俗的性信息到处泛滥,由于种种历史的和现实的原因,性教育又相对薄弱。因而在具体的诱发性犯罪的情绪作用下,少数人生理、心理上的欲望便像脱缰的野马,失去调节控制能力,不择手段地追求自身欲望的满足。当然,少数性犯罪与人的精神、生理上的障碍也有着一定的联系。

(一)性信息泛滥是诱发性犯罪动机的主因之一

长期以来,我国的性知识教育非常缺乏,基本处于封锁状态之下,特别是受传统的性观念束缚的人,甚至会出现谈性色变,使性科学知识成为一块禁区,根本谈不上作为科学知识的一部分进行传播。在缺乏性科学知识的情况下,含有低级庸俗的性信息泛滥,便很容易诱发一些人不良的性需要。司法实践中获得的大量案例表明,当一些人对性知识全然无知之际,一旦接触色情淫秽文化的启蒙,便会猛然吸收并内化为不良的性需要,很难保证他们不会走上犯罪的道路。近几年来,我国在没有开展性科学知识教育的情况下,又出现了直接或间接的描写性行为的小说,直观形象地表露性行为的影视作品,富有性刺激的挂历、广告、娱乐形式到处泛滥;一个没有科学的性知识的青年,在这些低级庸俗的性文化影响下,性意识很难有一个健康的、正确的、合乎人性的发展。许多人正是在这种不良性教育情形下,由于不恰当地关注性问题,最终必然陷入性犯罪的泥潭。

(二)性道德规范教育的薄弱

两性关系是一种社会关系,这种关系更多地受人们的社会法律规范、道德规范和社会心理规律的制约。因此,开展性道德与法律知识的教育,对于提高调节、控制、协调人们的性行为能力,有着十分重要的作用。

随着社会文化的发展,我国传统的性伦理、性道德观念,已经不能适应社会生活的实际需要,逐渐失去了对人们性行为的调节作用,新的能够普遍为人们所接受的现代社会性行为的道德观念还没有完全形成,从而造成性道德规范教育的薄弱。因而当青少年的性生理要求与社会行为规范、道德规范发生矛盾的时候,少部分人就容易为外界不良刺激引起的性欲望所驱动,发生违法的性行为。

(三)恋爱、婚姻、性生活方面的障碍

当恋爱、婚姻不能通过正当途径达到目的时,就潜伏着引发性犯罪的因素。在我国,婚姻是人的性需要得到满足的唯一合法的社会形式,但结婚后,往往由于夫妇双方或一方的生理缺陷、心理障碍等,未必有和谐的性生活,使性需要得到满足,这些都可能影响性心理的健康发展,导致其中一部分人对异性,对与异性的关系,对婚姻抱有各种违背常规或令人费解的想法。他们歧视异性,或把与异性之间的正常交往、正常的性生活,视为丑恶卑贱的事,或将异性视为发泄性欲的工具等。后者常以强奸、乱伦、鸡奸、猥亵异性等异常的行为,作为发泄性欲的方式,并在各种报复性的异常行为中获得性生理的满足,以满足自身异常性心理的需要。

三、性欲型犯罪心理结构

(一)认识特征——歪曲的性意识

青壮年性犯罪者,往往存在着错误的性意识,他们受西方"性解放"和"杯水主义"等思潮的影响,把性淫乐加以概念化、理论化,仿佛性放荡最符合时代潮流,而恪守性道德是"保守",以此作"合理化"的自我辩解。在此基础上,形成了以下具体的性观念:第一,过分夸大性的意义,把性视为人生中最重要的事;第二,无视性爱的社会意义和美学价值,把性爱降低到生理欲求的水平,等同于性欲的满足;第三,认为"一夫一妻制"已经过时,"性自由"最新潮,以追求淫乐为目的;第四,热衷于用暴力、胁迫或其他手段来满足或发泄自己的性需要,把自己的欲求与社会对立起来。

(二)犯罪动机特征

性欲型犯罪主体的性别不同,体现在犯罪动机方面也不同。男性性犯罪动机主要是:第一,满足性欲。这是主要动机,即在性欲的支配下奸淫或侮辱妇女。第二,侵犯的欲望。不是出于性需要,而是以摧残妇女为乐,为了满足自己的暴虐心理。第三,报复。为了发泄仇恨、报复他人而强奸妇女。第四,出于好奇、追求刺激的需要。这在青少年犯罪中较为突出。女性性犯罪主要是为了追求金钱和财物,满足性欲,出于好奇及受人唆使和胁迫等。

(三)个性的典型特征

1.极端利己主义

个人欲望十分强烈。把满足性欲看得至高无上,以此来确定目的和选择行为。

2.自我辩解的态度

把责任推诿于被害人,如强奸犯反诬被害女性行为不轨,性欲放荡,是对方主动勾引的。

3.情感方面缺乏修养

为了发泄性欲，性犯罪者往往不顾他人的感情和痛苦，为了寻欢作乐，不惜给他人带来严重后果。特别是强奸犯，在作案中，在性兴奋的作用下，情绪、情感迅速激惹，变得粗暴、疯狂，一旦受挫，就会转化成攻击和摧残。

4.消极的意志品质

表现为无法抑制自己的性欲，经不住外界性刺激的引诱，同时为了达到满足淫欲的目的，行为具有挑衅性、侵犯性。

5.腐朽的生活情趣

许多性犯罪者，主要受黄色书刊和影像制品的毒害，他们精神空虚，百无聊赖，追求感官刺激，沉醉于淫秽腐朽的文化之中，恣意模仿淫乱的生活方式。有的群奸群宿、参与流氓团伙活动，奸淫或侮辱妇女；有的以摧残、凌辱妇女为乐事，以满足其性暴虐或性报复心理；还有的伴随着金钱欲和赌博、吸毒等动机，实施性犯罪活动。

(四)利用被害人的心理

1.利用女性的恐惧和软弱

强奸犯在对女性实施奸淫、侮辱时，使用暴力胁迫手段来恐吓被害人，迫使她们忍辱屈服。有些被害妇女甚至事后还忍气吞声，不敢揭发。

2.利用女性追求享乐的心理

一些性犯罪分子以吃喝玩乐来引诱女性，满足她们的虚荣心和物质需要，在女性丧失警惕的状态下，实施性犯罪行为。

3.利用女性有求于人的心理

有的女性为了私利想攀龙附凤，找个靠山，或有调动工作、分房的需要，犯罪分子乘机投其所好，以满足要求为诱饵，进而实施性犯罪行为。

4.利用女性的隐私和劣迹

有的女性有通奸行为或有不正当男女关系，被犯罪分子得知后，就以此相要挟，对被害人实施强奸或侮辱。

四、性欲型犯罪的行为特征

(一)作案方式的差异性

性犯罪者以什么样的方式实施犯罪，因其年龄、性别、体力、犯罪习惯、社会地位等条件的不同，有明显差异。主要有以下几种方式：

1.强奸

其特征是以暴力或胁迫手段，违背妇女意志，强行与妇女发生性关系。以暴力威逼的作案人多数是男性青壮年，他们依仗体力强悍或持有凶器，迫使妇女就范。老年性犯罪者多以诱骗方式奸淫幼女或呆傻妇女。有一定权势、地位者采取威胁、利诱手段,使妇女屈从。还有些利用职业之便进行强奸,如医生利用治病机会,神汉利用封建迷信等。

2. 聚众进行淫乱活动

主要是男女流氓在淫乐思想支配下,多人同时同地交叉发生性行为。也有的在街头、公园、剧院、舞厅等公共场所,纠集多人,调戏侮辱妇女。

3. 变态的性发泄

如鸡奸、窥阴、窥淫、露阴、乱伦、持利器或化学药物等方式切割妇女衣裤、乳房、阴部,甚至用暴虐、残害手段对妇女进行性虐待,以满足其变态的性要求。

(二)作案手段的复杂性

性犯罪的主要手段是暴力,包括运用体力与使用武器、凶器施暴。其次是精神上的胁迫或强制。例如,以行凶报复、揭发隐私、加害亲友等相威胁;利用封建迷信,进行恐吓欺骗;利用教养关系、从属关系以及对方孤立无援的环境条件,进行胁迫。第三是诱骗,如利用谈恋爱、征婚、找职业、冒充某种身份,以及灌输淫乱思想、腐朽生活方式等,诱骗和奸淫女性。还有的利用妇女患病急于求治的心情,假冒医生或利用治病机会,谎称治疗需要,对妇女施以猥亵和进行淫乱活动。少数性犯罪者,还使用春药或药物麻醉,使妇女产生性兴奋或处于神情恍惚甚至昏迷不醒状态,违背其意志奸淫。近年来,拐卖妇女者在拐卖过程中施暴强奸;谎称招工带到外地后胁迫妇女卖淫或诱使妇女吸毒后卖淫一类案件,也时有发生。女性性犯罪者多系从被害者发展、蜕变为害人者,在犯罪团伙中扮演以色相勾引他人,传播性犯罪思想,拉拢腐蚀其他妇女下水的角色。

(三)犯罪行为的残忍性

由于性犯罪行为违背妇女意志,必然遭到被害者不同程度的反抗,加之性犯罪的冲动性与反常性,往往使得被害妇女在性犯罪过程中遭到种种虐待与残害,有的甚至被杀害。与暴力并行并与暴力性后果相联系,是性犯罪行为的一个重要特征。尤其是在一些团伙性的轮奸案件、滋扰侮辱猥亵妇女案件中,被害人遭到的摧残更是令人发指。性犯罪又往往是抢劫、诈骗、吸毒、贩毒等案件的前奏或伴随物,其社会危害性就更为严重。

五、几种主要性欲型犯罪的心理结构

(一)强奸犯罪的心理结构

1. 性需要特征

强奸犯的性犯罪心理形成后,其性需要在整个需要结构中处于特殊的位置,成为优势需要,导致其心理与行为上的一系列变化。首先是性观念的变化,表现出对传统性观念的极为不满,散布与性自由有关的言论。其次是在情绪烦躁不安时,设法接近异性，在与异性交往时兴奋激动，语言轻佻。再次是精神上逐渐变得消极颓废，不求上进。最后，在行为上表现为积极搜集和阅读与性描写有关的文艺作品，低级庸俗、淫秽下流的书刊对其具有特别的吸引力。

2. 动机特征

强奸犯的动机特征，首先表现为复杂多样。强奸犯实施强奸行为，多数是为了满足性需要，但也有一部分强奸犯或是出于好奇，寻求刺激，或是为了发泄仇恨、报复对方，或是因歧视妇女以奸污女性为乐。其次，罪犯在实施强奸的过程中，常常伴有动机转化。这种转化表现为在实施强奸过程中，发现财物后，将女方财物洗劫一空。也有的罪犯在遭到被害人的强烈反抗或自己身份暴露后怕告发、受到严惩，为达到逃避惩罚、保护自己的目的，残暴地杀害、伤害被害人。

3. 情绪特征

强奸犯的情绪不稳定，易受到外界刺激影响，在实施犯罪行为前，情绪兴奋激动，理智丧失，千方百计地寻找或设法接触被害对象，精心选择时间、地点，必欲达到强奸目的。这种情绪在实施强奸过程中，得到进一步发展，兴奋中心集中在性欲的满足上，而很少考虑行为的后果，在被害人的反抗面前以慌乱野蛮的动作摧残被害人。实施犯罪行为后，罪犯的情绪相当复杂，既有性欲满足后的快感，又有实施犯罪后的恐惧与紧张。

4. 意志特征

强奸犯对诱因缺乏抵制和缺乏抑制性冲动的意志力。强奸犯中有相当一部分罪犯，性犯罪行为是在外界刺激的作用下，欲念上升，又缺乏良好的性道德和法制观念的控制，在意志薄弱、心理失去平衡的状态下实施的。

(二)聚众淫乱犯罪心理结构

1. 精神空虚、寻求刺激

聚众淫乱犯罪分子未受到良好的思想、道德、文化方面的教育，缺乏理想、抱负，无所事事，精神空虚，但他们多处于青少年时期，精力充沛。因此，他们以流氓滋扰、玩弄异性、残害妇女来消耗剩余精力，发泄内心的不满，弥补精神上的空虚。

2. 受淫乱思想和腐朽生活方式侵袭

资产阶级淫乱思想和腐朽生活方式对贪图安逸、不劳而获、好吃懒做的人，具有较强的吸引力，引起不少青少年的倾慕，导致他们追求"性解放"、"性自由"，认为"人生就是为了满足食欲和性欲"，"性解放是社会发展的潮流"。在这些淫乱思想的支配下，玩弄异性，群奸群宿，寻求感官刺激。

3. 交叉腐蚀、互相引诱

男流氓将低级下流的性观念、性意识向女青年灌输，勾引女青年，达到发泄性欲的目的。女流氓利用她们的生理特点，不仅在流氓淫乱的过程中作为男性的玩物，而且对其他男青年也有一定的诱惑力。女流氓还利用与社会上其他女青年无性别差异的特点，诱骗其加入淫乱团伙。

第五节 邪教型犯罪心理

邪教犯罪是今天的人类社会面临的最危险、最复杂的犯罪现象之一。邪教犯罪，也称邪教信仰型动机犯罪或邪教组织犯罪，指披着宗教信仰的外衣，以达到不可告人目的的邪恶动机所导致的犯罪。据有关资料统计，当今世界上存在着数以千计的邪教组织，仅在美国就有 2500 个教派，欧洲也有 1000 多个。这些组织均由某个具有险恶用心的教主操纵与主宰，推崇荒谬的信仰，实施反科学、反社会、反人类的违法犯罪活动。自 20 世纪 90 年代以来，邪教组织犯罪呈现出愈演愈烈的趋势，引起了世界各国政府和人民的关注与担忧，被称为与国际恐怖主义同样可怕的"欺世恐怖主义"。在我国，这一类型犯罪的典型是"法轮功"邪教组织犯罪。

一、邪教犯罪的概念

(一)邪教

要确定邪教犯罪的概念，首先必须要确定邪教本身的含义。西方倾向于从心理学和社会学的意义上来界定，认为"邪教"是指所有那些采取可能破坏(搅乱)或严重损伤其信徒的固有性格这样一种胁迫手段来招募徒众和传布教义的团体或集群，那些为了自己的存在而完全(或严重)破坏其信徒同原有社会生存环境，乃至同其自身感情的联系及有效沟通的团体或集群，以及那些用他们自己的运作机制破坏、践踏在一个法治国家里被视为不可侵犯的法定权利的团体或集群。也有研究者用"邪教关系"这个词组来更为精确地表述一种邪教组织的活动与教徒间的相互影响。所谓邪教关系，是指一个人有意劝诱其他人完全地或几近完全地在重大生活决策上依赖于他(或她)同时向这些追随者反复灌输一种信念：他(或她)具有某种特别的天资、天赋或知识。我国则偏重于从政治学和法学意义上来定义，"邪教组织"是指冒用宗教、气功或者其他名义建立，神化首要分子，利用制造、散布迷信邪说等手段蛊惑、蒙骗他人，发展、控制成员，危害社会的非法组织。

(二)邪教犯罪

所谓邪教组织犯罪，也称为组织和利用邪教组织犯罪。对于邪教犯不犯罪的问题，普遍认为只要没有危害社会的行为，仅思想信仰邪教，仍然是个思想问题，无论这种思想如何邪恶，也不能认为是犯罪。但是邪教的性质使其与犯罪有着根深蒂固、千丝万缕的联系，其发展和归宿必然是犯罪。

1999 年 10 月和 2001 年 6 月，最高人民法院和最高人民检察院先后发布的《关于办理组织和利用邪教组织犯罪案件具体应用法律若干问题的解释》(简称《解释》）和《关于办理组织和利用邪教组织犯罪案件具体应用法律若干问题的解释（二）》（简称《解释二》）除对邪教组织下定义外，还对邪教犯罪进行了列举式的规定：认为邪教犯罪包括组织和利用会道门、邪教组织或者利用迷信破坏法律实施罪，组织和利用会道门、邪教组织或者利用迷信致人死亡罪，以及利用邪教组织进行的其他犯罪。

世界各国刑法往往是将由邪教组织引发的犯罪分别归入其他具体的罪名进行处理，而很少对邪教组织犯罪做出专门规定，例如：邪教组织致使教徒或他人死亡，可以归入侵犯公民人身权利罪；邪教组织邪教徒放火、投毒可以归入危害公共安全罪。

二、邪教犯罪的特征

邪教犯罪中犯罪人往往自己形成一种对宇宙、社会及道德伦理等方面的偏执的认识，并为这种认知披上一种宗教的外衣，形成由反科学性的歪理邪说组成的教义。教义的内容对邪教徒的思想行为控制起到决定性作用，也是其犯罪活动得以实施的基础。

（一）人生观

人是有思想、有精神的动物，但人的思想精神是与肉体紧密相关的。邪教往往利用唯心主义的迷信观点来宣扬身体和灵魂二元论的观点，鼓吹自杀升天论，用自杀无痛苦、自杀最圣洁、自杀是升入"天国"、"天堂"的唯一途径来残害人们。让邪教徒"放下生死"，如"法轮功"邪教主李洪志编写的《转法轮》中要求邪教徒"肉身留下，元神离开"才能升到天国。同时，散布"世界末日论"、"地球毁灭论"来吓唬邪教徒，用"来世幸福论"来诱惑邪教徒。

（二）价值观

邪教犯罪人的价值观带有明显的"宿命论"特征，本质上就是一种宿命论的人生价值观。他们将人生的意义和作用，看成是为完全宿命的目标而努力，否定现实生活的意义和作用，甚至诱使或强迫邪教徒抛弃正常的社会生活和工作，如"法轮功"将人生在世一切行为的价值都认为是为了"消业"，即还前世的债，去掉做了坏事以后看到的"黑色物质"，通过修炼"法轮功"，不断"上层次"，以达到"最后的圆满"，重新升入"天国"。从这些说法可以看出，李洪志的"业力说"是十分荒谬的人生价值论，只要痴迷于它，就会对原来已经形成的人生价值观造成严重的冲击，怀疑甚至彻底否定原来的人生信念、理想、价值目标，抛弃正常的社会生活，丧失丰富多彩的生活乐趣。同时，人生价值的裁定权完全集中到邪教教主手上，教主说人生有价值就有价值，教主说人生无价值就无价值，教主还通过"因果报应"等歪理邪说，恐吓和控制痴迷者，让他们心甘情愿地放弃世俗生活，充当邪教教主的仆人，为邪教教主而献身。

(三)道德观

邪教犯罪人把人类的道德堕落作为"世界末日论"总根源、总前提,利用人们对现世道德状况的不满和担忧心理,诱骗痴迷者对人类即将毁灭的鬼话深信不疑。将自己化为大德、至善的救世主,神化自我,将邪教编造的歪理邪说说成是人类从道德堕落中被解救出来的唯一根据和希望,邪教徒只能按照他们的道德观标准来判断是非对错,不能有丝毫的怀疑。否则就是大恶,就会受到最严厉的惩罚。排斥其他一切精神信仰,而且具有极疯狂的攻击性,对其他精神信仰常常采取极端的打击手段,甚至不惜施行暴力。

三、邪教犯罪中的思想行为控制过程

(一)网罗教众

以人们的基本需求、迫切需要为诱饵,邪教网罗徒众的工作通常都是以隐蔽的方式进行的,或通过套近乎、讲交情的个别接触(经常是以向遇到某种麻烦的人提供支持或帮助开始),或通过有掩护身份的招募人员(通常很难让人联想到其所属的邪教)向选中的对象推荐各类活动和培训班,以便达到成功接近的目的。人作为社会动物,都有亲和动机,有心理学研究表明,在引起较高焦虑的情境下,个体与别人亲近的需求就会增加。邪教组织对于有意识或在潜意识中强烈渴望被人爱护、被人关怀的人有着极强的诱惑力。对这些有着强烈心理需要的人,邪教有可能会给予他们指导、目的、爱护、关怀、一种归属感、个人冲突的解脱和这些人迫切寻求的自我控制力。而招募人员会对某些正被一些焦虑、压抑、孤独和恐惧等负性情绪或问题困扰的人尤其敏感,瞄准那些看起来较脆弱和孤独的人,带着伪善的面具主动接近,一旦成功,就派教徒经常前去探望,提供需要的帮助,并许诺解决其问题。处在软弱、无助状态下的或缺乏社会承认的人很难拒绝这样的吸引力,从而使具备这些条件的人在自愿的情况下进入了邪教,也为下一步被邪教控制操纵打下了基础。

(二)教化

邪教组织内部通过演讲、建议、奖惩和其他手段使邪教成员对过去的行为和选择感到不安。当他们回想起所处的世界、自己的行为和价值观时会同时被新制度所困扰,它暗示他们过去所做的都是错误的。这种回想过程让邪教成员困惑不解,不知道哪些是正确的、该做什么以及如何选择。在邪教成员正常的世界观发生变化时,邪教会使用感觉剥夺与反复强化的手段给他们灌输新的该组织认可的世界观。当组织攻击邪教成员以前的世界观,使他们困惑、内心混乱时,还要求他们不能说出这种困惑,也不能反对它,因为邪教领导者会不停地提问题、不停地对付邪教徒的抵触。通过这个过程,邪教成员内心的信念便被剥除了。而且,若他们身体也疲劳的话，就更能促进这种效果，这就是邪教必须使邪教成员过度劳累的原因。

例如：许多邪教组织利用"困境"的技巧或者其他的批评手法达到动摇教徒已有观念和行为的目的。比如，哈利曾参过军，快30岁以前他对自己都很有信心。但是当他加入了一种《圣经》邪教组织以后，领导者反复告诫他话不能说得太快，这是他过去邪恶的象征。他就这样被告知、被教诲。不久哈利似乎失去了自信，甚至对自己在部队中所得战绩的记忆都感到怀疑。这样，他以前对自己的态度及其行为方式都已经被解冻、剥除了。

（三）转变

在此阶段，邪教成员逐渐意识到接受教规，使用教派思维减少了恐惧、焦虑等负性情绪。而且，在从众心理作用下，开始注意观察其他教徒的举止，并决定赶超他们，并在自己承诺的压力下强化教徒行为。随着在邪教环境中花费的时间的增多，教徒个人经历和邪教紧密相连并相互作用。

这个过程中，邪教会有条理地在入教者身上制造无力感。邪教通过剥夺人的支持体系和独立行动能力使人产生无力感。邪教追随者在剪断了以前的友情及亲情网之后，便脱离了正常的环境，有时还会迁到偏僻之处去居住。邪教制造无力感的另一方法是剥夺人的主要职业和财富来源。为达此目的，许多邪教组织让成员辍学、放弃工作或职业，上缴财产、遗产及其他资产给组织，这是制造对组织的依赖感及个体无力感的步骤之一。一旦失去了惯有的支持体系（很多情况下是收入来源减少，对自己认知能力的自信就会削弱。随着无力感的增加，自信心逐渐削弱，就感到沮丧），使其更广泛地采纳邪教的建议，更加依赖之。

感觉剥夺的作用在这一阶段非常明显，邪教徒宝贵的睡眠时间常常被剥夺，思维一片混沌，根本谈不上有理性思维能力。有的同时采用思维闭塞的手段，思维闭塞是邪教用来杜绝向教义或领导挑战的任何思想、言语和信息的。在印度"克利须那"教派中，信徒不准询问、怀疑或"思考"。一有"思考"浮现，他们便唱起"克利须那，克利须那"。默念也被用来闭塞思维。最后长期被封闭在邪教的生活圈子里，与外界隔绝，久而久之，他们的视野就会变得狭窄，意识就会变得模糊，感觉敏锐力下降，甚至于失去对现实世界的正确理解和判断能力。

催眠和暗示的方法也经常被使用，如一些邪教活动中，使用大喊，大笑等暗示和催眠手段使人进入混沌状态，还有的邪教使用邪教语言、邪教思维控制了教徒对自我和外界的认知方式。

这时候如果有教徒想要离开邪教，会受到某些精神控制的威胁，如一位法轮功练习者，她曾经产生过一个"不想练了"的念头，当她出门买东西时，摔了一跤，于是她马上就想"这一定是我不虔诚（专一）遭到的报应"。因为害怕报应她打消了原来不想继续修炼的念头。这种用恐吓惩罚形式来加强一种信念的方法，在心理学上称之为"负强化"。在法轮功组织散发的大量宣传品中，不外是这样的内容："×××人因反对××功，遭到了厄运的报应。""×××地出现×××怪异现象，这是反对××功的报应。"

(四)教徒形成

通过以上三个阶段,并伴随着对邪教痴迷的生理反应,最终在思想和行为上彻底"忠诚"于教主和教规,他们的心里只有教主、师傅,他们自愿放弃自我,愿意为组织奉献一切,既不会抱怨,更不会对教主提出任何疑问。

四、邪教主的人格特征

邪教主是邪教犯罪的主体,邪教组织的灵魂,就整体而言,邪教组织是其领袖的人格与教导的扩展。有研究者认为在邪教的追随者和邪教领袖之间的特殊关系非常类似于有自恋型人格的病人和他们的心理治疗师之间的关系。促使参加者过于关注自我的感受,强化所谓的"自恋型"人格。也有研究者认为杀人邪教组织的领袖不是精神变态者,就是精神病患者,或者两者兼而有之。一旦他们陷入疯狂,就会把他们的追随者一起拖下深渊。

从邪教犯罪的行为特点可以看出,邪教主往往具有明显的反社会意识,性格上自私残暴,狡猾奸诈,同时善于伪装,以亲切和善的面貌示人,因此有很大的迷惑性。由于人格的复杂性,不能断定所有的邪教主都具有相近的人格特征,或认为存在"邪教主人格"。国内外研究者通过对一些邪教主的生平资料的分析,认为邪教教主至少全都有着自命不凡的妄想型病态心理、伴有自恋型和偏执型人格特征。大多数邪教教主都是以某种人格类型为主,同时兼具其他多种人格特质,而这些特质相互兼容,有机地统一于邪教主身上。

(一)偏执、自信与狂妄

不少邪教主都是偏执型人格者,甚至具有某偏执型人格障碍,表现为对自己的过分关心,自我评价过高,常把挫折的原因归咎于他人或推脱于客观,对他人则特别嫉妒,不信任别人的动机,怀疑别人的存心不良,总是过多过高地要求他人。这种人固执,敏感,多疑,狭隘,易与周围人发生摩擦,偏执人格者的人际交往障碍会使其身心受损,心情郁闷,加重其变态人格的表现,而持续遭受的挫折、嘲讽和心理打击,可能使其继续发展成偏执型精神病。

有偏执狂的人,自得其乐地独处于世,以一种越来越严密的妄想机制来抵御外来的刺激与侵害,这种机制使之几乎刀枪不入,并疏远那些一旦接近就可能让其受到伤害、攻击或批评的人。另一方面,龟缩于妄想又阻止了自己的性情发生任何蜕变、使之永存其本色,从而可以继续表面上若无其事地天马行空。

此类人格者,如吉姆·琼斯,在教团内鼓励信徒进行忏悔和告密,并建立了信徒的秘密私人档案,对某些有叛离倾向的信徒进行监视。他还具有被害妄想,认为"人民圣殿教"将受到外部世界的迫害。他的强烈的不安全感促使他率先向政府官员发动袭击,并在政府采取措施之前率领 900 多名信徒集体自杀,酿成震惊世界的惨案。"太阳圣殿教"的另一位头目约瑟夫·迪·芒布罗也是严重的偏执狂，他性格古怪，疑心重且好争斗，虽然很少公开露面，却有极强的控制能力。其他邪教教主们也或多或少地具有偏执型人格的某些特征，这也是他们难以适应正常社会，而要从事邪教活动的原因之一。

同时像偏执狂描述的症状那样，有许多都是幼年时期"乖僻"或"怪异"、青年时期"态度和行为孤僻、很少与同伴交往、忧国忧民、学习成绩欠佳、过分敏感、思想和语言独特和耽于幻想"。研究者发现，其中大多数邪教教主都生长于高度不睦的家庭、精神和肉体上受过父母的虐待、极不自重、严重缺少关爱（常常还倍受金钱困扰）、教育程度不高和不够成熟、孤僻和有着早在童年时期就受到过来自社会和学校的明显心理创伤，具有将幻想当现实的倾向……而且，绝对不是偶然，很大一部分宗教领袖都曾在14～16岁之间有过妄想型的经历，自以为直接得到了上帝的"启示"；上帝同自己讲过话并对自己点明了自己所拥有的特殊性或天神般的品格，向自己许诺了荣华富贵，让自己代为在人世间最终实现"其"意愿。

（二）自恋

这种人显示出强烈的自我重要感。他们自视甚高，自命不凡，喜欢过高估计自己的实际成就，喜欢为引人注意和欣羡而炫耀自己的欲望；他们渴望成功、权势、受人尊重或爱慕，对别人的批评易产生不正常的情绪反应；他们缺乏社会责任感，蔑视社会生活的常规，认为自己可以不受任何社会准则和规范的约束。如"人民圣殿教"教主吉姆·琼斯的儿子斯蒂·琼斯在谈及他父亲时说："我相信驱使他做这一切的动力是他需要成为中心人物。他梦想成为万物的中心，最终没有什么能够满足他，他已经极其亢奋，各种疯狂的念头都会出现。他使尽一切办法使自己更特别、更引人注目、更强大、更果敢。我想即使他成了上帝也不会满足。我们都知道，他的欲望是没有尽头的。"并非只有琼斯是这样，当今世界的邪教教主均把自己视为天下最伟大、最重要的人物，他们狂热地坚信自己无论什么时候都是正确的。他们把芸芸众生均视为凡夫俗子加以鄙弃，把信徒视为愚昧之人随意操弄于股掌。在邪教主的心目中，只有他自己才是最重要的。他们只为自己而活。这种自命不凡的感觉是过度自恋癖的直接表现，是对自己成年后生活中屡屡受挫的现实的一种不切实际的补偿。

自恋的邪教主大多自封为神或神的再生，通过各种造神手段及部分教徒的有意渲染把自己抬升为"神"。但通过对个人综合材料分析会发现，教主无一例外都是平凡的人，几乎都是男性，且大部分文化程度不高；大多出身为农民，经济状况一般。这决定了大多数教主对物质的强烈追求和对性的偏好。由于邪教主自身知识构成、人格魅力并不出众，这也就造成教主主要是靠神化自身、利用传统宗教来迷惑教众来达到吸引人入教的目的。

（三）极强的控制欲、权力欲或领袖欲

邪教主往往具有支配型人格，有强烈的控制欲和权力欲，他们不甘居人下，喜

欢按自己的意志行事,并将自己的意志强加于他人身上;他们独断、专制,不接受他人的尤其是下属的意见或建议;具有一定的管理和领导能力,竞争意识强烈,缺乏容忍与合作精神,尤其难以忍受他人违拗自己意愿的行为,大多数邪教教主都具有此类人格特征。邪教主对教徒实行专制统治是所有邪教的共同特点。在这种专制统治下,整个邪教群体的意志浓缩为邪教主个人的意志。成百上千的邪教徒只不过是邪教主的傀儡,是实现邪教主个人意志的工具。支配欲极强的邪教主决不容许邪教徒哪怕丝毫的不忠与背叛,更不容许邪教徒对自己的言行或教义提出质疑。不少邪教如"大卫教"、"太阳圣殿教"、"奥姆真理教"等都让信徒过一种封闭式的、没有自由的集体生活。在这种公社式的集体生活中,邪教主对教徒实行绝对的控制,教徒的思想、财产乃至整个生命均由他们所支配。

五、邪教徒的认知偏差

分析一个人的个体行为是否符合邪教信众的标准,应该综合主观、客观两个方面来界定。主观上就是看个体内心对邪教的态度,即自我对邪教的认同以及自身的邪教意识;客观上就是指个体参与邪教活动的情况,即参与邪教的社会行为。按照这样的认识,具体说来,判断一个人是否为邪教信众,应该同时具备以下三个基本条件:首先是要看他在思想观念上即在主体意识层面上,是否认同邪教的"教义"或者它所宣扬的观点、内容;其次是要看他是否在一定程度上膜拜教主,或者说在一定程度上对教主存有神秘感和敬畏感;第三要看他在社会实践层面上有无具体的社会行为,即个体是否参与了邪教组织的活动。上述三个条件是一个有机统一的整体,缺一不可。其中最重要的是以个体的社会行为活动作为基本的判断标准,即只要个体积极参与了邪教组织的活动,他就是一个邪教信众。

教徒加入邪教的目的与邪教主建立邪教的目的截然不同。绝大多数邪教徒是被诱骗加入邪教组织的。他们既没有邪教主那样的敛财欲望,也没有什么政治野心,往往是为了寻求庇护或解脱,为了治病或健体,为了平复心灵的创伤,为了满足好奇心或寻求超常体验等而加入邪教。研究者发现一个人之所以会成为邪教的俘虏,必定同时具备四个条件:具有某种倾向信教的天性(崇尚鬼神,深信超自然力量等);由于一时的反常情况或某个长时间悬而未决的难题,正处在特别严重和痛苦的危机,引发出超越了个人所能承受的焦虑和压力的时刻;被招募徒众的教派人员(不管是否是受害者的熟人)以适当的方式加以说服;教派提出的宗旨切中了当事者的需要、利益和思想。

邪教徒加入邪教后,从事各种邪教犯罪活动,并且在犯罪活动中表现出忠于其邪教信仰的愚顽与坚韧性,以及在教主指使和暗示下实施犯罪行为的凶狠与果断性。

邪教徒的认知偏差包括入教前的一些负面的认知、思维特征,及入邪教后强化和形成的认知模式和认知偏差,这些认知特点使他们在解释外界环境与自我时,较容易产生认知上的扭曲,进一步受到邪教主的精神控制。漏洞百出的"法轮功"歪理邪说之所以能够被"练习者"深信不疑,关键在于他们已丧失了正常思维,丧失了判断善恶、是非的标准。通过与"法轮功"痴迷人员的接触,并结合专业心理个性测评工具(《明尼苏达多项人格测验》),有研究分析发现这部分人群在考虑问题时不善于把握事物的本质,难以分清主、次,习惯于将事物看成是单一的个体;在认识事物时常以点代面,以偏概全;在解决问题时习惯于用同一种解决方案,欠缺解决问题的灵活性;在进行逻辑推理时常以毫无根据的设想为前提,迷信权威,人云亦云,无独立见解。

(一)信仰认知偏差

认识方面,犯罪人认知的迷信色彩十分浓厚。崇尚鬼神,深信超自然力量,存在着混乱的逻辑思维,带有明显的唯心主义的特征。中科院心理所"反邪教"课题组对"法轮功"痴迷者的心理特点进行调查研究的结论是,"法轮功"痴迷者的共同特点是幼稚、看问题比较片面,不能良好适应社会生活;同时他们大部分人还比较内向、安静,不善社交,有时还比较固执,总起来说是一个社会弱势群体。

(二)自我认知偏差

邪教徒对自我的认知与邪教主恰恰相反,倾向于过低的评价自己,即自卑。自卑是由于过多地自我否定而产生的自惭形秽的体验,即对自己的知识、能力、才华等做出过低的估价,进而否定自我。有自卑感的人轻视自己,过分看重自身短处,因而常表现出胆怯、畏惧、怀疑,担心被人嫌弃和拒绝,因而行为上采取逃避的方式。形成这种软弱无力的心理品质的原因很多,如生理缺陷,成绩不好,能力差,失恋,社会地位低等,而其直接原因则是自己的认知方式不正确,产生认知偏差而引起的。

(三)思维过程偏差

邪教徒入教前往往存在一些思维过程偏差。

1.绝对化要求

即以自己的意愿为出发点,对某一事物怀有必定会发生或不会发生的绝对化倾向,它通常与"必须"、"应该"这类词联系在一起。持有这种认知的人往往把生活看成非黑即白的单色调,没有中间色,因而极易陷入情绪困扰中。

2.过分概括化

这是一种以偏概全、以点概面的不合理思维方式。它一方面表现为对自身的不合理评价,另一方面则是对他人的不合理评价。别人稍有过失就认为其很坏,无一可取,从而一味地责备他人,乃至产生愤怒、敌意等情绪。持唯心片面绝对化思维方法者,对发展中的社会感到不适应和不满意,倾向于片面孤立地看待社会现象;易导致消极悲观偏执心态,对身心健康造成危害,即便身处和平安定衣食丰足的生活环境里,也没有快乐幸福感,更不会有感恩之心。"非黑即白"等绝对化、片面化思维有"一刀切"的特点:要么全对,要么全错,非白即黑,是一种完全断裂和对立的思维方式。如此丧失了批判能力,容易全盘接受邪教的歪理邪说,如:只要现实社会中有任何一点瑕疵,"法轮功"教徒都可以用来印证李洪志("法轮功"邪教教主)所说的"地球是宇宙的垃圾站"之类的谬论。

3."糟糕至极"的想法

这种不合理的认知以夸大失败或痛苦的体验为特征,认为某一件事情发生了,必定非常可怕,非常糟糕,后果不堪设想。这种认知方式会使个体陷入不良的情绪体验之中,难以自拔。以偏概全的思维定式,打开了消极信息的过滤器,社会阴暗的资料越想越多,越钻牛角尖,然后统统印证李洪志诸如"人类在败坏,到处都是魔"的证据。

第七章　犯罪心理的预测

第一节　犯罪心理预测概述

一、犯罪心理预测的概念

(一)犯罪心理预测的含义

犯罪心理预测就是运用心理科学的理论和方法对某些个体或群体犯罪或再犯罪的可能性所做的有根据的估计和推断。具体来说是在深入调查过去和现在的有关犯罪资料的基础上,运用心理学的理论和方法,以及统计学、逻辑学和数学等的相关知识和方法,进行科学分析和技术处理,揭示犯罪原因、条件相关因素之间的内在联系及其活动的规律性,并对犯罪心理和犯罪行为的未来发展趋势、犯罪种类、犯罪人员构成、犯罪类型分布、犯罪手段和方式,以及某些个体或群体犯罪和重复犯罪的可能性等进行事先测定与推估的犯罪心理研究工作过程。

(二)犯罪心理预测的依据

1. 理论依据

犯罪现象的因果性原理。目前心理学、犯罪学、法学、社会学、伦理学等学科不断地探索和论证犯罪产生和犯罪的原因,再运用统计学的方法可以较精确地测算出这种因果关系的相关程度,从而为犯罪心理预测提供直接的科学方法论基础。

犯罪心理与犯罪行为之间的关系原理:犯罪行为的发生以一定的犯罪心理为先兆。犯罪心理包含的内容复杂,在不同的犯罪阶段有不同的表现,只有在合适的环境条件下才会转化为犯罪行为。因此,依据产生犯罪心理及其导致犯罪心理转化为犯罪行为的条件,可获取相关的信息资料,以预测犯罪行为发生的可能性。

2. 事实依据

依据个体信息,即个体的既往生活史、性格特征、气质类型、一贯的行为表现等来预测其是否有犯罪或再犯罪的可能性。

依据环境信息,主要包括生活环境、家庭环境、工作环境、学习环境等预测其是否有犯罪或再犯罪的可能性。

依据个体与环境因素的相互作用信息,主要指依据个体对环境的适应、环境对个体的反作用来预测其是否有犯罪或再犯罪的可能性。

（三）犯罪心理预测与犯罪心理预防的关系

犯罪心理预测为犯罪心理预防提供信息,是犯罪心理预防的前提,只有科学地预测,才能有效地预防。犯罪是一种与多种因素有关的复杂的社会现象,是社会的各种消极因素相互作用的结果。因此,对犯罪心理的预测应综合有关方面的相关因素作为预测因素,确定出若干指标,把各种指标进行综合,加以反复权衡,制定出未来行为的体系,并经过不断实践探索检验校正,以此作为依据进行科学预测。

犯罪心理预测的根本目的,在于预防犯罪,在于为有效地控制、减少犯罪提供充分的科学依据。因此,科学而准确的犯罪预测,对于及时而有力地打击犯罪,维护社会的长治久安,保障社会主义现代化建设的顺利进行等,具有特别重要的意义。在同犯罪现象的长期斗争中,人们积累的实践经验越丰富,科学技术越发达,对犯罪心理预测的可能性越大,准确性越高。

科学的犯罪心理预测是制定犯罪对策的前提,是预防和控制犯罪的根据。犯罪预测工作是犯罪学研究工作中的重要内容,犯罪心理预测研究的成果将成为国家制定相关法律、法规、政策的依据。实际工作部门将根据预测成果制定相应的犯罪防控对策,有效地预防犯罪、制止犯罪、打击犯罪、改造罪犯和开展社会帮教工作,减少犯罪,维护社会的稳定。因此,犯罪预测研究必须遵循实事求是的原则。

二、犯罪心理预测的分类

依照不同的标准,犯罪心理预测可以分为不同的种类。

（一）从性质上可划分为定性和定量预测

1.定性预测是指根据犯罪的性质、特点、过去和现状的延续状况,对未来犯罪进行推断性的总体趋势分析的工作过程。定性预测的目的一般是判断犯罪处于何阶段,有哪些倾向和趋势。

2.定量预测是依据客观数据资料计算出的结果,使得对犯罪情态和趋势有一个直观的量化值的描述,它比定性预测更为准确。任何事物都是质和量的统一,因此,在对犯罪预测的工作中,经常要把定性预测和定量预测结合起来进行。

（二）从对象上可分为社会总体、局部与个体预测

1.社会总体预测是指以整体社会为研究对象进行的各种犯罪发展趋势和发展规律的预测。它是在对社会的政治、经济、法制、文化诸方面进行研究的基础之上,推测出犯罪发展的可能性。社会预测有助于对犯罪现象的整体研究,有利于从社会原因去探讨、控制犯罪。如全国性的犯罪预测和大区域性的犯罪预测等。这种

预测一般由决策机关和专门犯罪研究部门组织进行。

2.局部预测是从制定局部预防和控制犯罪措施的需要出发，对影响局部社会环境及单位治安形势的方面进行预测。这种预测一般由实际工作部门进行。

3.个体预测是指以某个人为对象进行的未来犯罪可能性的预测。它是以该人的生活经历、家庭环境、社会环境、生理、心理等方面为依据做出预测的，以做到早期帮教、早期预防，防止犯罪行为的发生。

(三)从时间上可分为近、中、远期预测

1.近期预测是指对未来一两年内的各种犯罪趋势和变化规律的预测。其目的在于依据预测结论制定和实施犯罪防控的具体方案与措施。预测宜细不宜粗，短期预测过程要求预测迅速、决策果断、结论准确、功效显著，整个预测过程如同处于备战状态。

2.中期预测是指对未来三五年的各种犯罪趋势和变化规律作出的预测。中期预则的目的在于着手制定或调整犯罪防控中心和打击重点。该项预测在具体实施时既有宏观部署，又有微观安排，两者配合适中，预测粗细兼顾。

3.远期预测是指对未来十年左右及更长时间的各种犯罪趋势和变化规律的预测。远期预测大都与国民经济的长远规划同步进行，长期预测宜粗不宜细。长期预测的目的是为较久远的刑事立法、防控措施和计划提供依据。

(四)从形式上可分为综合、分类和单项预测

1.综合预测是指对犯罪的众多项目或内容进行多方位、多角度、多方法的预测。它是社会治安综合治理工作中社会防范工作的前提和依据。

2.分类预测是指对某一类别的犯罪进行预测，如对经济犯罪、暴力犯罪、危害公共安全犯罪的专题预测，或对大案要案的预测。

3.单项预测是指对某种具体犯罪进行的预测，如对盗窃罪、贪污犯罪、抢劫犯罪的预测，它是制定具体防范措施的工作依据，也可以是综合性预测的组成部分。

三、犯罪心理预测的内容

犯罪预测的内容，指的是在犯罪心理预测工作中所包含或涉及的变量、特征、范围和犯罪发生的社会或环境条件等。

(一)犯罪类型的预测

犯罪类型的预测是指对未来一段时间内犯罪种类的发展变化趋势的可能性描述。包括趋于稳定的犯罪类型、趋于升降变化的犯罪类型、可能新产生的犯罪类型，以及犯罪类型变化对整个社会治安的影响后果。比如未来十年女性犯罪可能呈上升趋势。

(二)犯罪时间的预测

犯罪时间的预测是指犯罪将在什么时间范围内的可能性描述。如犯罪与季节的关系、一天中犯罪的高发时间段；哪些犯罪类型容易在什么季节、什么气候条件下发生，哪些犯罪常常发生在白天或夜间。同时，犯罪时间的预测还用于犯罪主体和个案方面，如某人将在什么时间或年龄有犯罪的可能性趋向(尤其是变态心理犯罪)，某地域在什么时间容易发案。另外，在犯罪趋势的预测中也涉及犯罪峰谷的时间确定问题。

(三)犯罪手段的预测

犯罪手段预测是指犯罪分子采取什么样的方法和工具实施犯罪。随着科学技术的高速发展，高新科技更多地被用于犯罪，新的犯罪手段犯罪技术对防范技术和破案手段都提出了新的挑战。如近两年随着电子商务的兴起，网络集团病毒将目标瞄向广大民众的电子钱包。

(四)犯罪空间的预测

犯罪空间的预测是指犯罪将在什么空间或区域范围内发生的可能性描述。如犯罪在人口稠密和稀疏地区的一般分布情况，或犯罪在特殊空间表现出来的规律，如在城市死角、城乡接合部或社会控制真空地带、独居住宅、工矿、商店、市场、旅馆、车站与码头、国边境等特殊地区的犯罪情况，这有助于我们有针对性地做好防范工作。

(五)犯罪形态的预测

犯罪形态是根据犯罪的外部表现而划分的犯罪的具体表现形式。同是暴力犯罪，是单个人犯罪、共同犯罪、集团犯罪，还是黑社会犯罪；同是抢劫犯罪，是徒手、使用刀具、枪械，还是使用了其他更为严重的犯罪手段，不同犯罪形态对社会的影响和危害程度显然是不同的。因此，对犯罪形态的未来发展状况进行研究是非常重要的。

(六)犯罪率的预测

这是指对未来一段时间和空间内犯罪行为发生率的上升或下降等波动情况进行的可能性描述。包括发案率，犯罪人在全体公民中所占的比例，犯罪数量绝对值的升降变化，不同类型案件发生率的变化等，以便社会对此采取相应的对策和措施。

(七)犯罪人的预测

对犯罪人的预测主要包括犯罪人的职业、年龄、性别分布、性格特征、文化程度和家庭状况等。如初次犯罪的年龄特征、女性犯罪率增长的趋势、犯罪者的职业分布情况、问题家庭与犯罪等问题，使得社会有可能提前对某些人进行帮教，防止犯罪，例如加大对青少年的法律知识普及可以有效减少犯罪现象的发生。

(八)犯罪趋势的预测

犯罪趋势的预测是指随着社会和客观自然环境的变化,犯罪将会出现什么趋势,以及变化规律的描述。这属于宏观预测方面的内容,是为国家制定刑事政策,为防控部门事先制定防控措施提供依据的。

犯罪预测的内容十分广泛,并会随着社会的发展、对控制犯罪的实际需要和研究方法的进步而发生变化,这也是我们在研究中需不断注意的问题。

第二节　犯罪心理预测的方法

一、犯罪心理预测方法概述

犯罪心理预测方法是犯罪预测的重要手段之一,没有正确的预测方法,就不能得出准确的预测结果。准确的犯罪心理预测不但要求预测者要有实事求是的科学态度,大量地占有资料,还要求预测者掌握科学的预测方法。犯罪心理预测的方法多种多样,有用于犯罪定性、定量预测的方法,也有用于综合定性、定量两个方面进行预测的技术预测的方法,还有用于犯罪行为个体的预测方法,具体说来,主要包括以下几种:

(一)专家预测法

专家预测又可进一步分为个人预测和集体预测,前者主要是通过征求专家个人的意见来进行预测判断的方法,其优点是简单易行,但容易出现片面性;后者是通过召开专家小组会议来获得预测性判断的方法,虽然这种方法在一定程度上可以做到集思广益,但参加专家会议的人数总是有限的,代表性可能不充分,同时难以排除相互暗示和干扰等专家之间相互影响的情况,如个别专家的权威影响太大,往往权威人物一发表意见,其他人就容易顺其思路发表意见,或者有碍于此不表示不同意见。

(二)特尔斐预测法

特尔斐法是专家预测法的发展和创新。以往征询专家意见往往采取召开专家会议的方式,这种方式不利于个人意见的充分表达,不便于个人意见的及时调整。美国兰德公司对专家法进行了改革后,创造了特尔斐法。该法的工作程序如下:

1. 组织准备阶段

首先,成立一个专门的犯罪预测领导机构,确定预测主题,并选择与犯罪研究工作有关的专家,包括学者和实际工作者,专家人数一般以 10~15 人为宜。规模较大的犯罪预测,为了确保预测结论的准确性、权威性,也可适当扩大专家规模,多者可达百人左右。

2.预测问题的确定

特尔斐法的整个预测过程是通过不断给专家发放事先设计好的调查表,并要求其填写的方式进行的。首先,根据预测对象,把要预测的内容写成若干条含义十分明确的问题,并规定统一的评估方法;其次,在确定了具体预测目标后,精心设计需要专家应答的调查表,根据调查工作的需要,将所列问题进行分类,明确对回答各类问题的要求,并将上述调查表寄送给选定的数十名专家,当然对专家的姓名要严加保密。

3.预测过程

预测一般分四轮进行,如果意见不集中,还可进行第五、第六轮的工作。第一轮,发放的调查表不带任何框框,让专家们自由提出自己的设想和主张。该表回收后,按问题用科学方法进行定量统计归纳以反映专家集体意见,经整理汇总后作为第二轮调查表发放。专家根据要求对问题逐一评价,并说明理由后交回。在第三轮调查表中,专家再次判断推测,甚至修改或纠正上一轮自己的判断,并说明理由。对于坚持不同意见者,请其详述理由,防止正确意见被忽视。如果意见仍不一致,可增加调查的次数。直至意见基本趋向一致,就可总结整理出犯罪预测的结论。

4.预测结论的处理和表达

特尔斐法利用专家的经验和专业知识进行直观预测,但其具有匿名性、反馈性、统计性等特点,故效度、信度不同于并且高于一般的专家预测法。为了保证结论的客观性、准确性,对预测结论分别通过人工处理或电脑处理,或两者结合进行,对犯罪预测结论的表达,一定要做到用语客观、内容全面、数据精确、结论正确。特尔斐法在预测研究中曾得到广泛的应用,有时比通过会议方式征求专家意见更能取得正确结论,但缺点是容易忽视开始时由个别专家提出但未能被大家所理解的创造性预测。

二、探索型预测法

所谓探索预测法,是指假设未来的发展趋势不变,从现状推论未来的方法。如趋势外推法就是一种典型的探索型预测法。

所谓趋势外推法是根据历史和现有的资料分析出发展趋势,从而推测未来发展情况。这是当前较常用的犯罪预测方法。这种方法的主要特点,是根据过去和现在已知犯罪构成规律的动态统计数据向未来方向延伸,以预测未来的犯罪态势。它首先借助数学方法计算出过去到现在的一个时间范围内犯罪状况和结构的变化指标,然后将这些变化的速度和节奏的指标,通过构成绝对数据或指数的动态数据的途径,移用于未来的一段时间。

趋势外推法是假设未来犯罪发展态势不变,从现状推断未来犯罪动态,但犯罪态势不可能在较长时间内保持不变或不发生较大变化。故而,趋势外推法不适宜进行长期趋势预测,尤其不适宜在政治、经济、文化大变革的时期进行长期趋势预测。当社会结构面临较大变比,社会存在某种震荡时,在中短期的犯罪预测中也不适宜使用这种预测方法。犯罪趋势的相对稳定只存在于社会稳定发展的某个不太长的时期内,此阶段,运用趋势外推法对未来犯罪态势进行短期预测和中期预测,可取得较为准确的结论。趋势外推法具体还可分为线性趋势外推、曲线趋势外推和时间序列趋势外推等多种方法。

三、规范型预测法

所谓规范型预测法,实际上就是根据社会需要和预想目标,从未来回溯到现在,预测实现目标的时间、途径和所需创造的条件等的一种方法。其具体方法有相关树法、因素分析法、指数评估法等。

(一)相关树预测法

相关树法又称关联树法,它是一种比较典型的规范预测方法,是在 20 世纪 60 年代初,在 1957 年 C. W. 裘克曼等人提出决策树的方向上,加上矩阵理论而发展起来的。它是用图表的形式明确排列可能实现的目标和所需解决的问题,或按系统深入分析其结构与因果关系的组成,并根据这种排列通过有机的搭配和选择,最终确定最佳解决途径和方案的一种预测方法。相关树法适用于那些按因果关系、复杂程度和从属关系分成的预测系统。在整个预测过程中,每搭配一种模式、划分一个系统,实际上就是为了实现某种目标或解决某一问题,也就是对未来的预测对象可能出现的某种发展趋势作出预测。

相关树法的核心问题是分析等级结构,每一级分支的交点被称为顶点,每一顶点至少要分出两个分支,可以如此一直划分下去,数量根据需要不用限制。在设计相关树时,必须明确总任务、总目标、总目的和总问题等,并以此作为关联树的顶点,然后对各相关因素进行分析,如因果关系、主从关系、构成关系、发展关系等。针对第一个层次划分完之后,需要明确下一层次分支的任务、目标、目的和问题等。

根据需要,可以不断地进行垂直和水平分支的划分,这将有助于全面系统地考虑所要预测的对象的整体情况,并发现必须要解决的具体问题。为了便于量化分析和研究,在相关树中各级纵横关系都应标明相关系数,相关树的具体组成方法,可以按系统的构成因素组成,可以按解决问题的方案构成,还可以按需要解决的问题构成。

(二)因素分析法

所谓因素分析法,是指从事物发展中找出制约该事物发展的重要相关因素,以作为对该事物发展进行预测的预测因素,测知各重要相关因素即各预测因子分别具有多大的预测能力,然后,依据诸预测因素所起作用的大小和变化,预测该事物的发展趋势的方法。

因素分析法是较为常用的一种犯罪预测方法。该法是在承认犯罪现象受诸多复杂因素制约的前提下,从中找出制约各种犯罪产生、变化和发展所需要的相关因素,作为对未来犯罪预测的预测因子,通过对这些预测因子和犯罪相关性的分析,确定预测因子与犯罪的相关系数。从而测定各预测因子的预测能力,根据各预测因子所起作用及变化,预测犯罪的发展趋势。

这里所指相关性,是指两种或两种以上的变量彼此相伴随变动的趋势。这种相关性可分为正相关、负相关、零相关三种。正相关,即一种变量的增加,同时伴以他种变量的增加;负相关,是一种变量的增加,同时伴以他种变量的减少;零相关,是一种变量的增加或减少,不引起他种变量的变化。相关性是通过相关系数来表达的,相关系数就是用以表示两种事物相关程度与方向的适当数量。相关性愈大,相关系数愈高;反之,则相关系数愈低。求得预测因子与犯罪的相关系数,我们即可测知因子的预测能力,并可通过分析预测因子的变化来推断犯罪未来的发展变化和趋势。

在因素分析法中,我们不仅可以测知犯罪的未来趋势,而且还可以根据对预测因子相关系数的分析,从预测因子中区分出长期起作用的因素、暂时起作用的因素、强相关因素、一般相关因素、负相关因素和容易控制的因素、难于控制的因素,以及遏制犯罪发生的因素,可以使我们在预测犯罪过程中,为预测犯罪提供科学依据,抓住重点,争取主动,有效遏制犯罪,减少犯罪的社会危害性。

(三)指数评估法

指数评估法,指对构成行为人犯罪心理的若干重要因素,分别按一定标准评分,然后加以综合,做出总的估量,得出可能犯罪性各指数,以作为某一个体犯罪可能性的量的指标。根据所测定的可能犯罪性各指数所属的不同区间,以及指数的变化趋势,分别加以统计,从而,既可对某一个体的犯罪可能性及其趋势进行预测,又可对某一社会范围犯罪率起伏趋势进行预测。

四、反馈型预测法

所谓反馈型预测法,实际上是将探索型预测和规范型预测相互补充,并使它们处在一个不断反馈的系统之中。

上述犯罪心理预测方法由于应用现代数学与计算科学、统计科学、现代化计算技术设备而日渐增强了科学性和准确性,开始显示出越来越强的预测能力。此外,还有数学模拟预测法、系统分析法、矩阵法等,各种方法,各有千秋。在实际的犯罪心理预测操作过程中,往往根据需要和实际情况,采取几种预测方法,将结果相互印证,减少误差,力求得出的结论更为准确。

五、初犯预测与再犯预测法

对个体的犯罪心理预测通常可分为两个方面的预测：

（一）对初次犯罪的人的预测

这种预测主要是指对未曾发生违法犯罪行为的人估量其将来是否可能发生违法犯罪行为，这有助于对他们采取及时措施，防止他们形成犯罪心理和实施犯罪行为。对初犯的预测最早是由格卢克夫妇（S. ＆ E. Glueck）进行的。他们动员各方面的专家，倡导与研究对象当面接触，广泛搜集有关材料，采取对预测素材的各种因素进行加权，然后再对它们进行加权求和的方法，即失分加权法，然后预测出犯罪倾向的大小和可能性。近几年来，我国已开始重视研究对初犯的预测问题。研究者根据我国的实际情况，运用心理学知识，从人的日常生活中所表现出来的种种征兆，探讨违法犯罪预测的可能性。这种预测方法具有广泛的群众性，便于掌握。违法犯罪征兆的预测主要是在人与人的关系方面，物质追求方面，精神状态方面，性的追求方面，学习、工作和劳动等方面，有无不良倾向或异常表现。预测的方法主要有：观察法、活动产品分析法、调查访问法、心理测验法等。

（二）对重新犯罪的预测

这种预测主要在监狱管理机关中对即将释放的人员采用，通过使用一定方法，预测他们的犯罪心理得到改造的程度，从而预测他们出去后重新犯罪的可能性。这是犯罪预测的一个重要组成部分。犯罪预测始于 1928 年美国的伯吉斯（E. W. Burgess）对假释者的研究，后来，相继出现了美国的格卢克夫妇（S. ＆ E. Glueck）、蒂比茨（C. Tibbitts）和德国的希德特（R. Schiedt）等人的重新犯罪预测。具体方法包括伯吉斯（E. W. Burgess）的再犯预测法、格卢克夫妇（S. ＆ E. Glueck）的再犯预测法、奥林（L. E. Ohlin）的再犯预测法以及格卢克夫妇的少年犯罪早期预测法等。格卢克夫妇根据其研究结果，编制了"违法行为预测表"，根据分值的高低评价被试再犯的可能性，其中的品格特征方面主要调查他们提出的五种预测因素：①冒险性；②行动的外向性；③受暗示性；④顽固性；⑤情绪不安定性。近年来犯罪预测工作有了新发展，如在技术上日趋完善，广泛应用数理统计和计算机技术；在组织上兴建了大量的由专家参加的研究机构；在研究方法上多采用横断研究与追踪研究相结合，心理、人格测验应用的更加广泛等。

在我国，重新犯罪的预测主要是根据可能重新犯罪的人员在日常生活、学习、工作、劳动及人际交往等方面的表现，运用犯罪心理学的有关理论，来预测他们重新犯罪的可能性。在预测中分析犯罪原因时，将社会环境因素、生物因素与心理因素结合起来，以社会因素为主导线索。一般来说，释放人员接受外界不良影响越多、越复杂，腐蚀性越大，形成重新犯罪心理和行为的可能性就越大；主体具有的消极内在因素越多越严重，形成重新犯罪心理和行为的可能性也就越大，这是重新犯罪预测的重要依据。重新犯罪预测主要在决定是否假释和刑满释放时使用。

六、犯罪心理预测的基本步骤

犯罪心理预测的实施虽然受具体的预测方法的制约,但一般说来,通常包括以下几个步骤:

(一)明确预测的目的、任务

预测的目的要明确、具体,从实际需要出发。对未来前景的预测总是为当前的行动决策服务的,每项预测要明确应该解决什么问题,为什么目标服务,然后提出具体的预测任务、项目等。

(二)搜集和审核预测所需的资料

根据预测任务的要求,搜集充分而准确的资料,这是预测的基础工作。在搜集资料后,首先要做的工作就是确定相应原资料整理指标体系,一般对搜集到的犯罪资料,可以从不同的角度来选择不同的指标体系,选择何种指标体系,取决于犯罪现状分析和犯罪预测的需要,其基本要求是必须系统地、有针对性地选择能充分反映犯罪总体及其各组成部分数量关系的综合性资料。预测所需的资料包括历史资料、现实资料和相关资料,在必要时还应该作一些补充调查或间接推算,以弥补现有资料的不足。为保证犯罪资料的质量,必须对搜集来的原始资料进行严格的核实,犯罪资料的准确无误,直接关系到犯罪预测的科学性。审核通常包括完整性和准确性两个方面。对于各项资料都要认真审核指标口径、所属时期、计算方法、使用方法等,并进行必要的订正,确保资料、数据的准确性。对犯罪资料的审核,首先要对资料进行常识性和逻辑性的检查,不能出现自相矛盾、不合逻辑的情况,一旦发现问题,应及时补充或更正,以确保真实性与可靠性;其次,要核实犯罪统计数据的计量单位是否统一,如果不统一,则不能进行资料的统计处理。

(三)确定预测模型和预测方法

将资料基本关系用一定的数值形式和数学方程表现出来,便是确定预测模型。根据现象的特点有各种各样的预测模型供选择,如平均数模型、趋势模型、回归模型等。对于模型参数值的估计也有各种各样的方法。一种预测模型可以使用多种预测方法,一种预测方法也可以适用于多种预测模型,要从多方面分析加以结合运用。

(四)资料的分类与汇总

资料的分类是根据犯罪预测的要求,对诸多犯罪数据资料有目的地分成若干部分的工作。犯罪现象在犯罪行为方式、犯罪主体特征等各方面表现为多种类型,不仅性质上有所不同,而且在犯罪总量中所占比重也不一样。通过分类,可以分别计算出各种类型所占的比重,反映出犯罪的内部结构,分析研究这种内部结构,对我们揭示犯罪现象的状态、特征以及变化趋势有着十分重要的意义。资料的分组一般分为简单分组和复合分组。简单分组是指按某一项标准进行分组，只能反映犯罪现象某一侧面的状况。复合分组是指按两项以上的标准进行分组，能够多侧面地反映犯罪现象，更利于把握犯罪状况的全貌。犯罪资料的汇总则是指将犯罪资料的各种数据归纳到某一标准的各组中去，以此计算出各组数值及其所占比例。

(五)估计参数和进行预测

确定了预测模型和预测方法之后，就可以利用历史资料、现实资料或相关资料进行直线或曲线拟合和估计参数。预测模型中给定了具体的参数值，则模型就成了特定的可供专门问题预测使用的模型。但在应用模型以前还要对模型进行检验，即应用统计假设检验原理与方法，验证模型中所包含的变量及其结合形式、方向以及相关程度是不是能够代表客观情况，例如检验变量的运算关系、方程的形式以及参数的符号和大小是不是与预测理论和实践经验相符合。模型经过检验，基本上符合理论假设，就可以用来进行预测。预测的过程也就是模型的求解过程，给定我们所关心的未来时间可能的预测结果。预测结果的形式可以表现为具体的数值，也可以表现为一定的变动区间范围。在模型的外推预测中，也要考虑内部因素和外部条件是否发生变化，它是否明显地影响着现象发展的连贯性。如果没有明显影响，则预测结果就是可行的，如果有明显影响那就需要对预测结果进行一定的修订。

(六)分析预测误差

预测是对个别未来犯罪心理与行为发展变化的估计，由于客观现象的因素和条件变化相当复杂，要求预测完全准确无误是不现实的。预测不可避免地存在着预测值与未来的实际值的误差。但是，预测误差的大小能够反映预测准确程度的高低。因此，必须对预测误差的大小以及可能来源进行分析，如果发现预测误差超出了允许的范围，那就有必要对模型作某些改进，或总结经验以提高预测水平。

(七)做出预测报告

把预测的根据、最终结果以及可信程度加以整理，形成文件或报告，向有关领导部门上报，或以一定的形式向社会公布，供实际工作者参考。

下　篇

犯罪心理的预防与矫正

第八章 犯罪人格的形成与预防

第一节 犯罪人格的形成与一般预防

随着科学技术(包括自然科学和社会科学)的迅速发展,人类对自己身体健康与疾病本身的认识,包括对精神疾患的认识正在不断深入,已经逐渐认识到人体疾病,尤其是精神疾患绝不会是由单一的因素造成的,必须从多维的角度来考虑心理异常的原因及其治疗方法的问题。当然,与人的身心健康有关的因素,概括起来只不过是三个方面,即生物学因素、心理学因素和社会文化因素。这三个方面因素的联系是错综复杂的,他们之间怎样相互制约、相互联系、相互影响,还是一个有待研究的问题。但可以认为,任何心理异常现象的产生,都可能是这三个方面因素共同作用的结果。从这个角度来解释心理与行为异常的观点,称为综合分析观点或生物-心理-社会模式。

一、犯罪人格的形成

在"生物—心理—社会"模式中,生物因素、心理因素和社会—文化因素各有各的文化内容,同时又具有相互制约、相互联系、相互影响的不可分割的关系。生物学因素是最基本的因素,是心理学因素产生的物质基础,也是心理和社会—文化因素的物质承受着。心理学因素是在生物学因素的基础上产生的,而它一旦产生就时时刻刻给予生物学因素以深刻的影响和制约。社会—文化因素则是在生物学因素和心理学因素的共同基础上产生的,它反过来又直接影响和制约着心理学因素,是心理学因素赖以形成和出现的根源所在;对生物学因素的影响和制约是间接的,一般来说是通过心理学因素的折射作用才能实现。这个模式还告诉我们,在人的心理与行为活动(包括正常和变态)的发生、发展和变化过程中,所有这些因素都是错综复杂地交织在一起而起作用的。

因而,我们将犯罪人格形成的原因归结如下:

（一）生理因素

生理因素是犯罪人格形成和活动的物质基础，它包括先天的遗传因素、后天的神经系统（特别是大脑）的损伤或病变，以及由药物导致的生理障碍等。

1. 遗传

个体的生理因素，部分来自父母的遗传因素，除了同卵双胞胎外，每个人的遗传基因均是不同的，而且非常的特殊，个体的生理素质为遗传基因所决定，所以人的生理状态由"遗传基因"所决定。

现代精神病学和生理学的研究表明，很多犯罪人格的形成与遗传因素有关。例如，染色体变异（如 XXX、XYY）的人，往往伴发人格变态。通过家谱调查，犯罪人格者的亲属患同样疾病的可能性比正常人高出六倍；血缘关系越近，发病率越高。此外，由于事故或病变导致的神经系统，特别是大脑的损伤，也往往会产生犯罪人格。例如，病毒性脑炎、脑膜炎、药物中毒、酒精中毒等都可能引起心理活动的变态。某些致幻、致迷、致激药物的影响，导致神经系统和内分泌系统机能的异常，也可以产生犯罪人格。

2. 身体素质

身体素质是指人的生理结构，包括体格、气质、内分泌功能及其他生理功能等，这些都和生理疾病的发生有关。

3. 机体损伤

疾病或损伤的组织变异，及功能失调都能引起心理变态，特别是颅脑外伤导致的变态行为更为复杂。

4. 神经系统功能失常

大量的研究数据显示，神经生化功能失常，会引起很多变态的行为。

（二）心理因素

主体自身的心理状态、个性因素等对其犯罪人格的形成，起着能动的作用。心理因素的影响主要表现在以下两个方面：（1）主体自身的心理发展不协调、不完善，可能导致其心理和行为的异常。例如，抽象思维的过分或畸形发展，会使一个人过分理智化，变得缺乏"人情味"和应有的情感色彩；形象思维过分或畸形发展会使一个人过于幻想，感情用事，易受暗示，矫揉造作，缺乏意志；本能的过分或畸形发展会使一个人缺乏理智感和道德感，其行为不仅常常违反社会道德规范和行为准则，而且与周围环境不能保持协调一致。（2）心理素质的缺陷直接影响到犯罪人格的发展和定型。家庭和社会的不良影响是否会导致一个人的心理变更，取决于他的心理承受能力和对不良影响的抵抗力。事实上，在社会生活中的每个人都可能受到一些不良因素的影响，但并不是每个恶人的心理都变态。犯罪人格者由于自身的心理素质的缺陷，不能及时抵御不良影响，也不能及时矫正心理异常，因此，其犯罪人格便逐渐发展并定型。

(三)社会环境因素

环境因素是影响犯罪人格形成和发展的决定因素。环境因素的作用具体表现在以下几个方面。

1.家庭的不良影响

家庭是社会的细胞,是儿童最早接触的社会环境。家庭气氛、家庭成员的人际关系、家庭结构是否健全、双亲的养育态度等,对儿童心理的发展起着至关重要的作用。研究表明:如果家庭破裂,家庭气氛不和谐、紧张,或者对子女的教育方法不科学,对子女的要求太苛刻或放任自流等,都可能使儿童产生强烈的挫折感或自暴自弃、悲观失望,或任性、反抗、粗暴等。如果在儿童以后的生活中,这些不良的品质未能及时矫正反而进一步发展,就可能成为犯罪人格。即使是成人,如果由家庭导致的精神创伤过于严重,不能解脱,那么,也可能导致心理的失常或变态。

2.学校教育的不当或不良影响

学校教育是影响儿童心理发展的主导因素。如果学校教育的内容和教学方法不遵循儿童心理的特点和规律,过分压制儿童的个性发展,那么长期压抑的结果就可能导致个性的畸形发展或变态。例如,对学生的打骂和歧视,可能导致其反社会人格的形成;对青少年性教育的忽视,可能导致青少年对性问题的过分好奇,久而久之就可能逐渐形成性变态;片面追求升学率,儿童的学习负担过重,可能导致神经衰弱、精神分裂症等。

3.社会不良风气和不良人际交往的影响

不良的社会风气,剥削性质的社会制度,动乱的社会经济形势,严重的精神污染等都可能导致个体的社会意识、价值观念、社会行为的异常。特别是其有不良的交往后,成员间的相互传习、感染,更容易促使犯罪人格的定型。例如,反社会人格、偷盗狂、性变态等犯罪人格的定型,多是受不良的社会风气和不良的人际交往的影响。研究表明,与犯罪人格者交往密切的人,患同种疾病的可能性比正常人高2～3倍。

总之,"生物—心理—社会"模式表明,在解释各种各样的犯罪人格现象时,不应片面地只从某个侧面来加以说明,而应该运用综合分析的观点,同时从社会的、心理的和生物的各个方面来探索心理变态发展的根源。这样才能避免简单化和片面性的偏向。

二、犯罪人格的一般预防措施

犯罪是一种社会现象,犯罪行为本身就是一种偏离行为,但具有犯罪人格的人犯罪与普通犯罪在其根源上有着本质的区别。具有犯罪人格的人犯罪的根源是由于犯罪行为人的精神障碍。因此,预防具有犯罪人格的人犯罪的重点就必须立足于减少犯罪人格的发生以及对业已发生的犯罪人格患者进行有效的治疗。

(一)重视对犯罪人格的科学研究

针对具有犯罪人格的人犯罪的特点,应着重加强对产生犯罪人格的各种因素的科学研究,加深对犯罪人格产生机制的了解。一般认为,犯罪人格的产生受生物学因素、个体的生活经历和社会环境等方面的共同影响,因此,对犯罪人格现象的了解须依赖于神经生理科学、遗传学、心理学和社会学等多学科的协同合作。对具有犯罪人格的人犯罪的案件,不仅需要犯罪学家的介入,生理学家、心理学家和社会学家也应该积极地介入以进行相关的研究。

(二)加强精神医学的相关研究

许多精神病理现象与器质性病变、躯体疾病有关,还有一些精神病理现象与脑的功能代谢有关,一些精神病理现象也会引起躯体疾患和脑功能的异常。这就决定了积极有效的治疗是一个十分关键的干预手段,但目前我国精神疾患的治愈率不是很理想,导致精神疾病的反复和趋重,加重了对社会的危害。另外,必须加强司法精神病学的科学研究,加强精神卫生专业队伍的建设,因为如对违法犯罪人员进行精神障碍的诊断与治疗,并把他们与普通犯罪人员相区别对待,他们就可能得到更好的改造,这样会减少重犯。

(三)消除社会现实中不良因素的影响

心理是人脑对客观现实的主观能动反映,因此心理的变态也反映出社会现实的某种扭曲。研究表明,诸如社会不公、经济贫困、无能力接受教育或接受不良教育、不当和恶劣的家庭环境这样一些因素倘与特定的个人生活经历相联系,就可能成为变态人格的温床。因此,确保社会公正、消除贫困、让所有人都能接受良好的教育和实现其社会价值、让所有家庭都能发挥其社会功能,这是消除具有犯罪人格的人犯罪产生的根本途径。

(四)及早干预诱发人格扭曲的心理社会因素

心理社会因素包括重大生活事件的打击如亲人死亡、家庭不和、失业、离婚、疾病、自然灾害、意外事故以及各种精神紧张如社会压力、人际关系紧张、人身纠纷等,这些因素危及甚至损害个体的切身需要,对个体的利益或其价值系统造成威胁,如不及时加以疏导调适,就会使个体的心理控制或调节难以负重,从而导致大脑功能的失调。因而,社会有必要建立一个干预机制来承担疏导、消除这些影响之职责,以确保个体健康发展。

(五)普及社会成员的心理卫生知识

心理卫生是探讨人类如何来维护和保持心理健康的心理学原则和方法。心理卫生不仅是个人,而且是整个社会都应当关心的问题。普及民众的精神卫生知识,提高对精神障碍的认识,消除对精神障碍患者的偏见和歧视。在实践中,有不少民众缺乏对精神障碍的正确认识,一些患者有了疾病宁愿忍受痛苦而不愿去治疗,甚至求助于迷信与巫术。当然,普通民众也因此而恐惧、疏远精神障碍患者,这些偏见与歧视亦使一些患者或其家属因此而隐瞒病情,导致更多问题的发生。

(六)加强监护监管及立法建设

对于发病期的犯罪人格患者,家庭和社会应当加强监护或监管。如果家庭监护不能有效地起到防止作用,就应当将其送到专门的监管机构,一方面可以减少人身危险,另一方面也有利于精神疾病的治疗。同时,应加强法制建设,强化法律监督,加大执法力度,形成对具有犯罪人格的人犯罪的威慑作用。国家必须以法律强制力的形式来确保各项措施的有效实施,法律要对反社会、反人性的变态行为有具体的规定,并且制定出严厉的处罚措施。

第二节　未成年人犯罪人格的特殊预防

一、未成年人犯罪的主要原因

大部分未成年犯都经历了一个从受害到施害的过程:他们生活的家庭往往存在各种问题,受其影响,逐渐形成不良个性和习惯;他们进入学校后,因为缺乏竞争力而被逐渐边缘化;他们逐渐脱离正常群体,结交"志同道合"的朋友,组成自己的团体,形成自己的文化;他们逐渐脱离校园,闲散于社会,游荡在不良场所,惹是生非,最终锒铛入狱。本章作者采用问卷调查的形式,对某省未成年管教所100名未成年罪犯,在家庭、社会、学校等方面犯罪原因的调查结果并结合心理学原理对未成年人犯罪的主要原因进行了以下的分析。

(一)家庭环境因素

1. 来自社会底层,并且父母素质较低

在调查中,父亲文化为文盲或小学的有28.6%,初中文化46.7%;父亲职业为农民的有36.2%,无固定工作的有32.4%。

母亲文化为文盲或小学的有44.8%,初中文化36.2%;母亲职业为农民有46.7%,无固定工作的24.8%。

2. 父母(监护人)养育方式不当对未成年人违法犯罪的影响

未成年服刑人员家庭存在着三类典型的错误养育方式:暴力型家庭、放纵型家庭和漠视型家庭。

3. 家庭氛围不良对未成年违法犯罪的影响

由于夫妻关系不和、冲突或异常等,孩子在家庭缺乏关爱,家庭充满辱骂、争吵甚至是暴力的氛围。有的父母文化水平偏低,有的还有一些如赌博、酗酒等的不良习惯。孩子在这样的家庭耳濡目染,成为问题少年也就不奇怪了。

4.家庭结构残缺对未成年违法犯罪的影响

本调查中在入所以前和父亲或母亲(单亲)生活在一起的有 24.8%;有 19% 的人和亲戚朋友或爷爷奶奶住。

(二)教育因素

1.早期教育的影响

从人的一生发展来看,人类生命的最初 3 年是生长发育的重要时期,联合国儿童基金会 2000 年底发表的报告中指出,婴儿出生以后的 36 个月是成长的关键时期,营养和环境刺激对大脑发育能产生重要影响。报告说,为 3 岁以下儿童提供充足的食物、医疗服务和认知教育,可促进儿童日后在健康、个性、语言和认知能力方面的提高,进而有助于国家教育发展、经济增长和降低犯罪率。因此,报告呼吁各国政府以及家庭重视 3 岁以下儿童的成长。

英国精神病学家鲍尔贝在 20 世纪 50 年代对监狱 44 名少年犯进行了调查,他发现在 6 岁以前经历过与母亲完全分离,或者 6 个月以上分离的占 17 名(对照组有 2 名),有抑郁性格的占 14 名(对照组为 0),这些抑郁性格的人违法行为都特别恶劣,因此他认为出生头几年与母亲长期分离是形成少年犯罪的最大原因。

2.学校教育的影响

首先,教育方法简单,教师素质不高。一些教师不懂得根据未成年人生理和心理特点进行教学和教育,往往简单地说教、训斥、惩罚,有的教师对"差生"冷嘲热讽,甚至采取停学、开除的方式将其推向社会。在本次调查中,因为打架和逃学被学校停学或开除过的有 49.5%。

其次,重智育,轻视其他教育。在被调查对象中有 65.7% 没有上过青春期教育课程。一些家长和老师不告诉性知识方面的事情,有 42.9% 通过网络,41.9% 通过朋友,38.1% 通过看电视录像方式了解。另外学校法制、道德教育缺乏,心理健康教育缺乏和性知识教育缺乏。

再次,由于其学习成绩差,在学校缺乏关爱,导致厌学心理严重。在本次调查中,有 73.3% 是失学、辍学生;有 71.4% 不喜欢老师,不喜欢上学;交的朋友大多数都是学习成绩不好或老师不太喜欢的有 57.1%;在上学期间,曾经想过要退学的有 79%,其中有 67.6% 退过学。

(三)社会因素

1.社会不良文化和有害信息的影响

网络中不良信息、电影电视音像制品和非法出版物、娱乐场所、毒品等都会对未成年人造成不良影响。调查中有 49.5% 的人最崇拜黑道头目;去网吧上网有 54.3% 说网吧管理人员从来没有询问身份证件;有 21.9% 说只是偶尔会问到。

2.不良的社区环境的影响

在社区中缺乏关爱和归宿感,被环境所排斥,再由于交友不慎,形成了犯罪亚文化小团体,他们缺乏成功的机会,被他人歧视,使得同辈群体取代了家庭和学校的功能,创立了自己的行为规范和价值观与社会主流文化相对立,从而形成各种越轨和违法犯罪行为。

3.大量农民外出打工造成"留守儿童"的教育问题

据统计,中国1.2亿农民常年于城市务工、经商,产生了近2000万留守儿童。88.2%的留守儿童只能通过打电话与父母联系,其中64.8%的留守儿童是一周以上或者更长的时间才能与外出的父母联系一次。

2005年1～8月,某县检察机关共批准逮捕犯罪嫌疑人233人,其中不满18周岁的未成年人27人,占11.6%。这27人中,有10人属留守儿童,占37%。

(四)未成年人自身身心特点

11、12岁到14、15岁,是身体发展的一个加速期,心理虽然也在发展,但是相对于生理发育速度来说相对平稳,因此造成了这个阶段身心发展的种种特殊矛盾和表现,使他们面临一系列的心理危机。这个阶段里,生理变化对心理活动的冲击,心理上的断乳期,使他们心理上出现成人感与幼稚性的矛盾,烦恼增多,容易出现心理与行为的偏差。

(五)矫正制度

在我们国家,刑法规定犯罪人必须年满16周岁才负刑事责任,而年满14周岁的也只有犯法定的八种罪才追究刑事责任。这就有了很大的空缺:不满14岁的或已满14岁不满16周岁少年的不良行为不属于司法管辖范围,这样做的结果是,大量危害社会的行为被排除在犯罪之外,从而排除在司法管辖领域之外,造成很多青少年违法后得不到及时的处理及预防。

按照我国现行法律,对严重危害社会,却又不够刑事处罚的未成年人矫治的方式有严加管教、训诫、送工读学校、治安处罚、少年犯管教所和社区矫治等。在实际操作中,很多地区只采用严加管教、训诫和治安处罚三种,这对于那些家庭管教不力和放之任之的失足青少年来说,往往会形成一种自己年幼,犯事后政府拿他们没办法的侥幸心理,继而我行我素,危害社会,最终走上犯罪道路。

二、未成年人犯罪的预防和治理[①]

(一)家庭教育的科学化

重视早期教育,优化家庭教育,建立预防未成年人违法犯罪的家庭防线。包括优化家庭环境、提高家庭教育能力、贫困家庭的救助、儿童日托照料、亲职教育指导、有心理问题的父母的咨询和治疗、父母监护责任的法律监督、脱离家庭儿童的救助、福利机构的设置和管理等。

---

① 姚峰:《未成年人的犯罪原因与心理矫治对策》,《长春理工大学学报(社会科学版)》2011年第1期。

1.早期接触与爱的缺乏导致问题儿童的产生

在某市工读学校对处于犯罪边缘的青少年群体进行的调查显示,父母教育缺失型家庭占到了问题青少年家庭的大多数。如表 8-1 所示。

表 8-1　某市工读学校部分学生家庭结构统计

家庭类型	健全型	离异型	单亲型	分居型	再婚型	无双亲型	养子女型	合计
学生数(人)	25	183	114	56	57	21	23	479
占比(%)	5.5	38	24	11.6	11.7	4	5.2	100

由上表可以看出,父母在家庭教育中的缺失导致了爱的匮乏,而早期教育和爱的匮乏恰恰是形成犯罪心理的重要原因,因此仅满足儿童生理需求是远远不够的,我们应该给孩子更多的接触与更多的爱。拉康相对于克莱因派的进步在于提倡了母亲离去的积极意义,然而在很多犯人家庭我们看到的是这种过度的背离,所以成功养育的关键在于接触与爱,而不仅仅是哺育的能力,从这个角度来说,单亲和孤儿孩子的养育者也能在养育儿童方面起到相同的作用。单亲、孤儿或者贫穷家庭本身并不必然产生"问题儿童"或者罪犯,但是在这样的家庭里,他们的养育者没有真正地爱他们的孩子,而仅仅是哺育他们,这会造成一种"爱的缺失",显然单亲、孤儿或者贫穷家庭更有可能会导致"问题儿童"的产生。

2.父母早期的管教方式不当导致儿童问题行为的产生

在哈罗对虐待儿童问题进行的研究中,他发现被虐待的孩子似乎很依恋那些对他们虐待的父母,如果依恋是最强烈的基本需求,那么它的作用将远远超出虐待惩罚。

精神分析的理论认为,凡被视为权势重的、地位高的人,往往会在潜意识里被认为是早期关系中的重要人物,如父亲或者母亲。犯人往往自己又无意识地将过去和父亲的关系转移到了现在和警察的关系上,这就是绝大多数犯人内心都声称自己是无辜的投射机制。

著者调查,2009 年某省未成年犯管教所在校学生犯罪中主要罪名排列前五位的分别是抢劫、盗窃、故意伤害、强奸、故意杀人,共占在押犯总数的 100%,无其他罪名犯罪。如表 8-2 所示。

表 8-2　某省未成年犯管教所犯罪类型结构

犯罪类型	抢　劫	盗　窃	故意杀人	强　奸	故意伤害
比例(%)	52.3	11.2	14.0	15.0	7.5

可以看出暴力型犯罪占到了罪犯的绝大多数,按照上述案例分析,我们有理由相信,这些暴力型罪犯的家庭早期环境也应该是暴力型的教育模式。而除了暴力型家庭以外,溺爱和冷漠型的家庭环境也由于缺乏爱(溺爱不是真正爱)和亲人过度的背离,而导致儿童的怨恨与自责,从而会导致孩子的负罪感加强,责任感降低。而这种负罪感的加强,会让他无意识地追求惩罚,而责任感降低则会在追求惩罚的

无意识心理支配下做出一些违法的事情。

3.预防犯罪的关键途径在于适当的婴儿早期爱的给予

不良的情绪以及问题行为(内因)加上诸多社会问题(外因)导致了犯罪。如果我们认为作为外因的社会问题在任何阶段都会以不同方式表现出来,那么我们就认为预防犯罪的关键途径在于适当的婴儿早期爱的给予,然而这取决于亲代的人格与欲望机制的成长与完善。更重要的是,通过转移(转移是精神分析临床的一大技术,其机制就是爱,所以著名精神分析学家 Gibal 又说:精神分析是用爱来工作的)的技术精神分析学打开了通向罪犯心灵的入口,这对罪犯来说是重回现实世界的门。

例如,姚峰详细研究了早期环境对于犯罪心理形成的影响[①],认为罪犯王某由于早年缺乏父母之爱,转而挑战父母的权威(长大进而挑战法律权威),从而在报复父母的同时获得父母的关心,并且对于弗洛伊德症状满足了欲望但是由于其非合法性同时就是惩罚。我们可以说犯罪同样是欲望的双重满足。王某在无意识中显然是知道自己所做的幼年事情在父母看来是错误的,而长大的偷盗是犯法的,然而只有通过这样的方式满足无意识的欲望:受到关注,才能找到个人存在的价值。同时其方式的罪恶性在无意识中通过超我发挥作用,超我的现实中介在幼年时期就是父亲的惩罚,长大后就是坐牢。由于其早年父母并没有在其反叛行动中意识到其动机而去满足他的爱,而恰恰相反严厉地惩罚了他。这种约束方式增加他受委屈的感觉并进而激起他更大的攻击性。所以,美国精神分析学家梅宁格才会认为反社会行为首先是一种自杀。因为他们是一群在爱中迷失的孩子,他们由于找不到爱,攻击父母,攻击社会,最终攻击自己,完成死的冲动目标。

(二)重视和改善学校教育,巩固预防未成年人违法犯罪的学校防线

1.科学设置

教育部门建立问题学生特殊教育学科,培养师资;普通学校配备专职的心理咨询人员,及时发现和干预问题学生。

2.情感教育

中小学校与家长不应仅仅重视学生的知识教育,完善孩子的人格更需要进行情感教育,可以从以下几个方面加强对学生情感教育:

(1)加强亲情教育。亲情中最本质的成分是真挚无私的爱。亲情教育就是爱的教育,目的是让学生珍视爱,懂得怎样去爱。

(2)加强生命教育。学会尊重、珍爱、欣赏、敬畏生命,强化生命意识、珍视生命价值和发展生命潜能,这是生命教育的基本要义,也是人本教育的重要内涵,它包括建立生命意识、培养生存能力和提升生命价值三个层次。

---

① 姚峰:《早期环境对于犯罪心理形成的影响——对犯罪原因的一个心理学阐释》,《重庆工商大学学报(社会科学版)》2011 年第 28 卷第 1 期。

（3）加强友情教育。真挚友情是温暖心灵的阳光，是促人向上的力量，应该让青少年懂得什么才是真正值得看重和珍视的友情，友情教育的目的是教学生学会善待他人，真诚付出。

（4）加强爱情教育。爱情是人类情感领域里极为重要的组成部分，能否妥善处理，关乎一个人情感生活的质量，也会影响相关社会成员的利益。应注重传授正确的性价值观和行为规范，教学生学会自爱、自尊和自重。

（5）加强民情教育。生活在城市里的孩子，与偏远穷困的山区乡村存在很大的地域距离和认知空白，了解民情，了解弱势群体的生存状况，对其成长具有积极意义。让青少年了解处于低生活水平人们的生存状态，感受生活的艰辛，对他们全面认识社会，形成关心弱势群体、自觉扶贫济困的意识具有积极意义。

（6）加强国情教育。爱国必须知国，应该理直气壮地宣扬民族英雄，了解他们的事迹，懂得崇敬他们。

（7）加强生态教育。作为有理性有良知的人类，应该关心人与所有生命的关系，善待和自己一同生活于地球上的其他生命形态以及赖以生存的环境。

3. 师资培养

加强教师的职业道德建设，重视教师的心理健康水平，加强对中小学教师队伍的管理。

4. 注意薄弱环节

加强对农村贫困地区基础教育的投入，严格控制学生辍学，严格控制对停学、开除等处分的滥用。重视流动人口以及"留守儿童"的上学问题。

（三）官方和社区共同营造社会防线

社区是预防的平台，是介入沟通家庭和学校的桥梁，是预防犯罪的社会网络，因此我们要重视社区在未成年人犯罪预防中的作用。无论是立足于营造良好环境，矫正偏差少年，还是整顿环境，消除犯罪隐患，都要求我们必须扎根社区。从我国的现实情况看，政府责任有待强化，民间组织和个人更是亟待重视和开发的肥沃资源。

1. 加强社会工作者队伍的建设

我国澳门地区许多民间社团在预防青少年犯罪中发挥了积极作用，特别是在开展与犯罪边缘少年接触、为犯罪边缘青少年提供外展服务方面，做出了卓越成绩。民间社团组织的社工队伍多晚上活动，为流宿街头、公园、酒吧、网吧等青少年提供劝导和帮助服务，以防止因单亲家庭、家庭解体、失学等问题而流宿在外的青少年走向堕落，滑向犯罪。我国内地也应加强社会工作者队伍的建设，切实发挥民间的预防犯罪工作的力量。

2. 开展专项整治，净化未成年人成长的社会环境

政府应加强扫黄、打非力度，加强网吧的管理，加强娱乐场所、游戏厅和录像厅的管理。

（四）完善我国未成年人犯罪刑事矫正制度

包括完善未成年人行刑的社区矫正制度；完善未成年人非刑罚矫正措施；监督未成年犯管教所切实落实《监狱法》相关规定；各地应建立工读学校，作为行为问题学生矫正、研究、相关师资以及社区工作者培训的基地等措施。

案例剖析

对一起未成年人犯罪原因的剖析[①]

该案例为该章编者作为未成年人刑事调查员调查的案件，案件为团伙抢劫，犯罪嫌疑人为王亮（化名），1989 年 11 月出生，初中文化；王强（化名），1990 年 7 月出生，初中文化；李店（化名），1989 年 6 月出生，发案时三人均未满 18 周岁。在这起抢劫案里，三人共作案三起，除李店还是在缓刑期属第二次犯罪外，其余 2 人均为初犯。

王亮情况：父亲，42 岁，初中文化，农民；母亲，40 岁，小学文化，农民，其婚姻为父母包办。王亮还有一妹妹，1992 年出生。母亲因丈夫经常酒后殴打自己，感情不和，在王亮不到 6 岁时离家打工，自此再没回家（其间回家一次短暂停留）。父母双方于 2003 年正式离婚，王亮被判给父亲照顾，王亮妹妹被判给母亲照顾。母亲之后长期在宁波打工，并再次组建了家庭，将其女儿交给其外公外婆照顾。王亮本人因父亲长期在外地打工则主要与爷爷奶奶共同生活。王亮爷爷是老党员，退伍回村后当过村干部，在村里威望较高。王是爷爷奶奶的独孙，爷爷奶奶对他较为宠爱。王亮开始在村小学上学，三年级因为小学被撤，转学至另外一小学，后升入当地中学读初中，在初中班级还担任组长职务。根据其老师回忆，当时他的学习成绩在班级尚可，属于中等成绩，人也比较老实，不多说话，在学校没有任何违纪行为，初三还加入了共青团，为此，作为老党员的爷爷颇为自豪。初三毕业后未能考上高中，复读半学期后，因为家庭条件差，学费负担较重，自己也感觉不想上学了，就退了学，自此开始了打工生涯。到合肥先后做过瓦工，汽车修理，饭店服务，学过厨师，拘留前还在一饭店打工，打工期间和另一个同乡在外合租房居住。据其父亲和王本人陈述，王在合肥打工期间，父亲从未过问过他的事情，其父甚至连他学校班级、班主任姓名以及后来打工的单位都不知道。王性格较为内向，不善言谈，和亲人沟通也很少，在其父母离婚后因为想念母亲去宁波找过母亲几次，但是几乎不和母亲说自己的事情。王亮在打工期间结识了同乡的李店等人，李店当时有前科，因为参与抢劫而被判缓刑，王称很听李店的话，几次抢劫都是由李店主使。第一次作案是在 2007 年过年前，当时被抓住后，派出所让其父亲交了罚款，这一次处罚王本人并未受到深刻的教育，在 2007 年 4 月后，伙同李店等人再次连续作案三起，直至

---

① 姚峰：《未成年人的犯罪原因与心理矫治对策》，《长春理工大学学报（社会科学版）》2011 年第 1 期。

案发。

王强情况:父亲从2003年开始在外打工,2004年12月其母亲因有外遇和另外一个男人不辞而别,王强还有一妹,母亲喜欢打麻将,经常在外打麻将很迟回来,很少管王强,据王强初中班主任回忆,王的成绩属于中等偏下,初二以后旷课增多,上学期间没有受到过处分。王本人也陈述母亲离家出走后对其打击很大,经常受到同学的指指点点和挖苦讽刺,非常痛恨母亲,也不再想上学。初中辍学后,先后在昆山、温州、河南等地打工。案发前从昆山回来,遇到李店等人,将打工挣的2000多元钱和王亮、李店等人共同挥霍完后,李店等人劝说王强参与抢劫,头两次王亮等人作案自己并没参与,但是第三次未能抵御住劝说,一方面经济困窘,另一方面感觉可以"玩一次,不会有什么事情"。后案发,被拘留。

李店情况:是家中的长子,自幼与父母、弟弟妹妹生活在一起,母亲小学文化,父亲不识字,家庭生活来源主要依靠父母在村里开杂货店的收入,经济条件尚可。由于忙于生意,父母平时与李店的沟通和交流较少,疏于管教,至其缺乏良好的家庭教育。李店初二时开始接触网吧,但并无迷恋现象,2005年就读于寄宿制的高中,至此脱离家庭的约束,开始与社会上的不良青年有了密切的接触,加上学习成绩较差,产生了厌学情绪,在2006年高二开学时自动辍学。辍学在家其间,李店的思想极不稳定,加上看到父母在生意上也过于操劳,想走捷径赚大钱的念头愈加强烈,在继续与社会青年来往中,于2006年11月因抢劫被法院判处有期徒刑十个月,缓刑一年。此次被捕之后,李店虽有悔悟之意,但并没有痛改前非,在执行缓刑期间仍然在社会上游荡。父母为了能够帮助李店,在亲戚开办的旅行社里为其找了份工作,但李店由于自身条件有限,不到一个月以没兴趣为由离开了。之后又瞒着父母在苏州呆了一段时间,与一些不务正业的人混在一起。这些经历都为李店第二次抢劫埋下了隐患。

三人除李店应划分到惯犯中去外,另两人均为初犯,犯罪原因应有区别。下面是对该案件三位未成年人犯罪原因的分析与反思:

1. 家庭因素

(1)父母教育缺失。王亮与王强尽管父母健全,但是父母疏于管教,或者缺位(父亲外出打工,母亲离家出走),造成了两人均缺乏应有的家庭教育。

(2)家庭贫困。王亮与王强家庭经济来源均是靠父亲常年在外打工,家庭负担均较重。

(3)家庭氛围差。王亮母亲没有出走前,其父亲家庭暴力,经常殴打妻子,王强母亲出走前经常彻夜不归打麻将,并和同村一男人私混在一起。

(4)值得注意的是,王亮和王强的家庭有个共同特点,就是母亲的不辞而别。王亮母亲因为家庭暴力,王强母亲因为私奔,均没有正式离婚(王亮母亲离家8年后才离婚)便离家出走。

法国著名儿童精神分析家多尔多(dolto)就曾提到,关心子女,不让别人取代双亲的角色,这是父母一方不在家时应该履行的情感和象征义务,如果父亲常年在外,如果父亲按时通信或者电话,则体现了象征责任的重要性,即是让子女感觉到,即使父母中一方不再回家,他(她)仍然履行着教育子女的义务,而母亲的离去加重了父亲的负担,孩子既会怜悯父亲的不幸,同时也会感到自己加重了父亲的负担会有一种负罪感。母亲的离家,则更是否定了自己的存在(母亲并不爱我——这在王强身上表现得尤为突出,"母亲出走后,我感觉活得没什么意思,也不想上学了"。这一点在他班主任那里也得到了证实),母亲不辞而别,在没有正式离婚的情况下不尽任何责任和义务更加会导致孩子的负罪感加强,责任感降低。而这种负罪感的加强,责任感的降低对于孩子来说则可能是致命的。

2. 社会因素

(1)缺乏社会关爱。家庭教育的缺失导致了问题行为,加上学校对于这类学生基本上听之任之,甚至有些歧视,在调查中,他们的班主任老师均对他们没什么深刻印象,而且知道他们经常旷课,但是不管,学生则对他们的家庭冷言冷语(均为母亲离家出走)。王亮在汽配城打工期间还遭到老板娘刻薄对待,仅仅干了一个月便辞职了。

(2)过早地走上社会。三人除李店高中辍学外,均为初中辍学,便外出打工,在身心还未发育成熟的时候过早地接触社会,特别是初中阶段属于逆反和反抗期的孩子,本身就容易出问题,加上无人管教,过早走上社会,危险系数加大。

3. 个体心理因素

这起案件均为团伙犯罪,这也是未成年人犯罪的一个显著特点。在团伙犯罪里,一个团伙的"头"起到了关键作用,他往往能够影响团伙其他成员的思想和行为。在这起案件里,李店就是"头",李店因为参与抢劫而被判缓刑,不到几个月,便作为团伙组织者连续作案,而且他的劝说和鼓动,也是另外两人犯罪的重要因素。团伙成员有共同特点:年纪相仿,无人管教,玩世不恭,缺乏良好教育,有一定的血脉联系(三人均为同乡),贫穷,法制道德意识差,讲义气。

4. 刑罚因素

在这起案件中,李店起着重要的作用,其同时还在缓刑期间。在庭审中,李店的辩护律师说到,自己几个月前刚刚为他进行辩护,并建议对李店适用缓刑得到了法庭采纳,但是没有想到仅仅几个月便第二次犯罪。鉴于此,公诉人发言时建议,对三名被告不能溺爱和纵容,均建议不再适用缓刑。

如果从保护未成年人角度对他们适用缓刑,由于目前的社区矫正刚刚起步,而且尚未普及到各个乡村，则可能又会造成他们在缓刑期间仍然处于脱管状态，教训不深刻，觉得是未成年人再犯一次罪无所谓，而导致二次犯罪，这一点在李店身上表现得尤为突出。而如果对他们适用监禁刑，势必把他们送进监狱，而因为目前监禁刑罚存在的种种问题(罪犯分类问题，教育改造等问题)，且对于一个身心尚处于发育阶段，无重大恶习的青少年来说(王亮和王强在犯罪前基本上是一个安分守己的打工者，在学校也是一个容易被人忽略的学生)，几年甚至十几年的刑罚可能会造成他们破罐破摔的心理以及在监狱的"耳濡目染"可能会把他们变成真正的罪犯，这一点其实从很多累犯身上都看到了。如果像王强这样的初次犯罪的犯罪情节不严重的未成年人应适用缓刑等非监禁刑的话，那么如果他们不接受教训再次犯罪，则应该加重处罚，这样既体现了刑罚的人道性又体现了严厉性。

第九章　犯罪人分类与罪犯危险性评估

第一节　罪犯危险性评估概述

一、罪犯危险性评估的内涵

所谓危险性评估,是指国家刑罚执行机关的专业机构或专门社会机构对依法投监服刑改造的罪犯运用特定的工具和技术,分别做出罪犯入监人身危险性测评、罪犯在刑危险性测评和罪犯出监再犯罪危险性预测和鉴定的一项综合性、专门性的工作总称。它是一种从过程角度防范和控制监狱风险、社会治安风险的监狱管理制度,是行刑个别化的一项基础性工作。或者更准确地说,它是用以控制监狱社会安全风险、保障监狱安全、社会安全和社会秩序的一项组织化社会管理措施。

二、罪犯危险性评估的分类及特征

正由于罪犯人身危险性具有服刑阶段性特征,受阶段性监禁生活的影响明显,故其危险性评估又显现着阶段性的特征,人身危险性的历史性更多是通过现实性来表现的。所以现实性评估才是罪犯危险性评估的真正目的。

罪犯危险性评估根据罪犯服刑的不同阶段可分为三大类:入监人身危险性评估、在刑现实危险性评估、刑释再犯罪可能性危险性评估。三者既有联系,又相对独立;既互为前提和条件,又呈现出明显的阶段性特征。

三、罪犯危险性评估的产生和发展

19 世纪后期至 20 世纪,由于自然科学和其他以人为对象的学科如医学、精神病学、社会学、教育学和生物学等科学的长足发展和罪犯问题的日益严重,促使有关犯罪的学科如犯罪生物学、罪犯类学、犯罪心理学等应运而生,从而亦使得对于罪犯的调查与分类问题有了技术上的突破。罪犯分类不仅考量罪犯的年龄、性别、罪性、罪情等因素，还将罪犯体质、心理的差异，肉体与精神健康程度的不同，实行职业训练的可能性和改造的可能性等因素都列入考量的范围。

我国对罪犯危险性评估起步较晚，真正大规模开展罪犯入监评估并实施分管分教实践始于1991年全国"三分"工作现场会后，但由于着眼点不同或者说我国分类制度的目标期望值过高，使"三分"制度在推行过程中走入"急功近利"和"形而上"的误区。其着眼点是用若干个标准将罪犯按犯罪性质和手段来分为若干群类，力求避免不同犯罪之间的"交叉感染"问题。但顾此失彼，又回避不了同一类型犯罪之间的"深度感染"问题，陷入了"分类尴尬"境地。希望通过一次性分流、若干次类中分层式管束，以期达到分类矫治的目标。尽管在实践中困难重重，但它也有力地推动了我国监狱分类的纵深发展，从管理理念和管理实践上为监狱管理积累了许多宝贵的经验。

第二节 犯罪人分类与监狱罪犯危险性评估体系概述

一、罪犯危险性评估的要素

罪犯危险性评估标准，其立足点和着力点首先是危险因素，其次才是矫治因素，故结合中外对监狱罪犯危险性评估的实践经验，建立适合我国监狱罪犯实际的评估标准尤为重要。

(一)违法记录和犯罪前科

根据在押犯犯罪史调查和大量统计分析，犯罪群体中，尤其是青少年犯罪群体中不断涌现出的作案次数多，作案时间长的惯、累犯是监狱安全和社会治安的危险源。据某市一项调查统计，罪犯员中曾受过拘役、判刑监禁的占该市判刑罪犯总数的28%。这些有过违法记录和犯罪前科的人员，其中许多视犯罪为日常习惯和一种生活状态，违法犯罪心理定式趋于强化，且有丰富作案经验和逃避司法机关打击的成熟做法，犯罪心理、惩罚承受心理极强，这些人不仅成为狱内危害性较大的教唆犯或顽危分子，而且成为监狱安全的潜在威胁。

(二)个体心理健康

完整的认知结构应包含情感、意识和能力三个部分。"罪犯服刑心理是主体导向的心理基础。罪犯危险性心理是罪犯改造消极心理的有机组成部分，是罪犯原有犯罪心理结构在服刑过程中的滞留，及其对改造目标和措施的极端反映，我们只有充分地认识罪犯改造期间的心理结构,才能科学地推断出罪犯危险性心理的原发因素,从而实现针对性监管和矫治罪犯服刑心理结构。"其诊断方法有:生活史调查;行为观察;摄入性谈话;犯罪事实判断;心理测试等。罪犯行为是罪犯个体特定认知和心理的外显,有助于我们观察和分析,帮助我们全面地分析评估罪犯的个性特征和行为表现。

(三)个体自然因素

个体自然因素标准,包括个体生理、性别、年龄、文化、犯罪情节与手段、服刑表现和态度等因素。研究罪犯个体不同生理、自然状况、文化背景和犯罪行为表现及服刑表现和态度等差异性,对于全面客观地把握罪犯个体的心理和行为特点,剖析和研究其服刑改造的规律,实现分类管理和实施个别化矫治教育都具有重要意义,诸如是否有精神、心理和身体方面的疾病问题,职业技能和特长情况,智力、受教育情况,有无保护性关押的需要,等等。这对新收分类更具有重要的参考价值。

(四)早期家庭环境因素

早期家庭因素是指罪犯所在的家庭成员特别是罪犯早年对罪犯的评价态度、家庭的遗传基因与环境状况。通过长期监狱基层管理实践、归纳、分析后我们认为,家庭环境状况对服刑罪犯极端心理的影响主要表现在三个方面:①罪犯遭遇家庭抛弃或家庭发生重大变故,如父母去世、妻子离婚、子女流离失所等,罪犯会因失去精神寄托,或因悔恨内疚转而产生极端暴力行为;②一部分亲情犯罪的罪犯因长期悔恨、自责和内疚,继而产生对自己的极端加害行为;③一部分无亲人、无家庭、生活无着落,又身无一技之长的罪犯内心极度自卑和失落,对前途充满迷茫和绝望,更容易走极端。

精神分析认为,凡被视为权势重的、地位高的人,往往会在潜意识里被认为是早期关系中的重要人物。在监狱这个特殊环境中,管理警察和罪犯朝夕相处,对罪犯实施管理教育,罪犯往往把童年与重要关系人的关系(如与父母的关系)转移到现在与干警的关系中。

在罪犯新入监时,如果警察能够充分了解到罪犯的早期关系,如:父母对罪犯在早期是如何教育的? 该罪犯对父母抱有什么样的感情? 和父母有没有发生过冲突行为? 是什么样的冲突行为? 等等,并做好记录就可以针对性地管理罪犯及对罪犯的心理、行为把握和预测。

笔者根据罪犯最常有的几种原始关系,总结出了罪犯的危险等级与管理策略,如表 9-1 所示,仅供参考。

表 9-1　罪犯的危险等级与管理策略

重要关系人早期的管教方式	罪犯对重要关系人的心理反应	该罪犯的危险等级	管教警察对该罪犯的管教策略
溺爱	怨恨（由于溺爱导致了犯罪）	**	适当交流
暴力	反抗	*****	尽量不用粗暴、严厉的言行管教
暴力	顺从（表面上）	****	严厉与说服并用
漠视	希望父母注意怨恨父母	**	多交流，多谈话

注:溺爱型家庭是指家庭早期对孩子的教育属于无原则的满足要求,这样的孩子成年后如果犯罪,在他的潜意识里更多的是对早期给予他的溺爱的一种怨恨,这种情感转移到现在和警察的关系中,如果警察给予他更多的关注,他就会在潜意识里把警察认同为自己的父母,从而产生怨恨。漠视型家庭多见于由于家庭结构缺损或者父母外出打工等原因,造成孩子缺乏应有的关注和爱,这类罪犯潜意识里希望警察更多的关注,对这类罪犯警察如果多关注多交流,则会给罪犯更多的温暖,对其改造有利。暴力型家庭主要是指以打骂甚至虐待为主,比较少用说理和关爱为主要教育方式的家庭,如果罪犯早期曾经反抗过父母的暴力,比如动手打父母等,那么这样的罪犯危险等级最高,慎用粗暴方式管教,如果没有动手反抗过父母的暴力,危险程度也很高,总之暴力培养了暴力,暴力型家庭的孩子成为罪犯后危险程度最高。

*代表危险等级,*越多,罪犯危险性越强。

(五)社会因素

社会因素是指社会主流对罪犯的态度(包括民众、政策和刑事司法政策等)、社会帮教体系完备与运作、社区组织及其受害人等的吸纳、包容与关爱,社会舆论与环境的精神抚慰与熏陶以及社会犯罪诱因的防范和抵制等。

二、罪犯危险性评估的流程

罪犯危险性评估流程归纳为以下六个环节。

(一)信息采集

包括八个方面的信息,即:书面信息、犯罪史信息、生活史信息、成长史信息、个体生物信息、服刑史信息、个体自诉信息以及可能获取的其他信息。

(二)量表测试

目前,世界上通用的罪犯心理和人格测试量表主要有三种:SCL-90 心理健康自评量表。通过躯体化、强迫症状、人际关系敏感、抑郁、焦虑、敌对、恐怖、偏执、精神病性等项目测试,统计个体阴性、阳性项目分值数对个体心理健康状况及危险性心理特征作出测量结果分析。明尼苏达(MMPI)和艾森克(EPQ)人格测验表,为罪犯人格特征和人格缺陷的评估提供重要的数据性资料信息和验证。这个过程不是必需的,只有在确定必要的情况下可以用量表辅助。

(三)个体诊断

主要采用望、闻、问、切四种方法。"望"是指监狱管理者对评估对象的日常行为、表情、情绪变化等的观察分析;"闻"是指通过监狱管理者对罪犯的个别谈话和资料档案的收集等进行信息的收集与分析;"问"是指针对性、验证性、具体性的信息与分析;"切"是指信息分析判断和综合分析判断。这个环节是至关重要的。

(四)综合分析

包括对搜集到的所有信息和测量结果进行综合分析评判以及对罪犯个人生活史、成长史、家族史和犯罪史、服刑史进行综合分析判断等两个方面。

(五)犯罪人分类

关于犯罪人分类,我国长期使用的按照犯罪类型的客观主义的分类法只关注犯罪人的客观行为及行为后果,对犯罪人之所以犯罪的原因却不予涉及,这种分类只不过是对犯罪的分类,还谈不上是对犯罪人真正的分类。

主观主义的分类法相对于客观主义而言有着显著的进步,使犯罪学的研究进入了以"犯罪人"为中心的时代。至此,人们开始将研究的触角深入到了犯罪人的内心世界,去探求人之所以犯罪的主观因素。正是基于这种主观主义的研究,对犯罪人进行事前预防才成为可能,为减少和消除犯罪提供了一条正确的道路。

犯罪学家从不同视角对罪犯进行生物学、社会学、心理学、法学标准上的划分,都有一定的可取之处,但也具有一定的局限。突出犯罪人的生物性,容易忽视犯罪人的主观能动性,导致生物学决定论的天生犯罪人观,不利于犯罪人在后天环境下的改造。突出犯罪人的社会性,容易忽视犯罪人本身在生理上的缺陷,导致对刑罚的惩戒公正性重视不够。人格观的提出,恰恰可以在此两者间寻求一种平衡。因此,我们选择人格作为犯罪人分类的标准。最早将"人格"的概念引入犯罪学的是美国心理学家塞缪尔·约克尔森和斯塔顿·萨姆诺,他们认为精神病人具有不同于常人的思维方式和行为方式,特别容易从事反社会行为,由此揭开了要正确认识犯罪人格的内涵。著者根据经典犯罪学罪犯分类理论并结合实际,并综合以上四点流程的信息,将罪犯按照以下原则进行分类:

1. 精神病罪犯

这类罪犯包括了犯罪前就有精神病倾向的,以及在监狱里因各种原因患病的罪犯。根据统计,这类罪犯大约占总罪犯数目的 2% 左右,这类罪犯主要是要早发现早治疗,如果及时隔离和治疗,效果会比较好,否则危害性很大。

罪犯主要的精神病种类包括:精神分裂症、偏执型精神病、妄想型精神障碍、躁狂抑郁症,有精神病家族史的也需要高度注意,必要的情况下也可以划到这一类。

2. 生物因素罪犯

这类罪犯是基于生理原因而导致人格发育不完整或者不健全的，包括了部分青少年罪犯和病理性精神障碍罪犯。青少年罪犯由于社会阅历的限制，加上青少年的身心还处于一个不断发展的过程，往往表现为较弱的辨认能力和控制能力，在人格上就有一种不稳定性。这种不稳定性一方面表现为因为心理冲动极易诱发犯罪，另一方面则表现为如果进行正确引导又能够及时矫正其犯罪倾向。所以对于青少年罪犯不宜采用集中关押的方法，以防止交叉感染。同时，对青少年罪犯也不宜采用剥夺其人身自由的方法，应尽量减少青少年的过错行为对其人生发展带来的不利影响。

病理性精神障碍罪犯包括癫痫病罪犯、身体残疾的罪犯、各种脑部疾病和脑外伤的罪犯等，由于其辨认和控制能力程度不同，有的就是由于残疾或者大脑的损伤而导致个性的改变从而导致了犯罪。对待这类罪犯在正常的管理和教育的同时要给予及时的医疗。需要注意的是，有吸毒史特别是吸食海洛因、长期吸食 K 粉和冰毒的罪犯也归这一类，因为吸毒可能会造成神经系统损伤而导致犯罪。

3. 人格障碍罪犯

其表现为具有完全的反社会人格、冲动控制型人格障碍、边缘型人格障碍等类型，这些人格障碍比较根深蒂固，强烈而难以改变，他们具有严重人身危害性，包括惯犯、多数的累犯，以及一些非常残暴的故意犯罪和行为人承认其深刻的反社会性的罪犯，如实施严重危害公共安全犯罪和危及公民人身财产安全犯罪的人，聚众犯罪和有组织犯罪中的组织者和首要分子等。累犯、惯犯以及监狱内的抗改、顽危罪犯的绝大多数都属于人格障碍罪犯。这类罪犯大约占到罪犯总数的 50%左右。

需要注意的是，人格障碍发生的年龄一般是 18 周岁以前，也就是说这名罪犯反社会或者冲动控制出现问题的最早时间是在青春期和青少年期，如果是成年期之后突然改变的行为，则一般不能认为是人格问题。一旦确定是人格障碍则很难改变，但是人格障碍有轻有重，轻度的人格障碍在监狱得以改变的可能性很大，重度的很难改变，50%的统计数字是基于西方监狱统计学和上海精神卫生中心的数字，包括了轻度的和重度的。

4. 排除精神病、人格障碍和生物因素的偶然犯

其犯罪人格尚不稳定或基本健全，由于受外界条件的作用而临时地表现出犯罪性，他们在犯罪过程中或犯罪后往往有所悔悟，并易于教育和矫正，具有较轻人身危害性，包括很多的未成年犯、女性罪犯、防卫过当者、职务犯、胁从犯、中止犯等。

需要注意的是，即便在犯罪行为上是偶然犯罪，但属于精神病、人格障碍和生物因素导致的犯罪，则首先应该划到以上三类里去。

5. 排除精神病、人格障碍和生物因素的激情犯

这类罪犯主要是由于精神因素导致的犯罪，在一定的情境下，由于冲动或者激

情导致的犯罪,具有一定的偶然性,但是结合其个性心理因素,又具有一定的必然性。这类罪犯无明显人格缺陷,多见于女性罪犯、职务犯。

需要注意的是,即便在犯罪行为上是激情犯罪,但是是精神病、人格障碍和生物因素导致的犯罪,则首先应该划到以上三类里去。另外,很多激情犯罪人犯罪原因背后还有深层次的人格因素,在早年缺乏道德和理智的培养是很重要的原因,因此,这类犯罪人需要进行一些道德和理智方面的教育。

6.排除精神病、人格障碍和生物因素的假性罪犯

这类罪犯是由于一些政治和社会原因,而被归为罪犯的。需要注意的是,即便在犯罪行为上是假性犯罪,但是是精神病、人格障碍和生物因素导致的犯罪,则首先应该划到以上三类里去。

(六)鉴定安全系数和矫治对策

在罪犯分类基础上,对罪犯作出危险等级及矫治对策等基本判断或结论。

1.第一类罪犯需要早期鉴别

这类罪犯应该早治疗,并且和其他罪犯分开关押。因为这类罪犯和正常人的思维和逻辑不一样,存在一定危险性。

2.第二类罪犯要注意区分

如果是生理创伤和缺陷导致的人格改变,需要心理矫正和身体治疗并用,如果没有条件进行专门治疗,对这类罪犯最好能给予特殊关注。

3.第三类罪犯应该是监狱重点防控的目标

尤其是严重的人格障碍罪犯,因为这类罪犯比例很大,同时很难矫正,但是如果改造手段组织得当,矫正效果也会很好。对这类罪犯教育和矫正部门应该运用心理学的手段研究他们的心理变化规律,掌握对他们改造的策略,同时预防一些可能会发生的危险。这类罪犯需要更为细致的划分,来掌握他们的改造策略,具体请参见本文早期家庭环境因素标准。

4.主要教育与心理矫正的对象

主要教育与心理矫正的对象为第四、五、六类罪犯。因为这类罪犯相对来说人格基本完整,犯罪行为和习惯没有根深蒂固,还有一些是处于犯罪人格形成的边缘,因此对这三类罪犯应该作为重点矫治对象。

案例分析①

1.罪犯基本情况:王某,男性,45岁,为正在监狱服刑的罪犯,未婚。

2.主要问题:服刑三年来和同犯发生几次口角,受到管教警察处理后认为警察处理不公,因此和管教警察发生三次对抗,受到严肃处理,心里感到委屈。

3.个人成长史:从小父母管教很严,在自己的记忆中父亲似乎没有肯定过自

---

① 姚峰:《对一名服刑人员的心理动力学分析》,《犯罪与改造研究》2004年第7期。

己。父亲的管教方式主要是打骂,在父亲责打自己时母亲也往往站在父亲一边。印象深刻的事件是自己小时候有次和一个小孩打架,母亲不分青红皂白打自己,王某认为主要责任不在自己而感到非常委屈。从小对父母的感情是委屈、怨恨和反抗。在20多岁的时候,谈恋爱,和女友感情很好,到了谈婚论嫁的程度,但是遭到父母的反对,始终不同意女朋友进家门,最后和女友分手,感到很委屈,对父母感到不理解、怨恨,从此再未谈过恋爱。记忆中曾和父母发生过两次冲突,一次是在母亲指责自己时,自己将手里滚烫的稀饭泼到母亲身上,致使母亲被烫伤;另一次和父亲发生冲突而将父亲按倒在床上,欲殴打父亲时被别人制止。

4.犯罪与改造史:30岁时开始第一次犯罪,扒窃,释放后不到一年第二次犯罪,仍然是扒窃,第二次释放一年后第三次因扒窃入狱,至今已经是第四次入狱,他扒窃的理由就是缺钱,需要钱结婚。目前是正在监狱服刑,在第四次坐牢的三年期间和管教警察发生了三次顶撞,原因是认为警察处理问题不公。对警察同样是委屈和怨恨交织的感情。咨询师为此走访了他的管教警察,详细地调查了解了与他发生冲突的三次事件,了解到王某在和其他罪犯发生口角后,警察处理的应该算是公平的,但是王某仍然坚持认为警察对自己处理不公平,感到委屈,从而和警察发生顶撞,受到了严肃处理。

5.罪犯分类:根据对王某的表现和历史资料分析,王某属于第三类人格障碍的罪犯。根据本文"早期家庭环境因素标准"进行分析,王某现在的所作所为(包括他的犯罪)其实都是他小时候和父母关系的翻版(对父母的反抗——对社会的反抗——对警察的反抗)。

6.分析:(1)父母对王某不当的管教方式使王某产生了对父母的强烈的怨恨、不信任和反抗的感情。道德的约束(超我)使他的反抗压抑、变形。连续4次犯罪,至今未婚其实都是对父母的一种反抗,犯罪是让父母失望,因为他们的儿子是罪犯,至今未婚是让父母没有孙子,也是对父母的一种潜意识的报复。

(2)王某过去和父母的关系迁移到了自己内在关系中,自己又无意识地将内在关系转移到了现在和警察的关系上,总是认为警察处理问题不公平,对警察有怨恨和反抗感,从而发生对抗。

7.危险等级:此人属于人格障碍的高危险罪犯(*****)。

8.主要矫正建议:(1)让该罪犯学会正确归因,意识到自己的行为与早期父母关系有关,自己对父母的报复与仇恨一直伴随着他;(2)管教模式尽量不要简单粗暴,要循循善诱,不可当众挖苦或者批评该犯,要处处给其留面子,否则会很快激发他的怨恨心,产生报复行为;(3)只有在能激发起他早年回忆的情境下才有可能导致他的危险行为,因此,当我们了解了他和父母之间种种冲突情境之后,应尽量避免此类情境的发生。

案例分析 ①

1. 罪犯基本情况：罪犯陈某被判 15 年投入监狱服刑后，对家人保证："你们放心，我会非常地努力以便尽快获得减刑，我相信自己最多呆 8 到 9 年就会出去。"陈某改造一直很积极，也确实实现了自己的诺言，很快减刑了一年半，当他再次大干准备获得再次减刑时，警察因为改造需要，调整了他的工种，他以前的工种是他熟练操作的一个工种，现在调整的工种自己从未接触过，感觉警察有意和自己过不去，并认为干这样一个生疏的工种自己还怎么积极改造获取成绩，减刑也没希望了，在这种思想的驱使下，他干脆撂挑子不干了，从一个积极改造的罪犯很快变成了一名自甘堕落的落后分子，对抗警察，不思进取，这种转变让他周围的人都很难理解，他本人也有很多矛盾和委屈。

2. 个人生活史与犯罪史：(1)生活史。罪犯陈某 30 岁，初中文化，现已经是第二次服刑，家庭很贫困，从小就在贫困的环境中长大，没少遭受同村的人看不起、欺负，印象非常深的一件事是童年一次与哥哥和父亲一起上山砍柴，母亲哭哭啼啼跑到山上来说有个邻居到家里来吵架欺负他们家，他们听到这消息后，立即下山，陈某记得当时自己手持镰刀追了这个邻居很远才停下来。"这件事让我刻骨铭心，并埋下了仇恨的种子，觉得别人看不起自己，总受他人欺负。"(陈某语)15 岁外出打工，并决心用自己勤劳的双手改变自己的命运，到县里一家工厂干了一段时间，厂长对其很好并希望他能够长期做下去，但是他却认为这实现不了自己出人头地的理想，毅然辞职前往上海，做起了水果生意，并很自信通过自己的努力可以过得绝对不比本地人差。他拼命工作，在 90 年代初经济并不太发达的情况下，一年赚了 2 万多元钱，很风光地回到家里。不久后在一个朋友的促使下想投资做发廊，认为可能会赚钱快，他于是倾自己的家当和那位朋友合开了一家发廊，但是却因为和那位朋友意见不合而分道扬镳，原因是那位朋友想在发廊里经营一些非法生意，而陈某坚决不同意，认为不能赚昧心的钱。生意失败后他离开了上海，前往绍兴投奔一个开饭店的亲戚，陈某做得非常努力，饭店也经营得很红火。

(2)犯罪史。变化发生在他在绍兴当地谈了个女朋友，感情很好，到了谈婚论嫁的程度，但是女方父母却不同意，原因是陈某是外乡人，又没有什么钱，一段时间把自己女儿关在家里不让和陈某见面，这件事对陈某打击很大。"那一段时间我天天昏昏沉沉，我在想为什么世界这么不公平，为什么别人能过上好日子，而我却不能，为什么别人有的我却没有。"(陈某语)"在一个晚上自己鬼使神差地跑到隔壁一家商店拿了抽屉里的几千元钱，但是自己并没有跑，而是睡在店里，直到被抓到。"这就是陈某的第一次犯罪。在当地服刑了一年，释放后又找到以前女友，言归于好，和女友一起跑到合肥做生意，开始几年生意同样做得很好，但是后来生意开始

---

① 姚峰：《早期环境对于犯罪心理形成的影响》，《重庆工商大学学报(社会科学版)》2011 年第 1 期。

不景气，一个偶然的机会一个朋友教他学会了开车，一段时间里他迷上了开车，很想有一辆自己的车子，但是苦于买不起，在一天晚上终于没有克制住自己的欲望偷了一辆车子，并把它开回了家乡，很是风光了一下，把车子在家乡低价卖了以后，回到合肥，继续做生意，一段时间以后再次控制不住自己又如法炮制，偷了第2辆车子，又开回家乡说自己做生意买的，风光过后，再次卖掉回来，如是者三，终于在第四次偷车时被当场抓住。有意思的是这四辆车他都偷的是政府机关的车子，其中一辆车子还是警车牌照。

3.罪犯分类：根据对陈某的表现和历史资料分析，陈某属于第三类人格障碍的罪犯。根据本文"早期家庭环境因素标准"进行分析，陈某现在的所作所为其实都与他童年期创伤有关（即仇恨、自卑等的心理和心态，迁移到了目前和警察的关系中）。

4.危险等级：但是由于其早年和父母关系没有明显的矛盾冲突，此人危险等级为次危险（****）。

5.矫正建议：(1)对违规作正确归因，学会自我克制。陈某出身贫寒，从小受人欺负，所以希望通过自己的努力来改变现状，抚平心灵的创伤，他也确实这样做了，付出了自己艰辛的劳动，并且得到了回报。在努力与执着的同时他也深深地将心理所遭受的创伤压抑了，压抑可能代表暂时的忘却，但是并不代表它的消失，潜意识随时在寻找表现的机会。当他被自己的潜意识控制的时候，他走向了反面，成为罪犯，仅仅是因为恋爱受了挫折，生意暂时不景气。在改造过程中正常调换的工种也成为他的挫折源，当他受挫时，反应就是仇恨整个社会，正如他童年遭受挫折时心理所想的一样，成年后的挫折不断触及他的潜意识创伤，他被潜意识创伤所控制，又回到了童年："这件事让我刻骨铭心，并埋下了仇恨的种子。"在循环往复中，他一遍遍地"温习"自己的潜意识创伤。

当潜意识的创伤成为一个人奋斗的动力，从这个角度看，潜意识创伤是"天使"；而当行为受挫的时候，潜意识创伤被触及，如果创伤埋下的是仇恨的种子，当他被自己的潜意识所控制，那么它就使人变成了"魔鬼"。陈某的潜意识创伤埋下的是对这个社会的仇恨，当他恋爱受挫、生意不景气、改造受挫的时候，他犯罪的行为受到潜意识创伤的控制，报复社会。要明确指出罪犯自身存在的违规心理，不能推向客观，应帮助罪犯实现正确归因，逐步学会对违规行为的自我克制。

(2)惩罚必须准确、公正。首先，惩罚应当在"根据事实，依照法律，严格考核，准确适用"的原则下，合理、合法、有据、有度地实施。其次，惩罚要及时。这是实施惩罚的一条基本原则，要在罪犯违规行为发生之后尽早予以惩罚，使其对违规的负强化留下深刻印象。否则，延缓的负强化会降低惩罚的效果，特别是在罪犯意识到违规的错误并有了改正时，延迟的惩罚正好此时给予，那么对罪犯本人或者其他罪犯来说就会认为改正错误了也没用，使罪犯改正违规的努力受到打击。这种情形在矫正罪犯实际工作中确实存在，应当努力避免。再次，惩罚后要适时进行教育，消除对抗心理。对罪犯违规行为的惩罚,不能处罚过就结束了,还要趁热打铁,适时进行教育。最后,重视受惩罚罪犯的倾诉,真情关心。对罪犯正确的意见要认真听取,不抱成见,避免先入为主;对错误的认识,要循循善诱,与其共同分析,找出问题症结,再对症下药,标本兼治。要认识到,受处罚罪犯把监狱警察作为倾诉对象,恰恰是对监狱人民警察的信赖,相信监狱警察有能力帮助他们解决实际问题,因此应当给予真情关心与安慰,不能拒人于千里之外。对少数罪犯,必要时可进行心理咨询,帮助解决受处罚带来的心理困惑,促其改过自新。

(3)管教模式尽量不要简单粗暴,要循循善诱,否则会很快激发他的怨恨心,使其产生报复行为。

第十章 罪犯心理健康教育

第一节 开展罪犯心理健康教育工作的必要性

一、做好罪犯心理矫治工作的需要

在心理矫治工作中很多阻碍该工作的"拦路虎"归根到底都是由于罪犯的不了解或误解,例如:一些罪犯不配合心理测试工作,认为在掏他们的内心想法,所以不实事求是地填写;有些罪犯认为心理咨询只是用嘴说说,不会有作用;等等。所以,心理健康教育的好坏乃是其他工作能否成功的根本保证,心理测量的准确度如何,心理咨询与治疗的效果如何,都依赖于罪犯对自己心理的正确认识及对这项工作的了解程度。而对罪犯的心理健康教育本身也可以提高罪犯的自我调节能力,起到预防心理疾病的作用。

二、对罪犯科学管理的需要

对罪犯入监分类管理需要心理学的手段,入监罪犯在进行心理测评等科学化的甄别后进行分类管理,甄别意见也是今后管理科学化的依据。另外,管教警察在日常管理中也都要有意识地使用心理学的方法,以增强管理与教育的针对性。而这一切手段的使用都与罪犯自身对心理健康的认识是分不开的。

三、提高改造质量的需要

新中国成立以来,伴随着监狱事业的不断发展,监狱的基础设施已日趋完善,对罪犯的改造由外在的约束逐渐向内在的矫正过渡,这使得传统的方法很难适应这一变化的趋势。由此,以关注人性为基础的、以提高改造质量为目的的罪犯心理矫治工作应运而生,而心理健康教育则正是矫治罪犯心理的前提和保障。因此,要提高改造质量,就要关注罪犯心理,就要探索适合罪犯心理特征的教育模式。

第二节　罪犯心理健康教育方法

一、将心理健康教育融入思想政治教育中去

现有的思想教育主要涵盖法制、道德、形势、政策、前途等内容,习惯于将思想教育的目标定位于促使罪犯形成正确的政治观念、高尚的道德品质,这当然是不错的,但是尊重是做好政治思想工作的前提。"通情才能达理",处于服刑期的罪犯,尽管丧失了人身自由以及一些外在的权力与地位,但其人格权并未丧失,而且罪犯都是成年人,其独立意识较强,一般具有很强的自尊心和自信心。因此,只有当罪犯的尊重需要即人格权获得满足时,与管教干部的良好沟通关系才能建立起来。相比而言,那种强制的说服、灌输和压制的态度与方法,很容易造成罪犯的逆反心理,导致罪犯形成"监狱人格"和作出阳奉阴违的行为。但这些目标的实现需依赖于正确的认知、良好的情感、坚强的意志,并需要罪犯的自觉内化,而这部分教育恰恰是属于心理品质修养的内容。著名教育家苏霍姆林斯基曾说过:"教学的效果,很大程度上取决于受教育者的内在的心理状态如何。"现代监狱政治教育要做到富有实效,它就必须改变传统的思想政治教育仅强调社会规范的要求,却忽视罪犯的个性心理品质的培养和心理需要的满足;改变那种简单地采取大而空的说教,以致造成罪犯的多重人格及知行脱节的状况;改变那种把因心理素质不佳引起的问题简单地当作思想品质问题,而一味采取惩罚、处分了事的状况。同时,通过对罪犯心理健康的教育,深入了解罪犯的个性心理发展的特点,加强政治教育的针对性,促使罪犯在情绪、情感、性格、意志等方面形成良好的品质,并最终达到化解矛盾,使罪犯形成良好的道德品质。而将心理健康教育引入思想政治教育在一些地方已不是什么新鲜事。据解放军报报道,解放军总后勤部直属分部某教导大队把心理健康教育引入官兵思想政治教育中去,积极开展心理疏导工作,确保官兵始终以良好的心理状态投入训练,收到了很好的效果。另据某报报道,枯燥乏味的中小学德育课变"活"了,纪律教育、法制教育、心理健康教育等内容也将"跻身"德育课;新型的德育体系将涵盖思想政治教育、品德教育、纪律教育、法制教育和心理健康教育等5个方面内容,强调以灵活多样的方式,从小事实事出发,培养学生健康的思想品德和心理素质;并以让学生填写成长经历的《成长册》等灵活的教学形式,改变过去德育课照本宣科的旧貌。因此,如果把心理健康教育融入思想政治教育中,找到心理健康教育和思想政治教育的最佳契合点,这样就能更好地发挥两者的作用。

二、心理健康教育与中国传统文化教育相结合

中国本土传统心理学历来具有德育化的倾向，认为好的仁德是心理健康的必要条件。《论语》曰"仁者不忧"，也就是说大凡讲仁德的人就不会忧愁。《大学》中也称"德润身，心广体胖"，其意指道德可以用来修养身心。中国传统德育的核心论题即关于怎样做人的问题，内含人格的培养和良好行为的训练。《论语》概括了做人的根本是义、行为的规范为礼、语言表达的准则是逊、人际关系准则为信，把生活的重心放在正确处理各种人际关系上，始终是儒家说教的重要内容。因此，在对罪犯进行的文化教育中融入中国传统文化以及与心理健康教育相结合，将会收到很好的效果。

三、将心理健康教育融入个别教育中

随着国内、国际大环境的变化，罪犯的心理问题表现突出，畸形心理是押犯中一个突出的共性特征。畸形心理有时会导致抗拒改造，甚至激化矛盾，严重威胁着正常的改造秩序。因此，在对罪犯的个别教育中应当正确区分一般思想问题和罪犯的心理障碍，适时运用心理学知识矫正罪犯畸形心理，培养其健康的人格。而个别教育的关键点则在于做到以情感人，只有这样才能达到教育人、改造人、塑造人的目的。

（一）要做到以情感人，首先要做到尊重罪犯的人格

罪犯的人格谈不上完美、健康、高尚，罪犯的社会地位和作用不可能崇高或伟大，但是，它是受到法律保护的。现实中，罪犯作为有七情六欲的人，他们从内心里希望人们把他们当人看待，获得必要的尊重，自己的人格不受侮辱。尊重罪犯的人格，罪犯自尊心才不会丧失，才有利于提高他们接受思想教育工作的自觉性。警察要注意加强自我修养，不要总以管理者自居，尽量在感情上拉近同罪犯的距离。尊重罪犯的人格，还必须关注罪犯的需要，即把耐心教育同为罪犯办实事结合起来，力所能及地解决他们的实际问题。

（二）要理解每个罪犯的具体环境、个性和心理

即在个别教育工作中，要实实在在地为罪犯着想，要多从每一个罪犯身上找出一些可以理解的因素，多采用换位思考的方法，从罪犯的角度多想想。比如，少数罪犯身体素质特别差，经常生病，劳动任务不能按时完成，在这种情况下，我们管理者应该设身处地想一想，如果发生在自己身上，应该如何思考，能否以一颗平常心处理。建立在理解基础上的个别教育工作，犹如心理治疗中的当事人中心疗法，以教育对象为中心，重视其人格尊严，将思想教育的过程，当作教育者为教育对象设置的一种自我成长的教育机会。教育者站在教育对象的角度，去理解他们的感情，

促成他们的成长；教育者不是单纯以理论去影响甚至强加于他们，而是提供自然、和谐良好的环境气氛，促进教育对象发生思想上的变化。个别教育工作实践也证明，在解决罪犯的思想问题时，从理解罪犯的感情出发，顺着罪犯的思路谈下去，加上个别教育者适当的分析和见解，达到最终解决思想问题的目的。

(三)对罪犯要满腔热情,诚恳宽厚

罪犯被判刑入狱，脱离家庭，离开亲人，在感情、生活等方面都渴望得到关心和理解，特别是当遇到家有危难之时或身体患病时，更是如此。个别教育工作中，教育者一定要关心罪犯的生活，了解罪犯的心理需求，注意罪犯的情绪变化，在法律和政策允许的情况下，要诚心诚意地为罪犯解决困难，努力为他们办实事。对罪犯关心的方式有多种多样，有时教育者一句带有人情味的话可以感动得罪犯流下眼泪，或者成为罪犯解决思想问题的转折点，这就是关心所带来的积极效应。

由此可见，把罪犯的心理障碍与一般思想问题区分开来，将心理矫治与培养罪犯健康人格融入个别教育，可以收到"事半功倍"的效果，并能为他们回归社会后适应社会打下良好的基础。

四、将心理健康教育融入出入监教育中

入监教育是教育改造第一课，必须认真搞好，要制定计划，编好教育材料，有步骤地进行一些入监心理调适，这一课搞好了，为教育改造罪犯打下了基础。入监心理健康教育要结合入监甄别，在对罪犯心理健康教育的基础上，进行心理测试，并结合犯罪史和生活史的调查，建立起对新犯"底数"情况、认罪态度、危险倾向、心理特征的评估预测制度，以强化对新收罪犯的情况甄别和针对性教育。

实际工作中，一般对新入监犯的入监教育重视程度较高，认为把好"入口"是稳定监管秩序的有力措施。所以教育时间、教育内容能够予以保证，罪犯通过两个月的入监教育，经考核达标后方可分流到其他监狱。而出监教育由于主观上认为罪犯即将回归社会，教育强度相对减弱，针对性不强，尤其是在出监教育中缺少罪犯由"监狱人"向"社会人"过渡的社会再回归教育、再就业指导和心理健康教育。出监教育可以针对罪犯出监前的一些心理状况设置心理健康课，进行出监前的心理调适和就业指导，同时，对即将出监的罪犯搞好强化教育、补课教育，还可以巩固改造效果。

五、将心理健康教育与监狱文化建设相结合

墙报、板报与监狱报以及电化教育系统、广播室都应该是心理健康教育很好的阵地，因为它们贴近罪犯生活，并容易为罪犯所接受。此外，在节假日监狱举行的文艺活动中还可以结合罪犯的生活开展一些心理剧，作为监狱文化的一个部分，这

也是一种寓教于乐的教育手段。心理剧就是让罪犯扮演自己生活中的某一角色，罪犯可以体会角色的情感与思想，从而改变自己以前的行为习惯。罪犯可以扮演自己家中的一位成员、同犯、朋友甚至警察，剧情可以是与罪犯的实际情况相近似的内容。在舞台上，罪犯所扮演的角色，其思想感情与平日的自己不同，他可以体验角色内心的酸甜苦辣，可以成为罪犯理想或幻觉的化身。

环境教育是一种潜移默化的教育形式，实施环境教育关键在于环境的塑造。不仅要塑造美观、适宜的硬环境，更重要的是塑造适合罪犯监内改造和良好行为养成的软环境。塑造环境，实质上就是建立良性循环的文化机制。罪犯群体中亚文化、负文化是最发达的，如何以积极的正文化来削弱和消除负文化的影响，显得尤为重要。可以说，环境是"一双看不见的手"。西方一些国家推行园林治疗，就是一种环境教育。某监狱在实施监区绿化美化的同时，着力对罪犯进行园林知识教育，讲解花木培植知识、花木背后的典故、文人墨客对花木的吟咏，既培养了罪犯的园林知识，又使罪犯养成了珍惜环境、保护环境的意识。

六、将心理健康教育融入对罪犯的社会帮教工作中

鼓励和支持社会志愿者参与对罪犯的心理健康教育，和监狱内部心理健康教育相结合，提高罪犯心理健康水平，提高矫正质量。首先是"走出去"，和精神病院、大学以及其他一些心理咨询机构保持密切联系，对于学术水平上的提高以及心理健康教育这项工作的开展可以起到一定的帮助作用。其次是"请进来"，实现教育力量的向外延伸，要逐步建立起社会教育资源信息库，并提高资源的共享度和利用率，构建好更富有实效的社会帮教工作网络，广泛联系社会工作者、社会志愿者、罪犯亲属等入监帮教，如某监狱开展的"百名母亲"进监活动，就是将罪犯母亲请进监狱，和监狱一起共同对罪犯开展教育帮教，起到了很好的效果。

著者根据监狱实际，结合心理学相关知识，编写了适合罪犯使用的心理健康教育材料，出于对罪犯心理感受的考虑，在此材料中，罪犯统一称为"服刑人员"。

第三节　罪犯心理健康教育材料

一、健康的概念

（一）什么是健康

.1.健康的含义

人的健康包括身体健康与心理健康两个方面。一个人身体与心理都健康才称

得上真正的健康。医学家认为健康的含义应包括如下的因素：①身体各部位发育正常，功能健康，没有疾病；②体质坚强，对养病有高度的抵抗力，并能刻苦耐劳，担负各种艰巨繁重的任务，经受各种自然环境的考验；③精力充沛，能经常保持清醒的头脑，全神贯注，思想集中，对工作、学习都能保持有较高的效率；④意志坚定，情绪正常，精神愉快。联合国世界卫生组织对健康下的定义是：健康不但没有身体疾患，而且有完整的生理、心理状态和社会适应能力。目前在我们监狱中，在服刑人员中普遍认为身体健康就是健康，大都在不同程度上忽视心理健康。这对提高人的健康水平与提高医疗效果都产生消极的影响。例如在现实生活中，人们往往重视营养，忽视饮食时的心理因素作用。人们注意身体的锻炼，而不重视心理的锻炼，甚至不知道什么是心理健康以及如何锻炼。其实，身体健康与心理健康是同等重要的。二者是相互联系、相互制约的，身心两方面健康是相辅相成的。

2. 心理健康的十大标准

既然心理健康是人的健康不可分割的重要方面，那么什么是人的心理健康呢？经过专家总结，提出如下十点标准：

(1)具有适度的安全感，有自尊心，对自我与个人的成绩有"有价值"之感；

(2)适度的自我批评，不过分夸耀自己，也不过分苛责自己；

(3)在日常生活中，具有适度的自发性与感应性，不为环境所奴役；

(4)与现实环境保持良好的接触，能容忍生活中挫折的打击；

(5)有自知之明，了解自己的动机与目的，并能对自己的能力作适当的估计；

(6)能保持人格的完整与和谐，人格是一个人在长期的经历过程中形成的独特的个性心理特征，个性心理特征形成后就具有相对稳定性，并在一切中显示其区别于他人的独特性，在没有重大变故的情况下，一般是不易改变的；

(7)有切合实际的生活目的，个人所从事的多为实际的、可能完成的工作；

(8)具有从经验中学习的能力，能适应环境的需要而改变自己；

(9)在团体中能与他人建立和谐的关系，重视团体的需要，接受团体的传统，并能控制为团体所不容的个人欲望或动机；

(10)在不违背团体意愿的原则下，能保持自己的个性；有个人独立的意见，有判断是、非、善、恶的能力。

了解与掌握心理健康的定义对于增强与维护服刑人员的健康有很大的帮助。服刑人员在掌握了人的健康标准后，可以以此为依据来对照自己，进行心理健康的自我诊断。发现自己的心理状况某个或某几个方面与心理健康标准有一定距离，就再针对性地加强心理锻炼，以期达到心理健康水平。如果发现自己的心理状态严重地偏离心理健康标准，就要及时主动地求助于心理咨询员，以便早期诊断与早期治疗。

(二)在服刑人员中普及心理健康的必要性

心理卫生可定义为：以积极的、有效的心理活动，平稳的正常的心理状态，对当前和发展着的社会和自然环境具有良好的适应功能。心理卫生的任务是按照个体的不同和年龄发展阶段的心理特征和心理发展规律,通过各种有益的教育和训练,以及家庭、社会的良好影响,来培养和维护健全的人格、健康的心理和社会活动能力,使人在学习、工作、生活、创造活动中保持身心健康,处于完满康宁的状态。

监狱的特殊性决定了在服刑人员中普及健康知识是十分迫切和必要的。

1. 监狱环境的特殊性

在狱内,容易使服刑人员产生过度紧张和恐惧,长期生活在这种环境中,若不懂心理卫生常识,缺乏自我排解心理压力的能力,长期的紧张和恐惧不但会加重原有的心理障碍,还会产生新的问题,尤其是新入监的服刑人员,极易产生拘禁反应,出现诸如恐惧、抑郁、孤独、焦虑、自卑、多疑、偏执、攻击等心理问题,严重者甚至出现精神异常。

2. 服刑人员群体的特殊性

服刑人员群体是一个复杂特殊群体,在个性上存在不同程度的扭曲,判刑入监后,有人为了多减刑,早一天出监,相互排挤,损人利己,许多人个性扭曲严重,甚至混淆黑白、颠倒是非,侵害他人,抬高自己,致使群体内部人际关系高度紧张,相互设防,缺乏正常的友谊。另外,由于原来的社会地位、家庭条件、生活环境差异很大,生活习惯和观念也有很大差别,这些都给服刑人员的正常交往带来了障碍、人际关系紧张和失调,对他们的心理、身体健康和社会适应能力造成严重的危害。

3. 服刑人员心理卫生的现状不容乐观

经过对服刑人员抽样测量和统计,92.7%的服刑人员存在不同程度的强迫、抑郁及失眠症状;80%以上服刑人员存在不同程度的焦虑、恐惧、人际关系敏感、敌对、偏执表现。经统计分析证实,改造中的服刑人员,其心理问题不但没有缓解,而且在敌对和偏执方面比新入监犯明显加重。这些不健康的心理还容易引发严重影响改造秩序的危险行为,如自杀、自残、脱逃、对抗改造等。

所有这些都说明,在服刑人员中开展心理健康教育是十分迫切的。

二、服刑人员中常见的心理问题

(一)服刑人员常见的不良心态

1. 自卑心理

自卑心理是一种认为自己在某方面不如别人而轻视自己的心理。自卑的人总是在心里把自己与别人进行比较,越比越觉得自己渺小,越比越容易失去自己。有些服刑人员只看到自己的缺点,无视自己的长处,不能发挥自己的优势和特长,常表现为忧郁、悲观、离群、缺乏进取心、自我评价较低、自我封闭等。自卑是人际关系的大敌,它容易把人的交往缩小在一个狭小的范围内,影响着个人的发展。

2.猜疑心理

猜疑心理是指常用不信任的眼光看待周围的人和事,一旦看到别人议论什么,就认为别人在讲自己的坏话,无端猜疑,捕风捉影,节外生枝,说三道四。猜疑心理的实质就是人与人之间缺乏信任感,一是对他人言行举止的不信任,二是对自己相关素质缺乏自信。

3.冷漠心理

冷漠心理是一种感情上的冷淡、呆板,表现为个人与他人关系的疏离,待人不热情,不愿意别人过多地占用他们的时间,对别人容易产生怀疑,通常形只影单,独来独往,少言寡语。

4.嫉妒心理

有嫉妒心理的服刑人员对他犯的才能,获得的表扬、奖励、减刑的多少等抱有一种怨恨情绪,总认为他人超过了自己,好事都让别人摊上了。面对他犯的成绩或优点,心理失衡,于是千方百计地贬低别人。

5.自私心理

自私心理是一种只考虑自己利益而不考虑他人或集体利益的心理。这种心理也是造成人际关系失衡的一大障碍。

6.自负心理

自负心理主要表现是只关心个人的需要,强调自己的感受,在人际交往中表现为目中无人。自负产生的原因有多种,其中一个重要的原因就是片面的自我认识。当一个人只看到自己的优点,看不到自己的缺点时,往往会产生自负的个性。

7.敌视心理

这是交际中比较严重的一种心理问题,这种人总是以仇视的目光对待别人。

8.报复心理

报复心理一般都有明确指向性,它总是针对具体的人和事作出反应。报复心理实质上是一种对立的情绪,而任何一种情绪都有发泄性。

(二)服刑人员常见的不良情绪

1.焦虑

焦虑是一种由紧张、焦急、忧虑、担心、恐惧等感受交织而成的情绪反应,它可能在人遭受挫折时出现,也可能没有明显的诱因,即在缺乏充分根据的情况下出现某种情绪紊乱。

大致来说,产生焦虑的原因有以下几种:

(1)服刑人员的个人利害遭遇。这种利害关系与服刑人员个人关系最密切最直接,一旦发生,则危险性、威胁性的程度比较强烈,为自身力量所难以克服。如有的服刑人员因种种原因没有记功、减刑,或是犯了错误被关禁闭等都可能引起焦虑。

(2)服刑人员的不适应。新投改的人员,对监狱不适应,新调动的人员对新的环境不适应等，会引起服刑人员短期和长远反应。

（3）各种灾难的发生。如服刑人员突然生病或是家庭发生变故。

（4）学习引起的焦虑。由于年龄偏大，精力不足，基础较差，一些服刑人员很难学进去，而学习又与改造紧密挂钩，致使服刑人员紧张、焦虑。

（5）交往上引起的焦虑。一些服刑人员害怕能力差被干警耻笑，害怕社会经验不足在与他犯交往中吃亏上当。

焦虑犯人应加以控制焦虑情绪，首先要培养积极的生活态度，要以欣赏的态度来看待世界。在处理问题时，不要走极端。其次，要有良好的交往，要多与别人交流，接受别人安慰，减轻自己的痛苦。再次，要在条件许可的情况下，多参加一些娱乐活动，如打球、下棋、看报等，转移注意力，调节身心。

2. 抑郁

抑郁是精神长期受压抑而产生的较持久的情绪状态。服刑人员抑郁情绪的产生原因大致有以下几点：

（1）失落感。就服刑人员来说，入狱前的尊严、荣誉、权势、复兴的丢失，都会产生失落感。另外，服刑人员家中亲人亡故、离婚、家人长期不来接见，也都可能引起他们抑郁情绪的产生。

（2）认知偏颇。即服刑人员对现象的评价，归因不符合客观实际并歪曲现象。如有些犯人认为"干警闲着没事，故意找茬，和我过不去"，无端怀疑别人在背后说坏话、打小报告等。

（3）性格缺陷。性格内向，胆小怕事的犯人，因自己常处于担惊受怕中，心理不踏实，其结果是胆子越来越小，困难越来越大，在这样的状态下，很容易产生抑郁情绪。

抑郁的服刑人员要加以控制自己的不良情绪。首先，要锻炼个性，抑郁是内向者易患的负情绪，应抛去自卑人格，告别过去，把握未来；其次，应相信别人，也要相信自己，要减少对别人的偏见和误解，也要相信自己，无论多大的困难都能克服；再次，要看到光明的一面，不要钻牛角尖，任何事都有光明的一面，而只有对光明的肯定与向往，人们才能走出抑郁之门。

3. 冲动

对事物往往做出爆发性反应，稍不如意就火冒三丈，易于爆发愤怒冲动。行为不可预测和不考虑后果，不能在行动前事先计划，行为爆发时不遏制，行动前有强烈的紧张感，行动之后，体验到愉快、满足和放松感，无真正的悔恨、自责或罪恶感。

4. 压抑

压抑是指心理上感到不爽、抑制、沉重、烦闷的消极心理。压抑通常表现为心情沉闷、烦恼不堪、牢骚满腹、暮气沉沉，时不时有股无名火，似乎一切令人生厌，既不能分享他人的喜悦，也不能分担他人的忧愁，对他人的喜怒哀乐无动于衷，难以发生共鸣，失去广泛的兴趣，成天拘泥于自我约束之中，心中似有块石头难以消除，严重时还会有绝望之感。

解决压抑的途径主要是要理解并协调诸如需求与能力以及人际交往中人与人的关系,即需求不能脱离自身现有的能力而好高骛远,漫无边际,个人愿望不能违背社会准则和要求而为所欲为,在人际交往中要互帮互爱、心理相容,既能悦纳他人,也要被他人所接纳,只有理解并协调这些关系,才能消除产生压抑感的源头。其次,当压抑感产生时,要及时疏泄,可以与知心朋友促膝谈心,倾诉衷肠或者给知心朋友秉笔直书、抒发胸怀。

三、服刑人员心理问题的解决途径

(一)要注意入监初期的心理调适

服刑人员入监初期,由于角色的转换,原有社会地位的丧失,生活环境的急剧变化,心理落差加大,在认知、情感、意志、行为上,一时难以适应监狱生活。入监初期心理问题的调适要注意以下几个方面问题。

1.熟悉环境,适应环境

熟悉了解的主要渠道:一是入监教育,是改造的入门课;二是通过监狱管教人员的个别谈话教育;三是向先期入监的服刑人员请教,从他们积极改造的行动和成果中吸取有益的经验,走上积极改造之路。

2.接受现实,置换角色

从思想上、心理上坦然承认自己的罪犯身份,并按照罪犯改造行为规范的要求规范自己的言行。这是迈好改造第一步的关键,也是入监初期服刑人员调适不良心态的重要方法。入监前有一定地位的罪犯因存在较大的心理落差,尤其更应当注重自我角色的调整。

3.确定目标,充实生活

你的改造生活是充实还是空虚?你的精神应该寄托什么?很显然,赋予自己积极的热情,投身于各项改造任务,让自己的改造生活丰富充实,建立一种只要付出必有收获的精神寄托,应是正确的选择。

4.调节情绪,改善心情

认清现实,调整好自己的情绪,勇敢地面对一切。

(二)要建立和谐的人际关系

1.与管教民警如何和谐相处

(1)尊重理解。管教民警和服刑人员在人格上是平等的,服刑人员在渴求自身人格得到尊重的同时,也要尊重管教民警的人格。尊重管教民警对问题的处理。

(2)端正态度,言行得体。日常交往中更要注意检点自己的言行,做到言行一致,举止得体。如向管教民警请示问题、汇报思想一定要语气温和,用词得体,态度诚恳,无论是书面汇报,还是口头汇报,均要注意这一点。

(3)积极沟通,消除误解。

2.服刑人员之间人际关系处理技巧

(1)择友要慎。人脉就像空气那样重要,经营人脉是我们每个人的必修课。

(2)理解关心。平时在生活中互相关心,年轻点的,可以帮助年老体弱者,身体健康的可以帮助那些身体有残疾、活动不便的同犯。

(3)监督提醒。当发现对方有缺点,或某件事情做得不适当、不正确的时候,不要一味地隐瞒、庇护或装作不知道,要以让人能够接受的方式及时指出来。

(4)学会拒绝。不敢拒绝别人的原因主要有怕给别人留下不好的印象,伤了别的人面子。理智判断,究竟自己是不是应该说不? 有时候应该说"是",有的时候应该说"不"。标准很多:比如不能做违法的事情,不能做自己力所不能及的事情,不能做侵害他人利益的事情。

(三)学会自我调节

1.自我反省

不同的人对外界的同一刺激之所以会产生不同的看法和评价,甚至有的会因此产生心理问题,主要是源于他所持有的信念。当人们所持有的这种信念本身就不正确时,他在遭遇外界刺激时就容易产生不正确的看法。如果这种冲突长时间存在并持久地作用于某一个人,他就会产生心理问题甚至是心理障碍。因此,要想消除心理问题和心理障碍,首先就应纠正不当的认知。作为服刑人员而言,除了要在管教干警、亲戚朋友以及社会团体的帮助下,改变原有的认知外,还应注重日常的反省,检点自己,以保健康。

一是要正视现实。对于服刑人员而言,周围的一切都是客观存在并且不容改变的,无论承认不承认,它们都将伴随着你的改造历程。

二是要承认过去。许多服刑人员投改以后,不愿也不敢承认自己的过去,采用或否定或避而不谈的方式,拒绝回顾过去。这在心理学上就是消极心态的反映,是服刑人员自身心理脆弱的表现。因此,服刑人员只有敢于承认过去,才能很好地规划未来。

三是规划未来。所谓规划未来就是要根据自己的实际情况和社会发展趋势,超前准备,为自己刑满出监后就业谋生、重新适应社会而早作打算。

2.积极转移

这里所说的转移,是指服刑人员有意识地将自己的注意力或注意的焦点从一件事情转到其他事情上,让其他事情来占据自己的思维空间,从而冲淡、缓解自己不良的心境。

可以使用的转移法主要有以下3种:

(1)兴趣转移。适当地转移兴趣,使其指向自己偏好的一方,就可有效地调节自己的情绪。

(2)情境转移。就是要将自己的心境从一种情境转移到另一种情境之中。

(3)情感转移。

对于身处大墙之内的服刑人员而言,及时地将自己的情绪进行暂时转移是非常必要的。如服刑人员之间因琐事而发生争吵,双方情绪激动,剑拔弩张,有大打出手之势时,若是双方能及时转移自己的情绪,想一想打架之后将会受到的惩罚以及惩罚带来的痛苦,激动的情绪可能就会冷却下来。

如服刑人员在得到亲人去世的消息后,都会有悲痛欲绝的感觉,有的服刑人员甚至因此而失去改造的动力,情绪一蹶不振,改造变得没有目标。此时能将失去亲人的悲痛化作强烈的愧疚感,让自己感到有愧于逝去的亲人,并因此而激发自己积极改造,弥补过去所犯的错误,那么在日后的改造过程中,目标就会变得清晰明确,改造的动力也会大增,悲痛的感觉也会逐渐被不断取得的改造成果所抚平。

3. 换位思考

通过积极的换位思考,要学会尊重他人。这就是说,在设身处地、将心比心地思考以后,要学会理解别人,尊重别人的选择。如果一名服刑人员坚持不尊重别人的态度,那么,长此以往,不但其自身的心理得不到平衡,而且别人也会越来越不尊重他,也不会考虑他的利益。

尊重他人,首先就应该相信他人,而不能老是以怀疑的眼光看别人。其次,要平等待人。既不能自以为是,盛气凌人,将自己视作高人一等,也不能自暴自弃,垂头丧气,把自己什么都看扁了。

4. 自我欣赏

自我欣赏就是自己鼓励自己、自己表扬自己,它是指通过寻找一些适当的对象与自己相比,以此让自己从中感到自己优越于别人的方法。

第一,不要害怕暴露自己的弱点。无论是谁,都会有缺点和不足之处,而认为自己是完善的人,都是愚蠢而荒谬的。

第二,要学会自我解嘲,知足者常乐。

第三,切莫自暴自弃。

第四,应建立适当的目标。对于服刑人员而言,刑期虽然是有限的,但毕竟是人生道路上的一段历程。如何走好这段路,使自己能够有所收获,是每一名服刑人员都应该思考的。建立一个值得为之奋斗的、通过努力可以实现的目标,精神上就会有所寄托,行动上就会有动力;在日常的生活中,也就不会被周围的琐事所累,并因之而情绪忽高忽低。这样,改造的道路就会变得充实,生活就会充满活力,心理上也就会得到平衡。

5. 倾诉宣泄

事实上,倾诉是件很普通的事,它是人的"一种天性",有些服刑人员生性多疑,不愿相信别人,认为若是把自己的心里话告诉了别人,说不定他守不住这个"瓶口",这些服刑人员在遇到挫折、心情烦躁、烦恼不安时,不是找人"一吐为快",而是埋在心里,独自"享受"。但时间一长,日积月累,大有"积忧成疾"的可能。在服刑人员中,还有一部分性格偏内向,不善言语,平时很少与人交流。

至于如何倾诉,其实很简单,它跟平常的讲话一样,只是需要在倾诉之前选准对象,他既可以是改造表现好的服刑人员,也可以是管教警察,还可以是监狱专职、兼职的心理咨询员。

6. 自我控制

与性情陶冶法紧密相连的是自我控制法。自我控制法就是有意识地训练自己的自我控制能力,对不健康心理进行自觉的控制。要正确对待生活中的各种刺激,及时地调节好自己的情绪,避免不良情绪的延长。同时,还可以运用一些调控情绪的具体方法:

(1)暗示调控法。它是通过自我暗示,实现心理的调节,对可能发生的错误保持必要的警觉。自我暗示就是在不良情绪产生时,自己提醒自己,心理学家曾向那些容易冲动的人提出建议说:"当你们想发怒时,可反复默念一些格言。"

(2)呼吸调控法。它是通过减慢呼吸的速度,使紧张、急躁、愤怒等不良情绪得到较快的缓解,防止因失控的激情而发生错误。

(3)标记调控法。它是通过建立特别醒目的标志,来提醒自己控制情绪,避免犯错误。例如,林则徐为了改正自己易发怒的缺点,就在自己房间的墙壁上写了"制怒"两个大字,以便时刻提醒自己控制冲动的情绪。

(四)积极主动地寻求心理咨询帮助

1. 为什么要对服刑人员进行心理测验

所谓心理测验,通俗地说,就是通过分析受试者对测验题目的反应,推测受试者的心理品质的一种方法。

心理测验主要分两种:一种是智力测验,主要是以测量人的感知记忆、思维和想象、认识能力为目的的测量;另一种是人格测验,是指测量情绪、气质、性格的测验。我们对服刑人员的心理测验和诊断主要是人格测验。

心理测验的功能,不外乎两个方面,一是通过测试,服刑人员可以科学地认识自己。根据测试结果,在个性上扬长避短。二是诊断功能,通过个体方面的心理差异,查明个体心理特征,发现其个性缺陷,为心理咨询提供依据。

我们对服刑人员进行心理测验的形式大体有两种,即:个别测验和团体测验。个别测验主要是心理咨询员在咨询过程中,为了确定求询者某些心理特征,或求询者自己感到有心理障碍,主动提出要求的可进行个别测验。团体测验是在同一时间内由一位主试对多个服刑人员施测。

现举在监狱内常用的心理测验来说明这个问题。在监狱内我们常用的心理测试是16PF,也就是卡特尔16种人格因素测验,它把一个人的人格划分成16项,比如第一项就是孤独和外向,根据你的测试得分可以判断你是偏于孤独还是外向的;又如顺从还是固执,也可以根据你的测验得分判断出,再有就是直率还是精明、退却还是敢为等,由此我们可以看出来,心理测验测出的到底是什么。

因此,服刑人员应打消顾虑,实事求是地认真完成心理测验。我们过去较多的凭经验猜测、估计服刑人员的心理人格，因而常常出现偏差。心理测验的推广将使我们更准确地了解服刑人员的个性特征、心理健康状况，我们可以有针对性地做好对服刑人员的管理、教育和咨询。

另外，通过心理测验我们可对服刑人员进行阶段性改造评价，刑满时，也要进行心理测验，对服刑人员在狱内的改造效果进行评估，以便我们不断完善改造手段，以获得更好的改造效果。

2.去心理咨询的人是"头脑有问题"吗

在服刑人员中对心理咨询有一种误解，认为去心理咨询就是头脑有问题，脑子有病等。持这种想法的人，他们不清楚一个最基本的事实，那就是人不是钢铁，就是钢铁也有疲劳和断裂的时候，所以，无论什么人，什么时间，心灵总有某个方面、某一部分是需要甚至是渴望交流和抚慰的。现在的社会，强者和弱者的真正差别莫过于心理素质上的差别，所以说真正的强者应该是勇于面对困惑，积极寻求帮助的人，而不是胆怯、回避者。

有些人认为去心理咨询的人就是"病人"，进行心理咨询的人是"医生"，或是认为去心理咨询就是"和干部谈话"，这也是对心理咨询工作的不了解。其实，来心理咨询的人既不是"病人"也不是"犯人"，我们把进行心理咨询的人员统称为"来访者"或是"求询者"，而进行心理咨询的人员既非"医生"也非"干部"，而是"咨询员"。"来访者"和"咨询员"的关系应该是相互信任、亲近的关系。

广大服刑人员应丢下包袱，主动求咨，因为对于任何人来说，去心理咨询对自己都不是一件坏事。

3."咨询员"是不可依赖的吗

在咨询过程中，有些人认为咨询人员不可依赖，因此也不愿吐露自己内心的真实想法，有这种想法的人，也是对心理咨询工作不了解，对来访者负责，以来访者利益为重，是心理咨询的一大特点。咨询员在咨询过程中的所言所行立足于对来访者负责，凡有损于来访者根本利益的，不利于咨询活动的言行均应避免，保密是对来访者负责这一原则指导下的具体要求，而且十分重要，因为离开了保密，就失去了来访者对咨询员的信任感和对咨询的安全感，咨询就难以正常进行。保密既是职业道德的要求，也是咨询工作的需要。

来访者对咨询员应充分信任，因为来访者对咨询员的信任、亲近、可靠感是使咨询成功的重要因素，来访者说话要客观、全面，不要有意回避和隐瞒，咨询员才能有效地运用技巧和方法，来访者对咨询员的提示要认真思考，才能最大限度地接受咨询员给予的影响。

4.心理咨询只是用嘴说说，解决不了什么问题吗

在咨询工作中，许多来访者对心理咨询抱有两种不同的倾向，一是夸大心理咨询的作用，典型的表现是不愿谈自己心理问题产生的前因后果，只是笼统地说："我很烦，很痛苦。"然后就问咨询员怎么办，以为开一个处方，就像动手术一样，一刀下

去,心理问题就被切除了。二是缩小心理咨询的作用,以为心理问题是一般性的安慰,或是在讲"大道理",认为不打针,不吃药,单凭几次谈话,怎能治好顽固的心理疾患呢?

这两种倾向,前者把心理咨询简单类比为躯体治疗,没有看到心理咨询的目的和效果产生的基本都是来访者自身心理上的主动改变;后者不了解心理咨询不同于一般的安慰,就在于它是要使人成长,这里的成长就是通过咨询的过程,使来访者自己想通了,认识问题的本质,知道该怎么做,达到人们常言的心理平衡。由此,心理咨询力图使个人不愉快的经历当作自我成长的良机,它竭力使人们积极地看待个人所经受的挫折和磨难,从危机中看到生机,从困难中看到希望。同时,心理咨询又是寻求解决问题的方法,但是再好的方法,也不能代替来访者自身的领悟和实践,一貌似简单的方法,领会不难,但要领悟到它真正的作用,都往往是在付诸实践之后,心理发展或变化是通过不断的实践才积累起来的。对来访者来说,如果不仅能听懂"大道理",而且创造性地把"大道理"运用到自己的实践中,把它和个人实际结合起来,问题可能也就解决了,许多人正是因为轻视了咨询中的道理和方法,不用心去琢磨、实践、领悟,因而总也跳不出自我设置的怪圈。

因此,要注意克服以上两种倾向,不能对咨询员有过分依赖的思想,同时,要积极配合咨询,按照咨询员的要求去做。

5. 主动寻求心理帮助

服刑人员有这些误解,就在于对心理咨询不了解,因此应多了解一些心理咨询方面的知识,消除误解,提高参与心理咨询的主动性。

所谓心理咨询就是帮助那些生活中遇到逆境而产生情绪矛盾或有心理障碍的人们处理矛盾,应付危机,改善人际关系,提高适应力,预防与心理因素有关疾病的发生,帮助其恢复心理健康的过程。

所谓服刑人员心理咨询就是给求询犯人以帮助、启发和指导,使他们认识到自己的心理状况,自觉调节自己的心理状态,另外,对犯人存在的心理障碍或轻微心理疾病进行诊断和治疗,使他们扫除改造中的精神障碍,恢复和保持心理健康,进而促使人格全面发展。

那么,心理咨询到底给人以什么样的感觉?心理咨询不求教训他人,而求开导他人;心理咨询不是要替人决策,而是要帮人决策;心理咨询的首要任务是思想沟通;心理咨询是人的精神享受,而非见不得人的事情;心理咨询应增强人的自立能力,而非增强其对他人的依赖;心理咨询确信人皆可自我完善,而非人不能自我逾越的。

因此,服刑人员应丢掉思想包袱,勇敢地走近心理咨询,解决自己心理上的问题,换一种方式面对生活。目前监狱里咨询的方式主要是门诊咨询,而门诊咨询也是心理咨询中最有效的一种咨询方法,也就是指咨询员在心理咨询室对求询者提出的各种心理问题给予劝导、帮助。

6.服刑人员向心理咨询员求询应注意哪些问题

（1）把心理咨询员看作是一个特别亲密的朋友。心理问题,大多要有情感上的倾诉,这是求询者和咨询员的共同愿望,一点儿也不矛盾,且咨询员会对你的"泄密"给予绝对保密。因此,面对心理咨询员,要尽可能敞开心扉。

（2）一些求询者存在种种顾虑,有的人说到一半时忽然又后悔了,改变了主题;有些人因怕露丑、害羞等原因不肯诉说关键的问题,这都不利于达到医治心病的目的。对咨询员的提问最好是有问必答,使咨询员的分析、判断更准确。

（3）不要期望由心理咨询员给你"决策"。比如说离不离婚,与恋爱对象是否继续保持关系等问题,不少求询者希望咨询员给一个明确的答复。而心理咨询员的职业准则恰恰是避免这种不能完全负责的"硬性指导"。他们只能给你讲些观点和道理,启发、疏导你的"症结",最后的"大主意"还得由你自己拿。

（4）不要希望一次咨询就能"根治"。解决心理问题往往要有一个过程,那种希望"一点通"、"仙人指路"的走捷径想法是不现实的。通过心理咨询,咨询员会根据求询者的实际情况,提出一些自我调适、自我矫治的方法,然而,咨询员所提供的一些方法的落实,关键在于求询的服刑人员要坚持在实践中自觉运作。有的服刑人员按咨询员提供的方法试了几次,认为没啥效果,进而又我行我素,这不仅浪费了时间,又害了自己,只有坚持不断地向自己不健康的心理进攻,才是人的主观能动性的最好体现。

（5）对于有关"性"或是涉及"干部"的这类敏感问题,可以向心理咨询员谈及,不必过分紧张。如果与咨询员面谈不便,还可以通过书信等其他方式交流。

案例剖析

一个将心理健康教育和个别教育相结合的案例

某监狱罪犯高某,因抢劫罪被判处有期徒刑15年。该犯凭借自己有一些专业技术,总觉得自己高人一等。经过对该犯的心理测试、分析后表明:以自我为中心,主观、多疑、固执、容易激动、自尊心强、自我评价过高、好幻想,对干警有抵触对抗情绪等。根据该犯的表现,通过分析,监狱警察认定该犯有偏执心理障碍,而不是一般的思想问题。于是,警察应用有关心理学知识对高某进行个别教育,并逐步培养其健康的人格。警察运用谈心、闲谈、拉家常等方法,避开问题本身,谈个人阅历、形势变化以及其回归社会后的就业前景等。在聊天中,注意听取该犯的观点,即使其观点是错误的,也让该犯陈述完毕,并对该犯在聊天中的部分正确观点表示赞同,以避免其产生对立情绪,消除其戒备心理。同时,也加深了彼此间的信任。其间,警察不失时机地向他讲述警察的职责和任务,使他对警察形成初步认识,逐渐改变了其对警察存在的对抗心理。同时,因势利导,让该犯明确自己的角色、身份，引导其克服自己主观、多疑、固执的心理，疏通其狂躁、易激动、好幻想等心理，使该犯逐渐建立起与别人的信赖关系。为防止该犯偏执心理转化后出现反复、波动，一方面，警察还运用激励与心理调适相结合的方式，使其建立正确的人生观，有针对性地对该犯的以自我为中心、自我评价过高、好幻想等心理进行矫治；另一方面，运用帮其排忧解难的方式，坚定其积极改造的信心。分监区警察还前往该犯原籍，与该村村委会以及该犯父母协商，每年由其父母、村委会给予该犯妻子及子女适当的经济补助，以帮他们度过生活难关。后顾之忧的解决，进一步稳定了该犯的心理。第二年该犯就被评为监狱级改造积极分子。

第十一章　罪犯心理矫正

第一节　罪犯心理矫正概述

一、罪犯心理矫正的概念

从广义讲，凡是通过言谈、举止、表情、态度、环境气氛、使用相关仪器给出的信息等良性刺激和因素，以减轻或消除病犯心理疾病症状，都被称之为心理矫正。从狭义上说，心理矫正是指在良好的矫正关系基础上，由经过专门训练的矫正者运用心理学的理论与技术对患者进行帮助，以消除或缓解患者的问题和障碍的过程。心理矫正一般具有以下几个特征：①矫正者必须经过心理学或医学专业训练，具有心理矫正的专业知识和技能；②矫正者与患者之间必须建立起良好的矫正关系；③矫正手段为以心理学理论为基础的方法与技术；④利用各种针对性的矫正方法和技术改变患者的认知、情绪和行为，调动患者的主观能动性，改善或消除病犯的心理障碍，使病情好转乃至康复，是心理矫正的最终目的。

二、心理矫正的类型

依据心理学的主要理论与矫正实施要点，可以分为五类。

(一)分析型心理矫正

这类方法在于帮助病犯进行内心分析，将病犯受幼时经验影响而形成的无意识冲突转化到意识层面，从而使病犯理解自己的内心动机，领悟到症状的真正原因，并使症状失去存在的意义。

(二)认知型心理矫正

这类方法认为，人对主客观世界的认知都会影响其情绪和行为。非理性的认知和信念导致不良情绪和行为的产生。如果用理性的认知和信念去替代非理性的认知和信念，就会改善病犯的情绪和行为。

(三)行为型心理矫正

这类方法的理论基础是巴甫洛夫的经典条件反射原理、斯金纳的操作条件反射原理和社会学习理论。这些理论认为，人的任何行为都是通过学习获得的，人的反常行为经过适当的奖惩，使当事人通过另外的学习而得以矫正。

(四)人本型心理矫正

这种方法认为，任何人在正常情况下都有着积极的、奋发向上的、自我肯定的无限的成长潜力。如果人的自身体验受到闭塞，或者自身体验的一致性丧失、被压抑、发生冲突，使人的成长潜力受到削弱或阻碍，就会表现为心理病态和适应困难。如果创造一个良好的环境使他能够和别人正常交往、沟通，便可以发挥他的潜力，改变其适应不良行为。

(五)整合型心理矫正

行为矫正家把认知心理学的语言、理论、技术融合到行为主义的刺激-反应模式中，心理分析学家也接受了学习理论，环境因素的致病作用和行为主义学派的语言。认知行为矫正是心理矫正整合的典范，他们既反对行为主义的刺激-反应模式，也不完全接受心理动力学的观点，特别注意人的思想和理念，认识到人的外在表现实际上是深层认知结构的反映。这种认知结构的形成与过去的经历有关。在理论整合方面，有人试图寻找一种综合的理论，用更熟悉和合理的概念来解释心理障碍的成因和心理矫正生效的机制，指导临床实践。

三、罪犯心理矫正的原则

在罪犯心理矫正过程中，医生必须遵循接受性原则、支持性原则和保证性原则。三者是一个相互联系和影响的有机整体，但首要条件是必须遵循接受性原则。

(一)接受性原则

接受性原则，亦称"倾听"(对矫正师而言)或"倾诉"(对病犯而言)原则。其基本要求包括：一是矫正师对所有求治的病犯，不论其地位高低、年龄大小、症状轻重、初诊再诊，都要一视同仁，热情相待；二是要深信病犯的理性和康复的潜能；三是要尊重病犯，特别是求助的病犯。由于"监狱化"的结果，病犯的智能下降、自卑、敏感，如果医生在言语、表情、态度和举止等方面稍有不尊重病犯的表现，就会使病犯更加感到自身的卑微和无能，从而也就不愿暴露自己的内心情感，使矫正难以进行。因此，矫正师只有诚心诚意地去倾听，才能取得病犯的信任，也才能使病犯倾诉自己压抑很久的内心感受。

病犯能够毫无保留地倾诉，矫正师能够诚心诚意地倾听，这本身就具有了矫正作用。在这一矫正过程中，病犯的情绪会得到安定，心理障碍会明显改进。所以，接受性原则是心理矫正中的一条关键原则。

(二)支持性原则

在矫正师充分了解病犯症状的病因后,就可以运用心理学的理论和心理矫正的技术,给病犯不厌其烦地解释,帮助病犯找到一个适合的解决办法,并在心理上给病犯鼓励和支持。遵循这一原则应当注意两点:一是解释必须有据可循,有充分的说服力;语调要温和、坚定、慎重,具有亲和力。二是对悲观消极、久治不愈的重症病犯,矫正师要不厌其烦地解释疏导。一次不行,可以进行多次,通过反复给予鼓励和支持,使病犯感受到一种强大的心理支持力,从而调动病犯的心理防卫机能和主观能动性。

(三)保证性原则

保证性原则,是指在心理矫正过程中,矫正师逐渐对病犯的心理症结和病理机制等有了深刻了解,并对病犯加以说明、解释和保证。矫正师要充分利用心理矫正的人际沟通和心理相容原理,在心理上给予保证,逐步解决病犯的具体心理问题,进一步提高疗效。

对病犯而言,还必须遵循主观能动性原则。如果只有矫正师的接受、支持和保证,而不注意引导病犯对自己的心理疾病进行正确认知,充分发挥和调动病犯自我调治的主观能动性,也不可能取得良好的心理疗效。具体要做到:①要有真实的求治动机,这是心理矫正能取得成效的关键因素。通过矫正师的帮助和引导,病犯对自己要有一个正确的定位,即知道自己存在优点、长处与短处、缺点,并且有愿意改变自己问题的动机。②要相信自己的理性和潜能,相信自己经过努力是可以治愈的。同时,还需有积极的行动使这种改变成为现实。③病犯要对自己具有责任心。"监狱化"的结果往往使罪犯具有较强的依赖心理,因此,在矫正病犯的过程中,必须要使病犯克服这种对矫正师的依赖性,激发起病犯对矫正的责任心,让病犯积极参与到心理矫正中去,与矫正师相互配合、共同努力。

四、罪犯心理矫正的目标

(一)解除病犯的症状

精神与身体不适或心理问题都会妨碍求治罪犯的适应,并因此而造成心理上的痛苦,所以心理矫正的主要目的是解除求治者在心理或精神上的痛苦,或帮助解决其无法自己解决的心理冲突。例如,用心理矫正方法(系统脱敏疗法、满灌疗法、厌恶疗法等)矫正求助罪犯的恐惧、焦虑心理等。

(二)提供心理支持

在急慢性应激状态下,求治罪犯因应付不了或忍受不了危机的环境,从而产生心理疾患或障碍。心理矫正可以帮助他们增加对环境的耐受性,降低易感性,提高心理承受力,增加应付环境和适应环境的能力,使之能自如地顺应和适应社会。这方面的心理矫正技术有危机干预、应激应付、应激免疫训练等。

（三）重塑人格系统

这一点尤其被深层心理学流派（如精神分析等）所强调，他们认为，只有重塑人格系统，才能从根本上改变求治者的病态心理和不良行为方式。矫正的内容包括：帮助求治者理解自己、分析自己情绪冲突的原因，获得内省能力，以了解意识和潜意识的内容。其矫正方法可分为两大类：一类为指导性的，一类为表达性的。前者是针对求治者存在的心理问题，由施治者进行劝告、建议、指导、解释；后者又称非指导性的。在心理矫正过程中，求治者处于主导和中心地位，施治者以倾听为主，居被动地位，但仍应努力营造良好的气氛，使求治者在讲述自己心理问题的过程中完成自我理解，达到自己解决自己问题的目的。总之，无论采取哪种方法，施治者期望达到的仍是重塑求治者成熟人格的目的。

五、罪犯心理矫正的技术

心理矫正是比较深入的层次，在这一阶段中，采用何种矫正技术，心理矫正师的水平、态度，病犯与心理矫正师的配合等都会直接影响矫正的效果。因矫正方法不同，这一阶段的步骤也各异。关于矫正的技术问题，有些技术，如倾听、解释等与咨询相似，这里重点介绍移情、反移情和防御方式。

（一）移情

移情是病犯把过去生活里与他人关系中产生过的情感转移到矫正师身上。这种移情对下一步的矫正具有积极的影响，但是矫正师必须充分认识，若处理不当就会产生不利影响。例如，增加病犯对矫正师的依赖性，移情成为某种形式的矫正阻力，病犯不愿意结束矫正关系，以致病情出现反复等。矫正师根据移情的具体情况，或让其自生自灭，或进行必要的解释。

（二）反移情

亦即医生自己未经解决的对某个主要人物的情感转移到病犯身上。这种反移情会影响到医生对病犯的正确理解，使其失去判断能力，因此医生必须对此有清醒认识。

（三）防御方式

就总的意义来讲，防御机制可以理解为是自欺的各种手段。它们助长了我们向自己撒谎。这些谎言的目的在于：当任何形式的信息有降低某人自尊心的危险时，它们有助于提高他的自尊心。防御机制被认为是一种常态行为方式。它们的存在相当普遍。但是，如果它们被过分地应用或干扰生存中的有效功能作用，它们就可能变成神经过敏或者适应不良。为了应付焦虑，自我必须要有办法来处理这些情况，自我防御机制否认或歪曲现实，在无意识水平运作，当自我防御机制不常应用时,自我防御机制在减轻压力中有适应性价值。然而,如果它们频繁地应用,这就变成病态了,个体形成了回避现实的风格。

(四)阻抗

阻抗是指阻止那些使自我过分痛苦或引起焦虑的欲望、情绪和记忆进入意识的力量。阻抗作用在意识中使人拒绝承认实际上影响他的行动和经验的潜意识动机。在心理矫正中,正确解决病犯的阻抗与移情现象,是获得矫正成功的关键。解决病犯的阻抗问题,矫正师要有耐心与技巧,随时要作观察记录与分析,并针对病犯不同的具体情况采取不同的方法。病犯出现阻抗,并不表示矫正的失败;相反应视为接触到问题的核心或者真正致病情结的症结所在的信号,应更加有信心地鼓励病犯合作,以便把病犯的"心病"根源发掘出来,将其疾病治愈。

(五)解释

在矫正过程中,矫正者有一项很重要的工作就是向病犯解释他所说的话中所隐含的潜意识含义,帮助病犯克服阻抗,而使被压抑的心理内容得以通过分析带入到意识中来。解释是逐步深入的,根据每次会谈的内容,用病犯所说过的话做依据,用病犯能理解的语言告诉他其心理症结的所在。解释的程度随着长期的会谈和对病犯心理的全面了解而逐步加深和完善,而病犯也通过长期的会谈在意识中逐渐培养起一个对人对事成熟的心理反应和处理态度。

(六)心理动力学诊断

要搜集资料,目的是了解以下问题:病犯的主要冲突是什么? 次要冲突是什么? 病犯主要的防御机制是什么(成熟的、不成熟的、神经症性的)? 病犯的人格结构有哪些特征(自我检验程度、自我控制能力、防御机制、现实检验等)? 在了解清楚以上内容后判断来访者人格发展的过程,从而较准确地预测其今后的心理发展轨迹。心理动力学诊断不仅应用于心理有问题的求助罪犯,更应该广泛应用在对新入监罪犯的心理评估上。

六、罪犯心理矫正的方法

(一)个别心理矫正

这是心理矫正师与病犯个别进行谈话形式进行的心理矫正。心理矫正师与求助罪犯交谈的目的在于了解疾病发生的过程与特点,帮助病犯掌握自己疾病的情况,对疾病有正确的认识,消除紧张不安的情绪,接受矫正师提出的矫正措施,并与矫正师合作,向疾病作斗争。个别心理矫正是一种普遍应用的心理矫正方式。

为了做好个别心理矫正,取得良好的矫正效果,必须注意以下几个问题:第一,心理矫正师的态度应该是诚恳、热情、耐心而细致,取得求助罪犯的信任,获得了可靠的信息。第二,在交谈过程中,要耐心地倾听病犯的主述,然后,心理矫正师根据病情与求助罪犯的个性心理特点，进行指导与帮助。第三，心理矫正师要有目的、有计划地对病犯进行心理矫正。每次都安排好内容，矫正时间以一小时左右为宜，矫正后做好记录。第四，个别心理矫正的房间应该布置在安静的环境中，要简易舒适，整洁调和。

(二)集体心理矫正

这是心理矫正师把同类疾病的求助罪犯组织起来进行心理矫正。一般把求助罪犯分成几个小组，每个小组由数个或十几个求助罪犯组成，并选出组长。集体心理矫正的主要方法是讲课、讨论与示范。心理矫正师根据求助罪犯中普遍存在的消极心理因素与对疾病的错误看法，深入浅出地对求助罪犯讲解有关疾病的症状表现、病因、矫正和预后等。这使求助罪犯了解疾病的发生发展的规律，消除顾虑，建立起与疾病作斗争的信心。在医生讲课之后，组织病犯分组讨论。求助罪犯联系自己疾病实际情况，加强理解心理矫正师讲课的内容，讨论要力求生动活泼，鼓舞求助罪犯进行自我分析，提出与疾病作斗争的具体措施。心理矫正师邀请矫正效果较好的求助罪犯作矫正的经验介绍，通过求助罪犯的现身说法，起到示范作用。

集体心理矫正一般每周2~3次，每次一小时左右。整个疗程所需时间根据病情等确定。一般以3~4周为一疗程。个别心理矫正与集体心理矫正还可以结合起来。集体心理矫正着重同类病犯的共同的问题，个别心理矫正侧重解决病犯的具体问题。

罪犯心理矫正的方法程序上可以分为最初接触、评估诊断等五个步骤：

步骤一：最初的接触。向求助罪犯提供其急切关心的信息，尽快建立良好的关系。求助者是否对矫正者产生了基本的信任、形成了基本的好感，是该阶段是否成功的标志。①主动和求助者打招呼，相互问候；②介绍心理矫正的门诊情况和矫正者个人的情况、心理矫正的性质以及通过矫正能解决的问题；③初步询问了解求助罪犯求诊的原因后，要向求助者讲清矫正的形势、程序、时间安排、保密原则以及需要求助者做出努力的方面。

步骤二：评估与诊断。包括一个与求助罪犯进行诊断性的会谈，以了解求助者的现在和过去。在分析信息时要注意事物之间的联系，还要分清问题的主次。①主要问题。求助者最关心、最困扰、最痛苦、最需要改善的问题。通常只有经过多次会面，求助者逐渐产生了对矫正者的信任，才有可能逐渐暴露问题的实质。②要注意问题之间在时间上的联系：把求助者的过去、现在、将来的信息综合起来考虑。③注意心理过程之间的内在联系：了解求助者的认知和情绪是什么关系，认知和行为又是什么关系。

步骤三：矫正目标的确定。当对求助者的评估资料确定之后，矫正师就要和求助罪犯共同协商矫正的目标问题。①必须明确如下问题：处理问题的方法、整个矫正的过程、矫正的时间安排以及矫正期间矫正者和求助者各自应该承担的责任和义务。②矫正目标应具体、切实可行、分出轻重缓急。

步骤四:矫正目标的实施。运用心理矫正的方法和手段,例如认知、精神分析等对罪犯进行多次的心理矫正。

步骤五:心理矫正的结束、评估和随访。当矫正师开始确信求助者已经能够独立解决自己的问题、预期的矫正目标已经达到时,就应该着手讨论结束矫正的问题。结束矫正是一个循序渐进的过程。①矫正要向求助者指出他在矫正中取得的成绩和进步,并向他们指出还有哪些应该注意的问题;②帮助求助者重新回顾矫正的要点,检查矫正目标实现的情况,进一步巩固矫正所取得的成果;③在征得求助者同意的前提下,留下求助者的通讯联络方式,以便今后随访;④矫正全部结束后,矫正师要对整个矫正过程进行回顾性的客观评估,总结经验,吸取教训。

第二节 罪犯心理矫正的实施

中国幅员辽阔、监狱数量众多,尽管监狱体制相同,执法统一,但由于监狱之间存在着地域分布、自然条件、经济力量、监狱人民警察素质、押犯构成等方面的差异,因此,难以以统一的心理矫正工作模式去要求每一个监狱。但监狱工作的特点,以及心理矫正自身的规律,决定了监狱开展心理矫正不能随心所欲,而必须要注意以下问题。

一、罪犯心理矫正工作实施的基本原则

(一)宣传教育是首要任务

心理矫正的实际效果主要取决于矫正人员的素质、监狱人民警察的配合和参与程度以及服刑罪犯对它的依赖。如果说,先进的设备和设施,只要有钱,谁都能很快办成,那么唯独专业人员的素质、其他监狱人民警察的观念、罪犯的态度,除了通过深入细致的工作,是没有其他捷径可走的。在与其他监狱人民警察、罪犯的直接互动过程中,既能面对面地和准确地直接传播心理矫正知识,又可以及时掌握他们的想法并进行针对性的工作,因而,能较为深入地进行宣传教育,并取得良好的效果。与此同时,集中力量进行试点,由于具有资源优势,因而更容易取得较为满意的效果。一旦监狱人民警察或罪犯尝到了心理矫正的甜头,他们就会成为心理矫正的积极支持者、参与者,从而产生一传十、十传百的级数增长式的心理矫正的宣传教育效应。

(二)培训专业骨干是关键任务

在心理矫正人员严重匮乏的情况下,要想物色到一个合格的心理矫正专业人

员也是很难的。实践中，监狱的心理矫正人员，包括组织者，大多只经过短期培训即走马上任。即使是具备这样最为起码条件的专业人员，开始时一个单位也就只有1~2个。在人数少，自身专业知识、技能和经验都严重缺乏的情况下，让他们全面启动一个单位的心理矫正是极不现实的。一方面，可以通过狱外专家的指导、自己的亲身体验，使现有的心理矫正人员在实践中增长知识和技能，获得极为宝贵的心理矫正工作的经验；另一方面，也可以在这一过程中，进一步选拔并培养日后推广心理矫正所需的专业人员和辅助人员。

（三）先易后难，循序渐进

随着罪犯改造难度的加大，监狱工作要求的提高，特别是心理矫正在监管改造工作中实际作用的进一步显示，越来越多的人认为应当加快推进监狱的心理矫正工作。但任何事物的发展，不论是有机界，还是无机界，必然要经历一个由低级到高级，由简单到复杂的过程。经过十多年的探索，一些先行单位的心理矫正工作不仅工作内容和形式日益丰富多样，而且矫正工作的层次也由最初关注"小毛小病"，到今天尝试矫正心理疾病。那么，刚刚开始心理矫正工作的单位，能否一步到位直接进入较高层次的矫正工作呢？我们认为虽不排除极个别单位因具备高素质的专业人才等条件，可以齐头并进，同时开展咨询、矫正等不同层次的矫正工作，但就绝大多数单位来说，心理矫正工作的推进，既要适应监狱人民警察、罪犯对心理矫正的认识逐步提高的现实，又要适应心理矫正人员的专业素质逐步增强的事实，严格遵循先易后难、循序渐进的原则。所谓先易后难，循序渐进，在这里是指监狱开展心理矫正工作，要根据矫正人员的素质、人们的认识水平等实际情况，按照先容易、后困难，先简单、后复杂，逐步推进监狱的心理矫正工作。当然，由于各个单位的实际情况存在差异，因此，逐步推进的进程也就不可能完全相同。有的单位可能进展得快一些，有的单位则可能进展得慢一些。

根据开展心理矫正工作需要的专业水平的高低不同，心理矫正依次可以区分为心理卫生教育、心理辅导、心理测验、心理咨询和心理矫正等几个层次。遵循先易后难，循序渐进的原则，也就是要根据心理矫正人员的实际专业能力，首先选择开展心理卫生教育、心理辅导等相对容易的工作，然后，随着专业水平的提高逐步开展心理测验，进行心理咨询和心理矫正。

（四）以我为主，内外结合

罪犯心理矫正是一项专业性很强的工作，而监狱目前又缺乏这方面的专业人员，为此，是逐步建立自己的专业队伍，主要依靠自己的力量，还是借助社会力量开展心理矫正工作，在理论和实际部门一直存在着争论。主张以社会力量进行心理矫正的同志认为，心理矫正专业素质要求高，监狱人民警察难以达到这样的要求，所以在监狱心理矫正工作中，监狱心理矫正人员最多只能充当外聘专业人员的辅助人员。毋庸讳言，自心理矫正工作开展以来，制约心理矫正工作深入发展的主要因素就是心理矫正人员的素质，那么，是不是监狱就建立不起自己的专业队伍，或依赖社会专业力量就可以解决押犯中出现的各种异常心理了呢？我们认为，罪犯的心理问题大多与监禁改造生活密切相关，狱外心理专家虽具有处理一般人心理问题的专业知识和技能，在很多情况下这种知识和技能也完全可用于对罪犯心理问题的处理，但由于他们不了解监狱，不熟悉罪犯的情况，因此，有时难以对罪犯的问题做出正确的判断，从而影响矫正效果。但是外部专家力量却有着自己的理论与实践优势，因此我们可以借助外脑，向社会专业力量学习，而最终目的是建立自己的心理矫正人员，坚持以我为主，内外结合的原则。

二、罪犯心理矫正的工作方法

（一）明确指导思想

监狱在开展该项之初，首先指导思想应该明确，"为服刑人员改造服务，为监狱安全稳定服务"应该作为监狱罪犯心理矫正工作的宗旨。"为服刑人员改造服务"就是通过心理健康教育以及心理咨询提高罪犯心理健康水平，稳定改造情绪，提高改造质量；"为监狱安全稳定服务"就是以保持监管场所的安全稳定为目的，以心理矫正工作的基本理论为依据，深入分析研究新时期罪犯心理及其矫正方法，加大罪犯心理矫正工作力度，不断提高狱政管理的科学性，教育改造的针对性。

（二）建立心理矫正工作网络

建立由心理健康教育中心、心理咨询联络员、心理健康宣传员组成的三级心理矫正网络是做好该项工作的组织保障。心理健康教育中心一般隶属于监狱的教育改造部门，由若干专兼职心理咨询师组成；心理咨询联络员由各监区热心于此项工作的管教干部组成，主要是负责检查心理健康板报情况，收集反馈，并指导有心理问题的罪犯前来心理咨询；心理健康宣传员由各监区具有一定文化水平的服刑人员组成，宣传员主要任务是向本监区罪犯宣传心理健康知识，动员有心理问题的罪犯前来咨询并及时收集咨询后的效果反馈等。

（三）完善规章制度

需要制定并完善一系列规章制度，在完善相关制度和台账的同时建立并规范典型罪犯心理矫正档案。罪犯心理档案是记录罪犯入监甄别、心理矫正情况，并经立卷归档集中保管使用的各种资料。应把一些典型罪犯如有自杀倾向、人格障碍者或其他一些有比较严重的心理疾患者作为建立心理档案的对象，心理档案应包括：罪犯基本情况、心理测验结果及分析、心理诊断结果、心理矫正方案、历次心理咨询与矫正记录、效果反馈与评价等内容。

（四）心理健康教育是重点

很多阻碍该工作的"拦路虎"归根到底都是由于罪犯的不了解或误解，例如：一些罪犯不配合心理测试工作,认为在掏他们的内心想法,所以不实事求是的填写;还有一些罪犯认为心理测试就是心理咨询,感觉做完测试卷后,没效果;有些罪犯认为去心理咨询就是"脑子不好",去咨询会遭同犯嘲笑;有些罪犯认为去心理咨询不能说实话,咨询员不可信;有些罪犯认为心理咨询应该是替他们办点实事;有些罪犯认为去心理咨询就像打针一样,立竿见影,把希望都寄托在咨询员身上,自己不愿去反思,去努力;有些罪犯认为心理咨询只是用嘴说说,不会有作用,等等。所以,宣传教育的好坏乃是其他工作能否成功的根本保证,心理测量的准确度如何,心理咨询与矫正的效果如何,都依赖于罪犯对自己心理的正确认识,及对这项工作的了解程度。而对罪犯的心理健康教育本身也可以提高罪犯的自我调节能力,起到预防心理疾病的作用,因此心理知识宣传与教育应是监狱罪犯心理矫正的一个重点工作和长期工作。

心理健康教育的具体方法可以多种多样,可以在监狱黑板报、墙报、监狱小报上开辟心理卫生专栏,可以在出入监教育中开办心理健康课,利用电化教学的方式对全监罪犯普及心理健康知识,还可以通过心理健康宣传员进行宣传等。

(五)重视专业人员培养

心理矫正工作人员的学习培训、补充"养料"是做好该项工作的保证。目前在监狱系统正在培养具有心理咨询师国家职业资格证书的专职人员,但是因为心理矫正是一门理论、实践性较强的学科,心理矫正是专业性很强的技术,且需要有一定深度的人际知觉能力,短暂的几次培训是远远不够的,这就要求从事该项工作的同志要具有除心理学、精神医学以外的犯罪学、监狱学、人类学基本知识。同时这项工作不仅要求具备一定的业务知识,而且对思想道德及心理素质都有着较高的要求,这也就需要心理咨询师们在实践中不断提高,平时在认真学习业务知识的同时,还要不断提高自己在各方面的综合素质。从事这项工作也可能会遇到各种困难和阻力,若没有一个较好的心理素质和对该工作的热爱,这项工作也很难进展下去。

(六)心理矫正工作和日常管理相结合

对罪犯的心理矫正主要采用个别式门诊咨询,但也可以采用一些集体咨询、现场咨询等灵活的咨询形式。心理矫正师结合对罪犯心理矫正的情况,如何对其有针对性地管理教育,向该名罪犯管理干警进行建议,这是保持心理咨询效果延续性的重要环节。

此外,对怀疑有精神疾病的罪犯的初期诊断,也是心理咨询工作的重要内容。

(七)心理测量与诊断和个别教育相结合

心理测试的形式可以采取集体和个别测试相结合的办法。在需要了解某一类型罪犯共同心理特征或在入监罪犯中进行普查时,可以采用集体测试的形式;在对个别罪犯进行矫正或需要进一步诊断时,可以个别测试,为心理诊断提供依据。

心理测量应和个别教育结合,心理测试的运用可以为制定个别教育方案提供心理学依据,丰富个教的方式和方法;可以掌握罪犯个性心理特征,预防突发事件;可以使干警在掌握罪犯各种情况的前提下,提前介入,为罪犯设计一个理想的改造方案,有目的地按照我们设计的方案改造罪犯,完善其人格,纠正其恶习,改变过去由于把握不住罪犯思想动向、心理特征而造成谈一次话好几天,不谈话事不断的"按下葫芦起了瓢"的被动局面,减少了盲目性。

(八)重视交流宣传与总结

和外单位加强交流,可以借助外脑,开阔视野,因此,监狱心理学工作者应该和精神病院、高校心理咨询中心建立一定联系,取长补短,促进该工作的开展。但是,鉴于罪犯心理的特殊性以及目前心理学在我国发展的现状,我们必须要认识到外部资源作用的有限性,故对罪犯心理矫正工作的探索应该主要依赖于从事该项工作的同志长期刻苦的摸索与钻研以及干警整体心理学意识的提高。

开展狱内调研,撰写调研论文也应该是罪犯心理矫正工作的一项很重要的任务,这既是对工作经验的总结,也可以对基层管理工作起到很好的指导作用,此外,它还是向广大基层干警及监狱领导进行宣传的一种手段,因为该项工作缺少广大干警及监狱领导的支持也是很难开展的。

三、罪犯心理矫正工作开展的条件及注意点

(一)罪犯心理矫正工作开展的条件

1.领导认识是否到位

根据单位开展罪犯心理矫正工作的动因不同,罪犯心理矫正可以分为内发型和外推型。所谓内发型,是指基于单位自身的实际需要而主动开展的心理矫正工作;所谓外推型,是指在主管机关要求、外单位竞争压力等外力的推动下,被动开展的心理矫正工作。但不管是哪一种类型的心理矫正,单位主要领导和主管领导的支持,是心理矫正工作得以启动的基本前提。为此,心理矫正工作者,尤其是组织者,既要了解领导态度,同时,更要以富有成效的工作去争取领导的支持。

在监狱,要开展心理矫正没有主要领导,至少是分管领导的首肯是不可能的。因此,让你组织开展这项工作本身,已经说明领导,至少是部分领导对心理矫正工作是支持的。然而,如果领导认识不统一,或者认识统一却不能到位,心理矫正工作的开展,仍然会面临诸多困难。

2.工作人员的人选是否适合

领导对心理矫正的态度影响监狱挑选什么样的心理矫正工作人员,而什么样的心理矫正工作者又会反过来影响领导的态度。试想一个扶不起的"阿斗",又怎能通过开创性的工作,发挥心理矫正作用,坚定领导开展心理矫正的信心呢?为此,作为监狱领导,不管你对心理矫正存在怎样的想法,但只要真心想在监狱推动

心理矫正工作,也要时刻反省自己是否具备了作为组织者最起码的条件。根据心理矫正自身的特点和监狱工作的状况,我们认为作为心理矫正工作的组织者应当具备以下基本条件。

(1)有志于心理矫正工作。我们经常能够听到一些外派学习的学生抱怨,领导信任,送自己出来学习,可自己不感兴趣,不学不行,学又缺乏动力,真是左右为难。对于很多单位来说,这部分学员是作为心理矫正骨干或组织者派出来的。然而,由于没有认真考虑该学员对心理矫正的兴趣,因此,这些人既难学到真才实学,也难以承担心理矫正的重任。心理矫正是一项专业性很强的工作,也是需要更多奉献的工作。作为尚不具备专业知识、技能的工作者,如果缺乏从事心理矫正工作的兴趣,那么,他也就不可能有很多的投入去钻研业务,更难以一种良好的心态去面对来自同事的误解,去处理求助犯人复杂的心理问题。相反,工作者只要有志于心理矫正工作,即使缺乏专业素质,缺乏实践经验,他们可以通过不断学习、锻炼得以弥补。现阶段活跃于监狱心理矫正一线的组织者和心理矫正骨干,绝大多数都是在强烈的兴趣和责任驱使下,通过自身的不断努力,使自己由门外汉变成"土专家"的。

(2)具有心理学、精神病学、监狱学、犯罪学的专业知识。具有专业知识,但对心理矫正不感兴趣,成不了好的心理矫正工作者。同样,仅有热情,却对专业知识一无所知,也不是一个理想的心理矫正工作者。由此,监狱在初选心理矫正工作者的时候,如果能够同时具备这两方面的条件,那是最好不过了。但如果在这两项条件中,只有具备一个条件的人选,那么,我们宁愿选择有志于心理矫正的人员。当然,这些人一旦被确定为一个单位心理矫正的组织者,必须接受系统的专业知识、技能的学习和培训。否则,不能马上承担组织者的重任。

作为一名心理矫正人员,所做的工作比心理咨询应该更加深入,解决的问题也更加彻底,这就使得矫正者需要比一般的咨询师有更高的要求,不仅仅应该具有心理咨询的工作经验,还应该掌握精神病学、犯罪学、监狱学甚至医学的专业知识,由此看来,作为心理矫正主体的监狱心理矫正工作人员的要求要比监狱心理咨询师高得多。

(3)具有较强的工作协调能力。心理矫正工作的组织者同时也应该是心理矫正的专业人员。如果说兴趣和专业知识、技能等是从事专业工作本身的需要,那么,协调能力则是作为心理矫正组织者的特有的素质。如前所述,心理矫正作为一项开创性的工作,与传统的监狱工作既有观念上的冲突,又有实际操作中的矛盾,因此,作为组织者,无论是在全监狱推广心理矫正,还是在某一个监区进行试点,都必然要涉及方方面面的关系协调。这种协调工作,尤其是心理矫正起动初期的协调工作做得好与坏,直接关系到心理矫正工作的成败,也正由于此,心理矫正的组织者还应该是协调各种关系的能手。

当然,心理矫正组织者所需要的素质应该是多方面的,有些素质是可以在任职以后逐步培养的,但以上三方面的素质在选拔任用时就应该考虑。

3.开展工作所需的资源是否具备

要产出,就得有投入,不仅经济活动是如此,监管改造活动,包括心理矫正也是如此。罪犯心理矫正所具有的预测、预防、矫正等作用,是通过心理矫正人员运用自己的专业知识和技能,进行一系列的测验、评估、咨询、矫正等活动来实现的。而每一项活动的开展,都需要相应的人力、物力等资源的投入。所以,监狱要开展心理矫正,在确定心理矫正组织者的同时,不仅要赋予其相应的权力,而且要为其提供基本的工作条件。

(1)独立的身份。监狱工作的特殊性决定了心理矫正工作的组织者一般都是由管理、教育或医生岗位的监狱人民警察担任的。他们熟悉犯人,了解监狱工作的运作情况,有的还有主持一个部门的经验,对组织心理矫正具有明显优势。但一些单位或考虑到警力紧张,具有组织能力的人才更是难得,或是认为心理矫正本是教育改造的一种延伸,或是觉得既然是试点就不宜对人事等做大的变动,因此,任命的心理矫正组织者都是兼职者。具有兼职身份的心理矫正组织者虽然也具有利于协调关系、便于共享资源的优势,但是却存在着难以克服的弊端。

(2)基本的职权。组织罪犯心理矫正必然涉及人员的组织、工作关系的协调、物资的调配等,因此赋予组织者与其所承担的责任相适应的权力,既是组织开展心理矫正工作的需要,也是责权利相一致原则的要求。一些单位的心理矫正工作组织者,因光有责任而无权力,所以,不仅工作寸步难行,而且工作热情严重受挫。

(3)工作的条件。这里所讲的工作条件主要是指开展心理矫正所需要的物质基础,包括:测验所需的量表,处理测验结果的配套软件、电脑、打印机等设备;复印、制作问卷、档案,购置专业书籍、贮存档案资料的柜子等所需的资金;提供办公、咨询的专门场所;提供并创造学习交流的机会;分散单位还要提供下监区工作的交通便利;其他开展工作所需的设备和设施。

(二)罪犯心理矫正工作的注意点

1.困扰该项工作的"五大矛盾"

(1)心理矫正的主体的自愿性与改造的强制性的矛盾。心理矫正要求来访者完全自愿,但监狱中罪犯由于长期在监管改造的被动约束下,习惯了被动听从命令,另外由于自身认识的偏差存在种种顾虑,而导致不能主动前来矫正。

(2)心理矫正的自由性与监规的约束性的矛盾。心理矫正不论何时矫正,找谁矫正应该自己可以自由选择,而监狱的罪犯却不可能,去咨询要本人申请,监区签署意见,咨询室审批等制度。这就在需要咨询的罪犯心里无形地形成了障碍,从而一些罪犯就会因为手续的烦琐而不来咨询。

(3)心理矫正的保密性与监管安全性的矛盾。心理矫正工作必须坚持保密原则,如果被矫正罪犯透露出自杀、逃跑、伤人等具有危险性的心理倾向时,就会给矫正师造成两难处境:到底是坚持心理咨询的保密性原则还是要维护监管安全的稳定。

(4)心理矫正主体与管教主体的矛盾。心理矫正工作要求咨访者之间是一种职业性联系,除此之外双方不再有别的瓜葛,在双方预期中没有长远的利益、情感联系,不用担心对方日后会利用这种联系对自己进行控制,造成威胁。然而,监狱中咨询人员多是人民警察兼任,在来访者之间存在管理者和被管理者的关系,从而使双方交流产生障碍,阻碍了咨访关系的建立。

(5)心理矫正理论的西方化和实践本土化的矛盾。国内监狱的罪犯心理矫正,大多是引进西方国家的心理咨询和矫正的理论技术,但我们在实际应用中有很多理论技术与中国实际和监狱实际不相符的地方,这就给从事该项工作的同志提出了一个巨大挑战,也就是如何把西方的理论技术中国化、监狱化。

2.心理矫正工作要和监狱的特殊性相结合

(1)以心理健康宣传教育为抓手。我们应该看到,一些矛盾的产生其中很大部分是因为对心理咨询这项工作,或对自身心理认识不足、有偏差,所以心理健康宣传教育要紧紧扭住,在任何时候都不能放松。这就要求从事该项工作的同志根据本监狱特点编写或是改编现有教材,使它符合本监狱和各个不同时期宣传教育的需要。

(2)以主动介入特殊罪犯为重点。心理咨询要求求询者应主动前来,才能积极配合咨询矫正达到效果,但监狱有监狱的特殊性,对罪犯的心理矫正应遵循心理学规律以罪犯主动前来为主,但对一些特殊罪犯(如关禁闭的罪犯、抗改罪犯等)也可以采取咨询员找到恰当的切入点主动介入的办法,但被咨罪犯的信任和配合仍是不可缺少的,因此前提必须是要用一些时间来建立相互信任的关系,打消他们的顾虑,使其主动的配合咨询,这样做往往也能收到很好的效果,因为此类罪犯的内心往往也是矛盾交织,希望有倾诉的对象。

(3)始终坚持心理矫正的保密原则。但需要清楚的是保密的内容应该是咨询中所涉及的隐私,对罪犯威胁监管安全稳定的内容则不能保密。心理咨询工作者应是专职人员,不应从事管教工作,特别是在服刑罪犯面前,更不应以管教干警的身份出现,否则,咨询员的双重身份只会加深罪犯对他们的不信任感,从而使罪犯的心灵再一次封闭起来,最终把咨询员又推回到管教干警的立场上。

(4)心理矫正技术本土化应该注意两个问题。其一是准确地把握这些心理矫正技术的要领,区分其精华与糟粕;其二,与我国罪犯以及监狱环境的实际结合起来,针对具体的个案或团体,加以改造和修正,逐渐创立适合我国监狱实际的心理矫正方法体系。正在研制中的中国罪犯心理测试(COPA),是研究本土化测试量表的一个努力。应该看到,咨询技术的本土化工作不是靠一二个人短期内能完成的,而是要靠所有从事该项工作的人,经过数年、数十年甚至几代人的努力才可能实现。

四、未成年罪犯的心理矫正建议

(一)未成年罪犯心理矫正的关键在于爱的给予

法国精神分析学家拉康说过:"精神分析学解决了犯罪学中的两难困境:它将罪行非现实化,但又不将罪犯非人化。"不良的情绪以及心理问题(内因)加上诸多社会问题(外因)导致了犯罪。作为外因的社会问题在任何阶段都会以不同方式表现出来,并对个体产生影响,因此我们更应该在个体早期进行干预与预防。故预防犯罪的关键途径就在于婴儿早期爱的给予,同时也取决于其父母或监护人的人格及其欲望机制的成长与完善。然而导致未成年人犯罪的恰恰是由于其早期爱的匮乏,因此监管机构(未成年犯管教所、戒毒所、工读学校等)所体现出来的不应该仅仅是冷冰冰的制度,而是对其施与更多的爱。通过爱的转移就会打开通向未成年罪犯心灵的入口,而对罪犯来说这也是重回现实世界的门。

(二)未成年罪犯心理矫正的途径

途径在于监管人员要树立起家庭治疗模式观。未成年人和成人罪犯的一个很大区别就是未成年人在进入监管机构之前往往并没有脱离家庭环境的约束,在心理上也对自己的父母等的重要关系人有依赖感,这个心理上的依赖感会很快地转移到监管人员身上。精神分析理论认为,凡被视为权势重的,地位高的人,往往会在潜意识里被认为是早期客体关系中的重要人物。在未成年犯管教所这个特殊环境中,管理警察和罪犯朝夕相处,对罪犯实施管理教育,罪犯往往会把原始关系(童年和重要关系人的关系)转移到现在和干警的关系中。因此,要改变当事人的病态行为,只有把眼光放在整个系统中,以"家庭系统"的观点与取向,来了解当事人的心理与行为,运用家庭结构、沟通、角色扮演等方法来改善人际关系,以达到使未成年罪犯健康成长的目的。应该说,这是一种更加有效的方式。

1.要从"家庭"这一宏观体系去分析未成年罪犯的心理问题

未成年人身上出现的各种偏差甚至是犯罪,常常是由于自身的不良个性所导致的。但我们的着眼点不能光放在这些未成年人身上,这些不良个性常常是因为家庭环境的各种问题折射到孩子身上所致,因而监管机构要以"家庭"系统为着眼点,去分析未成年罪犯问题的症结,往往监管人员在潜意识里会被未成年人替代为父母的角色,而我们监管者就需要清楚地认识到这些未成年罪犯以前和父母之间的关系。管教人员在管理未成年罪犯时如果能够充分了解到罪犯的早期原始关系,如:父母对他们在早期是如何教育的? 该未成年犯对父母抱有什么样的感情? 和父母有没有发生过冲突行为? 是什么样的冲突行为? 等等,并做好记录进行分析,就可以有针对性地管理未成年犯及对他们的心理、行为把握和预测。

2.心理矫正未成年罪犯要以"情"为重

有问题的家庭,由于长期的冲突,往往情绪、情感很恶劣,面对矫正者会争着数落、说理,要求评断是非。而矫正者决不能充当法官,判断出谁是谁非,反而更伤感情。要想办法让他们去注重解决眼前矛盾,尽量避免翻旧账,要淡化缺点,发现闪光点,树立当事人的自信心。

3.积极引导,充分促进矫正主体间的沟通与交流

家长对子女要求过严、子女对家长逆反,常常是由于互相缺乏理解所致。而缺乏理解的根源就是当事人之间缺乏沟通和交流,不能了解彼此的所思所想及行为的出发点,甚至相互之间还有许多误会。在监管场所,这种情况同样存在,管教民警和未成年罪犯之间缺乏沟通,会加剧本来就存在于未成年人内心的和成年人的鸿沟。而矫治人员和未成年罪犯之间最好的沟通方式莫过于对未成年罪犯耐心的倾听。"家庭治疗模式"最突出的优点也是诱发当事人倾诉心声,在矫正者的帮助和分析之下获得理解和同情。

案例分析

心理测评在监狱服刑人员管理干预中的研究案例[①]

1.对象与方法

对象:某监狱 2004 年 4 月 15 日至 5 月 1 日新入监参加入监教育的非文盲服刑人员共 60 名,全部为男性。

表1 参加测评的服刑人员基本情况构成

犯罪类型(%)			年龄构成(%)			
暴力型	财产型	性欲型	20~29 岁	30~39 岁	40~49 岁	50 岁以上
51.6	25.8	22.6	47.8	39.1	8.7	4.4

将 60 人随机分成两组,并将其中一组(30 人)的测验结果制定相应的管理计划,这一组称做实验组,另一组(30 人)不制定相应管理计划,按常规管理,为控制组。

方法:采用北京大学陈仲庚等修订的艾森克人格问卷(成人),以团体测验的方式(一般是 30~50 人同时在教室内测试),由主试者用统一的指导语,按顺序念测试题,要求受试者逐条按自己的实际情况在案卷纸上划"√"来回答"是"或"否",当场交卷。将答卷全部输入由司法部的 WM-2000 人格测查软件系统,并进行分析统计。初测与后测均由同一名主试担任,测试场地与所用指导语等均相同。初测完毕后,实验者以书面形式制定出实验组每名服刑人员的管理建议,由实验者对集中入监教育期间的实验组服刑人员按建议进行管理干预。整个过程的目的,服刑人员都不知晓,只告之为"入监心理普查"。

干预方法是在入监集中教育的三个月里,由实验者根据心理测评结果制定的

---

① 姚峰:《监狱服刑人员管理干预中心理测评的研究》,《科技风》2008 年第 7 期。

干预方案定期对实验组成员实施干预。干预方式是实验者定期与干预组服刑人员谈话。如针对焦虑情绪($N \geqslant 80$)①可以建议:焦虑是一种不明原因的恐惧,重点鼓励服刑人员面对现实,发挥主动性,坚定信心,学会自我调节放松,提高自身的心理承受能力,减少服刑人员惧怕的外在动因,强化服刑人员对自己个性特点的正确客观的认识,培养积极的生活态度,对周围环境、现实状况有正确客观的判断。针对忧郁情绪($N \geqslant 50$)建议:强化个别教育,攻心为上,维护监狱稳定,促使服刑人员转化,对此类服刑人员应重点加强心理转化工作,加大情感力度,提高自信心,多从生理上、心理上、生活上关心他们,增强人际关系指导,加强心理疏导、解释、说理工作,预防心理疾病的发生。针对精神质为迟钝($P \geqslant 80$)的建议:因此犯社会化程度极低,建议经常谈心,促使其振作精神,正视今后改造之路,尽快适应监内环境,引导其谈出内心的苦闷,消除他的焦虑,同时鼓励其建立正确的认识,去应付监狱改造这个心理社会现状。针对精神质为孤独($P \geqslant 50$)的可以建议:孤独的时间较长,对服刑人员改造和心理危害较大,应谈出内心的苦闷,消除焦虑,同时鼓励其建立正确的认识,去适应监狱改造这个心理社会现状,通过解释、劝慰、鼓励和支持设法让其发现并证实自身存在的但以往并没有意识到的才能。针对内向性格($E < 50$)建议:严密防范,保障监管安全,此类服刑人员在遭受刺激或挫折后易出现自伤自残自杀行为,在其遭受刺激或挫折后必须及时给予疏导宣泄。针对外向性格($E \geqslant 50$)建议:外向的人容易毛糙、冲动、兴奋,应加大惩罚与改造力度,促使服刑人员转化。针对社会化高掩饰性格($L \geqslant 50$)建议:强化个别教育,提高警觉性,识别这些服刑人员为达到某种目的而存在的说谎、伪装、掩饰与包装自我现象。针对社会化低真诚性格($L < 50$)建议:与其多沟通,使其正视并回到现实中来,和其共同讨论或制定生活或改造的目标。

第一次干预是在初测完毕制定出相应管理建议后一周内,以建议内容为主要依据与实验组成员逐一谈话,时间是每人30~60分钟;在入监教育中期再次干预,集中一周时间与实验组成员逐一谈话,内容主要是了解初次谈话后的效果,另外继续对第一次谈话中本人没有理解或没有接受的内容进一步进行解释,另外强化管理建议中的一些和其个性因素以及适应性因素密切相关的内容,时间也是每人30~60分钟;第三次干预是在入监教育即将结束前一周内进行逐一谈话,内容是了解前两次谈话后的情况,仍然对前两次谈话中本人没有理解或没有接受的内容进一步进行解释,另外强化管理建议中的一些和其个性因素以及适应性因素密切相关的内容,时间仍然是每人30~60分钟。对其余服刑人员管理不做干预。

在第三次干预后采用同样心理测评工具测查实验组,并和没有采用该管理建议的对照组进行比较,对数据进行t检验找出显著性差异。

---

① 分值是指T分,下同。

2. 结 果

经过前测、管理干预、后测,将前后测结果汇总统计整理,并进行显著性差异检验,得出如表 2 所示的结果。

表 2　实验与控制组前测 EPQ 各项目显著性差异检验

因子	控制组服刑人员 $\bar{x}\pm s(n=30)$	实验组服刑人员 $\bar{x}\pm s(n=30)$	t	p
P	52±7.83	51.67±8.24	0.16	>0.05
E	55±8.61	54.67±8.30	0.15	>0.05
N	54.33±8.78	54.5±8.65	−0.075	>0.05
L	47.5±9.98	47.17±9.89	−0.08	>0.05

(1)表 2 显示实验组与控制组在前测的各项目上均无显著差异。

表 3　实验与控制组后测 EPQ 各项目显著性差异检验

因子	控制组服刑人员 $\bar{x}\pm s(n=30)$	实验组服刑人员 $\bar{x}\pm s(n=30)$	t	p
P	51.5±8.22	51±10.20	0.21	>0.05
E	55±8.61	54.67±8.30	0.15	>0.05
N	54.67±8.30	51±5.63	2.00	<0.05 *
L	47.5±9.72	47.33±9.98	0.07	>0.05

(2)表 3 显示后测中实验组与控制组进行均值比较,可以发现,N(稳定性)因素方面得分差异明显,实验组 N 因素的均值比控制组显著的下降($p<0.05$)。

(3)研究结果分析:以上研究结果可以看出经过随机分组的两组无差异的组(见表二)经过管理干预后,控制组被试在 N 因素上的分值高于干预组,并存在异常显著的差异(见表三)。N(稳定性)分高则意味着容易焦虑、紧张、愤怒,这在一定程度上说明接受管理干预的服刑人员情绪稳定性好,而控制组服刑人员更容易产生焦虑、忧愁、郁郁不乐、忧心忡忡之类的情绪反应。本研究也验证了用以心理测评结果为依据的管理方法对服刑人员管理可以有效地减少其焦虑、忧郁等的不良的情绪反应,而在监狱实际工作中,服刑人员出现焦虑、忧郁等的情绪反应的概率很大,而忧郁、焦虑等的心理状况很容易引起服刑人员改造中的不稳定,从而出现一些不够理智的行为,因此本研究所构建的以心理测评结果为主要依据的管理方法对于消除服刑人员不良心理状态,避免其出现一些不理智行为,保持狱内的稳定,是有着现实意义的,在此基础上可以更为有效地对服刑人员管理教育。另外,由于本研究的对象是新入监服刑人员,至于服刑期间以及服刑末的服刑人员是否也有同样结果则需要进一步研究。

P(精神质)因素主要是测试被试的心理病态倾向,高分意味着不大关心他人,对他人与社会抱有一定敌意,喜欢做一些不同寻常的事。表中结果显示,P 分无显著差异,可能预示 P 分是一个较稳定的人格因素,不易改变,但也可能干预时间短尚未形成显著性差异,尚需进一步研究。E(内外向)分表示内外向因素,这也是一个比较稳定的人格因素,表中显示实验组与控制组并无显著差异。L(掩饰性)分为掩饰性因素,高分代表掩饰性较强,测试结果显示实验组与控制组无显著差异。

3.讨 论

(1)对服刑人员的人文关怀是提高服刑人员改造质量的重要因素

由本研究所得出的结果看,经过一段时间的管理干预,干预组的稳定性明显提高,这在一定程度上说明了经过以心理测评为依据的管理后,服刑人员心理能向稳定的方向发展。而和控制组相比,实验组在这其中和控制组有差异的因素就是对服刑人员的个性化教育和人文关怀的措施,而对服刑人员的人文管理和传统的管理思路所不同的是它把服刑人员当成一个独立的个体来看待,并且重视他们的差异,重视他们的情感表达,而这些本身在管理过程中都起着非常重要的因素,特别是在监狱里对服刑人员的管理,服刑人员的人身权利得到了尊重,人的正常生理心理需求得到了理解,服刑人员情绪得到了稳定,这对于他们更有效地接受文化技术等的教育以及提高劳动改造的效率都是能够起到积极作用的。从监狱管理的发展轨迹也可以明显地看出,随着社会的发展,人类社会的进步,监狱管理工作的人性化色彩也必将一步步的凸现。

(2)科学化管理是监狱管理现代化的前提

在2003年司法部就提出要"推进监狱工作法制化、科学化、社会化建设,努力提高服刑人员教育改造质量"。司法部对推进监狱工作法制化、科学化、社会化建设的总体目标做了说明,其中对科学化进行了详细表述,即:树立科学的观念,运用科学的理论、思维和方法,研究和把握监狱工作规律;逐步实现监狱职能专门化,提高执法管理水平,实现改造手段和改造措施的先进、文明、科学;科学化水平明显增强,改造质量显著提高,管理、教育、劳动三大改造手段的功能作用得到综合发挥。

而本研究中所使用的方式方法都是严格按照科学程序,并且实际操作者必须要有相应学科的知识,只有以此为前提才可能真正地实行人性化与科学化管理,否则又将回到经验化的老路上去。服刑人员管理和教育所具有的特点,决定了从事这项工作的管理人员具有在教育学、心理学、社会学、管理学等专业方面一定的知识,需要他们科学化的意识。从监狱发展来看科学化必将成为监狱管理的一个发展趋势,经验式监狱管理必然会向科学化的方向发展。

(3)监狱管理的现代化是一个系统工程

管理者在服刑人员管理干预过程中起主导作用,如果把科学的手段比作交通工具,那么管理者则是司机,司机技能的高低决定着交通工具运行状况。而本研究使用的方法与得出的结论如果要更大范围的得到扩展,对监狱管理人员的知识与素质将是个巨大挑战,而管理人员的知识与素质也只是一个重要方面,其次还需要完善相应的管理制度,使一些新的管理理念制度化。因此,如果要全面实施对服刑人员的人性化与科学化管理,提高服刑人员的改造质量,这将会是一个系统工程,这也是给新时期的监狱工作的一个巨大挑战。

（4）入监评估体系还有待进一步完善

一个完善的服刑人员入监评估不仅应包括心理测评的内容,更应该是一个综合的内容,它应该包括每个服刑人员的犯罪史、心理健康史、社交情况、教育以及其他与决定犯罪危险和鉴别服刑人员需求有关的因素。服刑人员的心理发展是一个动态的过程,入监初期的心理测评结果可能在服刑中期或者释放前都会有所变化,因此要对服刑不同时期的服刑人员心理进行评估,不断修改入监初期制定的管理计划。

第十二章 中国传统文化在犯罪 预防与矫正中的应用

第一节 中国传统文化在犯罪预防中的应用

一、人格的建构与犯罪预防

（一）一起案件的反思

1.案件回放

2010年10月20日晚10时40分许,西安长安区大学城翰林路,骑电动车下班回家的张妙,被一辆雪弗兰轿车从身后突然撞倒。旋即,连中八刀身亡。3天后命案告破。行凶者药家鑫在父母陪同下投案。这位21岁的西安音乐学院钢琴系大三学生给出的杀人理由,竟然是交通肇事后,觉得农民难缠,怕张妙看到车牌号码找自己和家人麻烦,遂杀人灭口。

2.对案件的拷问

我在这里拷问的并不是良知,也不是道德,是对心理和人格层面的拷问。事故是偶然的,假设一下,如果药家鑫没有出这起交通事故,他就在我们身边,你会认为他会成为杀人犯吗? 你会认为他是一个人格有问题的人吗? 经过调查,药家鑫既非官也非富,药家鑫案的可怕在于他的家庭教育在多数人眼中没有特异性,也就是说找不到药家鑫心理的明确成因和动机,如果硬要把练习钢琴作为特异性的话,这种刻意的由果找因难以让人信服。

3.儿童思维

"觉得农民难缠,怕张妙看到车牌号码找自己和家人麻烦。"这种思维是儿童的直觉思维——某种让自己讨厌的某人或者某事不存在了就不会烦我了,而不考虑后果。从本章编者的视角来看,药家鑫始终活在本我和自我建构的世界里,有他的行为准则和处世方式,也就是说他在心智上还是一个孩子。他像儿童一样思考,但是却有着成人的行为方式。类似药家鑫这样的案件近年时有发生,此外还有很多

"药家鑫"，他们也许不会去杀人，甚至"品学兼优"，但是他们的人格是不完整的。

(二)人格的合理建构可以有效预防犯罪

1. 超我的建构

在心理动力论中，本我、自我与超我是由精神分析学家弗洛伊德之结构理论所提出，精神的三大部分。"本我"代表欲望，受意识遏抑；"自我"负责处理现实世界的事情；"超我"是良知或内在的道德判断。本我、自我、超我构成了人的完整的人格。

一般来说儿童在六七岁（也可以更大一些，到十二三岁），孩子以养育者（主要是父母或者父母的替代者）为媒介，认同社会规则，最终建构出超我，人格得以完善。超我是自我理想即实现自己（想成为什么人）的理想，相当于个体为自己所设的行为价值标准与道德良心，由于它是至善原则，因此超我是对自我（社会欲望）和本我（本能欲望）的制约。一般来说，父母是通过家庭伦理（文化）并通过和子女的联结传递给下一代并建构下一代的超我的。

2. 什么样的文化建构超我

孩子最初是从父母身上来理解社会，父母应当以自身的人格和信仰来建构孩子。这个信仰并非宗教的，而是父母自己坚信不疑的价值趋向和社会规则。其实就是家庭伦理文化。而这样的家庭伦理文化需要符合两个条件：(1)合道：道是深层信仰，合道就是符合我们的深层信仰和伦理文化。(2)符合至善原则。如果按照上述条件而用自我的经验来建构孩子人格，将会非常危险。

根据上述原则，从目前我们现存的文化来看，中国传统儒家伦理对建构超我有着重要价值。而儒家经典从来不乏修身齐家的内容。

3. 正确建构超我可以有效预防犯罪

很多父母用自我的经历建构孩子人格。所谓自我的经历就是说，用自己过去经历中的成功与失败教育孩子，也就是说每个父母教育孩子的方式和内容都会不同，甚至差别很大。而有一些父母则是教育虚无主义者，他们认为孩子不需要教育，应该给他一个快乐自由的成长环境，多给孩子关爱。还有一些父母是对自己儿时成长经历的反叛，如自己关爱少，要多给孩子关爱，自己受到家庭暴力就格外强调善，自己儿时家庭贫困就给孩子尽量多的物质满足，这个反叛其实也是自我的经验。

这样的父母在教育孩子的过程中，自己也不是很自信，他们往往会疑惑：我这样教育对吗？这种疑惑是很正常的，因为孩子未来的道路谁都无法预测，即使和父母有共同的经历，用父母过去的方式来应对也未必成功（时代、环境、机遇等发生很大变化）。

文化信仰和价值趋向是人格的一部分，它的建立是以成人深信不疑为前提的，孩子会认同成人心理深信不疑的那个东西。如果孩子没有建立一个成人世界都认可的价值趋向，他成年以后就会成为一个活在本我和自我的世界里，活在欲望的世界里的人。他们平时也许不会表现出来，像所谓的正常人一样，但是他们大脑偶尔会"短路"，一旦短路，他们的人格缺陷暴露无遗，他们像儿童一样思考，但是却是成人的行为方式，药家鑫就是典型例证。而我们的身边还有很多"药家鑫"，他们也许不会去杀人，但是他们缺乏敬畏感、缺乏生命教育、缺乏内在道德的约束，他们的人格是不完整的。

父母要用沉淀下来的优秀文化来建构家庭伦理，进而构建孩子的人格。前提是父母（养育者）要相信并且遵从，否则不能完成建构。而根据上述分析，这个优秀文化首推儒家伦理。

二、家庭伦理与人格建构

当一名儿童在家庭的教育中所塑造的人格不健全，那么他不在未成年期表现出来，也必然会在成年后表现出来，不通过犯罪的形式表现出来，也会通过其他方式表现出来。而如何在儿童早期塑造一个健全的人格是一个很重要的命题，除了以上谈到的早期接触与爱以及家庭管教方式以外，由社会文化影响下的家庭伦理文化也是塑造儿童人格的重要方面。

本章作者在某省未管所对男性和女性未成年犯，针对道德信仰等问题进行了抽样调查，其中有 86.7% 的人对学校开展的道德教育不喜欢或者没感觉；觉得信仰很重要的占了 53.3%，但是有 68.3% 选择了没有信仰，51.7% 认为金钱最重要；在未管所推广的《弟子规》等传统文化教育，有 75% 认为有帮助。

上面的问卷调查能反映出来部分未成年罪犯群体的信仰和价值观，他们大都缺乏信仰，或者金钱占据了他们的信仰，他们对学校的道德教育没有兴趣，但对清朝人写的给儿童的道德启蒙书《弟子规》感兴趣。由此我们需要反思的是，在家庭、在学校我们应该根据儿童的心理发展规律给他们及时地进行信仰和道德伦理教育，而教育的形式不应该是空洞的和脱离他们心理发展规律的。而道德伦理教育是我们每一个人人格的一部分，这也是人之所以为人的基础。道德伦理的教育主要不是言教而是身教，《弟子规》这本小册子用三字短句，表达了一些浅显的做人的道理，而这本应该在儿童进行的教育，犯人之所以喜欢也说明了他们在儿童期，在道德教育的关键期道德伦理教育的缺失。

家庭道德伦理教育缺失的直接恶果则会导致儿童的人格不健全，儿童成年后会表现出来种种问题，上面的药家鑫案例，是极端和典型的例证。家庭伦理与传统文化的融合可以建构孩子健康人格，孩子只有拥有健康的人格才有可能会拥有幸福的人生。而建构孩子健康人格需要父母从孩子出生开始就在日常行为和亲子关系中慢慢建构出来的。因此，儒家的伦理文化不能仅仅是作为一种哲学思想去理解去背诵，而是应当作为日常的行为、夫妻相处之道、养育孩子之道进入现代的家庭，让父母有意识地遵从和生活，如此才能构建出孩子的人格。因此，本章编者提出以下建议：

第一，以西方心理学为参照系，以儒家伦理为核心，构建孩子的人格。并在此基础上，在家庭伦理层面实现传统文化的复兴。西方心理学历史虽然不长，但是它扎根于漫长的欧洲哲学，对人性有很深刻的理解。特别是弗洛伊德等心理学先驱在研究人的个性的成长方面有独到的见解，擅长对孩子成长中的关系和身体、心理进行比较系统和细致的分析，而且都有观察和实验作为依据，也非常注重对孩子人格发展的研究，并有相对成熟的心理学范式。

第二，用西方心理学解构儒家伦理。儒家伦理主要重视的是人与人之间的关系，从家庭关系到社会关系，而西方心理学也非常重视儿童早期的亲子关系，并研究关系对人格发展的影响，从这一点上，两者具有共通点。但是儒家的伦理道德和社会规范不能完全回答一个人人格成长的诸多很细致的问题，而西方心理学是一个重要的补充，它不仅填补了中国文化中不重视个体的缺陷（西方心理学尤其是精神分析学派特别重视个体），同时也会提供一个很踏实的次第来实现自身人格的完善和孩子的教育。用西方心理学解构儒家伦理可以解决以下问题：①有意识地运用儒家伦理建构自己和孩子人格，教育的目标和指向明确（成为什么样的人，为什么成为这样的人）；②根据信息传递的熵增原理，我们越是想让一个地方有序，就越会导致总体的更加无序。这也可以解释为什么一些人强烈反对和抵触传统文化。因此，父母作为文化和家庭伦理的传递者就不能强迫孩子被动地接受，同时也不能让孩子仅仅对父母有依赖性的一面，而必须要培养孩子有一个主动的、创造性的接收，也必然要培养孩子的独立性。

第二节　中国传统文化在罪犯矫正中的应用

传统文化是我们的精神家园，是保持内心和谐的重要因素，罪犯也不例外。

由于每个罪犯都是带着传统文化的烙印进入监狱同其他犯人接受改造的，可以说每个犯人的血管里都流淌着传统文化的血液，只是多寡不同。这些因素在罪犯当中，相互作用，相互影响，构成了一个传统文化场，虽然罪犯们也受其他文化的影响，但是，对于改造好的罪犯来说，传统文化因素的影响是至关重要的。从以下几个方面的传统文化的教育可以对罪犯的人格起到重塑和矫正作用，当然，这种变化需要监狱警察的身教和言教。

1.孝顺父母——"为人子，止于孝"

罪犯大都是极端的利己主义者，在犯罪时他们不考虑别人，包括自己的父母，只想到他们自己；入狱后又有相当一部分人，不好好接受教育改造，不悔恨犯罪给他人和父母造成的伤害，反而怨恨父母无能，甚至不考虑父母的境况，一味地向父母要钱物。在对某监狱近 500 名犯人问卷中，发现 40％的犯人不尽孝道。

2.疼爱儿女——"为人父，止于慈"

"无情未必真豪杰，怜子如何不丈夫"。罪犯中不疼儿女，不讲求慈爱者有之。在对某监狱近 500 名犯人问卷中，发现 30％以上的犯人在犯罪之前对子女不尽慈道，入监以后又没有良心发现。因此，教育罪犯正常地慈爱儿女也是非常必要的。

3.讲求诚信——"与国人交，止于信"

信，即诚实守信。这是中华民族自古以来所倡导的为人处世的道德规范。经我们考察，大多罪犯为了一己之利，很少讲信用，他们吃、喝、嫖、赌、抽，坑、蒙、拐、骗、偷，都是以"自欺欺人"为基础的。因此，我们教育罪犯必须讲求信用、光明磊落、心胸坦荡、坦诚实在、表里如一，成为一个值得社会信赖的人。

应该说，孝、慈、信是做人最起码的道德标准，也是"止于至善"的最高标准。也许罪犯的思想境界距离"止于至善"的思想境界还很遥远，然而，向善靠拢一步，就是一种飞跃，一种历练，一种净化，一种升华，一种进步，我们的矫正教育工作也就向前迈进了一步。因此，《大学》的"三纲领"特别是"止于至善"的教育目标为罪犯矫正教育提供了重要标的。

一、心理教育与传统文化的融合

中国传统文化博大精深、源远流长，在修身立志、治国安邦、成就事业等方面，给我们留下了大量可借鉴的宝贵遗产。人之所以犯罪，其人生观和价值观的错位和道德观的下滑是主要因素。因而，对曾经走过弯路的人而言，通过中国优秀传统文化的教育，从根本的道德问题上入手，对改造自我的道德思想，重塑自我的道德观念，养成自我的良好行为大有裨益；从最能体现人性的孝亲情感问题入手，充分发挥"感人心者，莫先乎情"的感召力量，以亲情唤醒自我的良知与觉悟，来改变自我的改造态度，激发自我内在的改造动力。

(一)明伦倡孝、开启心智

人之所以犯罪，是在如何做人的根基上出了偏差。优秀传统文化重视人伦，认为"孝为德之本"。孝能启发人的恩义、情义、道义。在明伦倡孝上，有许多中国传统文化名言可学，如：宋代林逋《省心录》曰，"孝子亲则子孝，钦于人则众钦"。明代《增广贤文》曰，"羊有跪乳之恩，鸦有反哺之义"。孔子曰："今之孝者，是谓能养。至于犬马，皆能有养，不敬，何以别乎？""孝子之养也，乐其心，不违其志。"这些古语是说，一个人对自己的父母孝敬，则以后子女也会对你孝敬。你对众人恭敬，众人也会对你恭敬。羊有跪乳之恩，鸦有反哺之义，而况人呼。孝敬父母不只是赡养就行，不然与养犬马有何区别。对父母不仅要养，还要使父母乐心，顺父母的意志。这些古人之言，能触及矫正人员他们的内心深处，唤醒他们内心的良知，产生震撼性的效果，使他们懂得孝敬是做人之本，是成事之始。有了孝敬之心的人，在做事时就会懂得尊重他人,不做让父母伤心的事,不做损害社会和人民群众利益的事。

例如周某是一名社区矫正人员。16岁的他由于自小家庭破裂,个性叛逆而冲动。2012年上半年参与一起抢劫案件后,被判处缓刑2年。进入社区矫正以来,在工作人员的细致教育和耐心帮扶下,小周逐渐学会理解他人、改变自己。得知区司法局开展社矫人员读书征文活动,小周认真重读了妈妈买来的《弟子规》。其中,"父母教,须敬听;父母责,须顺承"让他深有感触。在读后感的最后,小周以"感恩"表达自己的心情:"多谢大家没有抛弃我,还给予我重新做人的机会,为此我懂得了感恩。感恩家人,感恩社区。"①

(二)修身倡德、知行合一

中国优秀传统文化的核心是道德教化,道德教化最大的特点是强调"道中有我"和"我在道中",强调"由内而外"和"正己正人"。如:孔子为人处世之道非常符合当今倡导的严于律己,宽以待人的准则,提出要"吾日三省吾身",要自觉做到"勿意、勿必、勿固、勿我",对于自己的过错要"有则改之,无则加勉"。做大事者首先要会修身立德,处处为他人着想,做到"子帅以正,孰敢不正",做到"修己以敬,修己以安人,修己以安百姓"。

对他人,要学人所长,容人所短。做到"三人行,必有我师焉,择其善者而从之,其不善者而改之",有利于矫正人员反躬自省,谨言慎行,宽容别人,培养正确的处世之道;强调"己所不欲,勿施于人"的处事原则。倡导"胜人者有力,自胜者强",战胜自己比战胜别人更为关键、更为重要的人生道理,使矫正人员树立起由懒散冲动向修身立德方面转化的信念,逐步做到能自我约束,改过自新,回归社会。

例如合肥市蜀山区琥珀司法所"社区矫正(安置帮教)教育管理基地"在翠竹园社区挂牌后,开设了"国学课堂"。这也是安徽省第一个社区矫正(安置帮教)国学教育基地。"自3月份'国学课堂'第一次开课以来,已有11人先后参加了这项活动。"相关负责人说,琥珀街道司法所每季度组织辖区内社区矫正(安置帮教)人员集中上一次国学经典课。为什么要给社区矫正人员开办"国学课堂"?相关负责人表示,希望通过国学经典诵读来提升社区矫正对象的心灵,"为他们树立正确的人生观会有一点帮助。"负责人说,自从将国学教育引进到社区矫正管理中以来,在琥珀街道接受矫正管理的社区服刑人员,没有出现一例重新犯罪。②

(三)笃行倡学、始终如初

中国传统文化讲求的是笃行,而笃行的前提是学习,学习是为笃行做准备,要做好倡孝、倡德就要做到倡学。子曰:"君子博学於文,约之以礼,亦可以弗畔矣夫!"孔子认为,一个人如果能广泛学习,并以礼的要求来约束自己,就不会背离君

---

① 参见武汉综合新闻网《洪山区社区矫正人员〈弟子规〉里学会感恩》,http://www.cjn.cn,2012—11—23访问。

② 参见中安在线(合肥):《社区服刑人员学起〈三字经〉》,2012—09—18访问。

子之道了。

中国优秀传统文化浩瀚如烟，《弟子规》就是倡学的入门教材。该书的中心思想主要围绕《论语·学而篇》"弟子，入则孝，出则悌，谨而信，泛爱众，而亲仁；行有余力，则以学文"而阐发，涵盖了中华传统文化对伦理道德的基本要求，概括了一个品行优良的人应当做到的一切，而且通俗易懂，非常适合矫正人员的实际。目前全国很多省份都在矫正人员中推广《弟子规》的学习，并让矫正人员联系实际，写思想汇报。

例如南京市竹镇镇矫正人员年轻人占90％以上，且多数是独生子女，究其犯罪根源，是由于教育的缺失，法制教育的缺失、传统文化教育的缺失。在工作、生活中没有前进的目标，没有正确的价值观、人生观，以自我为中心，不考虑他人感受，一意孤行，最终走上违法犯罪的道路。鉴于这些考虑，竹镇司法所开始组织社区矫正人员学习弟子规传统文化教育宣传片，在教育片中，一个社区矫正人员现身说法，说了他的自身经历，他的思想的变化，对自己走上犯罪道路的悔恨，对让父母担忧的失落。他的一番肺腑之言，在社区矫正人员中引起了共鸣。社区矫正人员看完教育片后纷纷表示：百善孝为先，自己犯了罪，让父母担惊受怕是最大的不孝，今后一定要在家孝顺父母，遵纪守法，做一个有良知、有道德的人，加快回归社会的脚步。[①]

笃行倡学讲求老子所说"合抱之木，生于毫末；九层之台，起于垒土；千里之行，始于足下"，这是一个日积月累，持之以恒，从量变到质变，细节决定成败的哲理；这个哲理有利于社区矫正人员坚定从小事做起、从现在做起的改造信心，做到始终如初，终身"三慎"，即"慎初、慎微、慎独"。促使矫正人员，重新认识人生，用中国优秀传统文化时刻勉励自己，过好人生，争取早日回归社会，做一个有利于社会和人民的人。

（四）心理教育和传统文化相结合需要注意的问题

1.教育者应先受教育

教育者应学习传统经典，明是非、知荣辱，常修为政之德、常思贪欲之害、常怀律己之心，修身正己，正己正人，保持自省，知行合一。孔子云："其身正，不令而行，其身不正，虽令不从。"教育者无声的示范将在受教育者的心灵深处形成一股排山倒海般的内化力。

2.经典教育需要语言的转换

古人在读经典的时候是怎么样思考和感受的？我们不是古人，但是我们可以想到，在那个时代，读书写字甚至口语与我们现在都会有很大不同，语言是思维的工具，在这个环境长大的孩子读诵经典，相信会有他的理解，并非只读不理解，私塾老师在讲经的时候，相信也不会不讲意义，但是可以相信的是，他们用他们的口语

---

① 参见南京市六合区司法局竹镇司法所网站：《用传统文化洗涤心灵》，2012－12－14。

讲意义，对我们现在的人来说仍然是难懂的，因为我们现在是白话文，用简体字和白话文进行思考，其实古人的思维已经处于两个世界了。同时还有一个事实是，当时的社会都有着共同的价值标准，都有着共同的父母教育孩子的标准和家道伦理，父母、老师共同遵从着他们读的圣贤文化。而现在并不具备这个环境条件。

3. 只读经的利弊

近年兴起一股少儿读经热，对于少儿读经的理念，本章编者不完全赞同。首先是，只读不解的确是可以培养孩子对于古文语言的语感，对于古文经典的意义扎根在他无意识深处，等到孩子成长成熟后种下的种子会发芽，但是这样做存在的问题是，成年人读经如果也不解释，是否也要等到以后生根发芽就存在问题了。事实上，如果做老师的、做家长的自己不了解圣贤经典和圣贤文化，那么就不能认同孩子、学生成长的核心理念。更不会改变一些自己的理念。因此，作为心理教育的儒家经典教育，需要教育者自己理解经典的意义和内涵，并且身体力行，否则光靠受教育者自己读经是完成不了人格的塑造的。

4. 读诵经典也要理解和认同

因此，我们需要解读经典，向古人一样阅读经典，在阅读的时候知道我为什么要读它，它的意义何在。特别是对于家长和教育工作者而言，了解经典的意义和核心理念，是至关重要的，可以确立一个稳定而正确的文化，并用这种文化重新塑造受教育者的人格。由于我们和传统文化的隔绝，文字语言的隔离，我们再准确地理解文字已经很困难，即使理解了，我们也不能明确他到底是否适合现代人，无可否认，传统文化里的家庭关系、社会关系、修身内省的思想和方法的确需要转换才能被现代人所接受。[1]

二、心理治疗与传统文化的融合

著者主张，现有的心理治疗方法需要扎根在心灵之"道"上，也就是要和我们自己的传统文化深度融合。实际上，许多西方著名的心理学家，在其理论和体系形成的过程中，确实受到了中国文化的影响。其中，卡尔·荣格便是一个例证，申荷永等人系统阐述了荣格及其分析心理学与中国文化的关系。除了一些类似荣格这样间接受到中国与东方文化影响的例子之外，在林林总总的心理治疗的类别中，还有一些直接源自传统文化的治疗方法，如森田心理疗法与正念训练。而随着西方心理治疗的发展，一些西方心理治疗学家越来越清楚地认识到自身的局限性以及中国传统文化的智慧，甚至有人认为心理学的未来在中国。近年来，超个人心理学在西方迅速崛起就是一个很好的证明。这个流派是建立在东方文化基础上的心理学体系，同时也综合了西方精神分析、人本主义等重要流派的思想，力图建立心理学

---

① 姚峰：《基于中国传统文化的心理治疗观》，《赤峰学院学报（自然版）》2012 年第 3 期（上）。

的全景谱系,而此学派最重要的代表人物就是美国心理学家肯·威尔伯。

(一)肯·威尔伯的意识谱理论

该理论把人的意识分为阴影层、自我层和心灵层,每一层代表着对个人本体的不同理解。

阴影层是意识中最狭窄的层次,此时人只和自我意识的某些部分(或与其人格面具)相认同,自我的其他倾向则被视为痛苦的、不适当的阴影而被排除在外。意识处于这个层次人最有效的治疗方法就是精神分析疗法等。

自我层表明人只和他的自我意象相认同。人的有机体一分为二,一个是作为自我奴仆的肉体,另一个是与肉体相脱离的自我。人的本体意识在这一层次逐步缩小。意识处于这个层次人最有效的治疗方法是人本主义。

心灵层是人的最内在的意识与宇宙的终极实在相认同时的意识状态,它是意识的唯一真实的状态,因而又被称为宇宙意识层、人的最高本体层。在这里我与非我的界限被打破,即达到东方哲学中天人合一的境界。意识处于这个层次人需要灵性的开启。

维尔伯认为,西方心理学主张主客两分,从而把身与心、我与非我、心灵与宇宙人为地分隔开来。超个人心理学就是力图克服这种主客二分,使心灵的虚幻分化转变为本体意识的统一,使人的童年期、成年期和精神发展阶段联结成一个连续统一体。

(二)以中国传统文化为基础的新心理治疗观

作者认为心理治疗在身体、心理、灵性三个层面都不可忽视,且每个层面的治疗都可以和中国文化的思想结合起来。我们可以把这三个层面的构成方式都构想成中国的太极图,运用以下几个层面的训练达到身心的整合与心灵的成长:

1. 身体层面的治疗

中医治疗学强调治疗要从整体出发,注意整体的阴阳气血失调情况,并从协调整体阴阳气血及脏腑的平衡出发,扶正祛邪,消除病变对全身的影响,切断病变在脏腑间相互传变所造成的连锁反应,从而通过整体的治疗效应,达到消除病邪治愈疾病的目的。中医临床学的辨证论治,实际上即是整体治疗观的具体体现。

2. 心理层面的治疗

我们需要修正西方两分法思维的意识与无意识的冰山图,在中国文化下,意识与无意识可以看作太极图里的阴阳鱼,只有相互对话,意识对无意识的内容做到理解、宽恕才能真正做到意识与无意识的动态平衡。而穿越自我的幻象和认识个体无意识在心理学各种方法和流派中,精神分析的方法走得既稳妥又深入。精神分析的自由联想鼓励病人说出每一句话,让病人直面自己内心的阴影,真正做到悦纳自己,从而起到治疗的效果。

但是用精神分析或者其他治疗手段并不能达到心灵的超越,而对于很多"病人"来说,他的心理疾病恰恰是由内心无所皈依,缺乏心灵家园而导致的,不解决这个问题他的心理问题无法彻底解决。荣格后期也发现,他的一些中年期的病人内心问题的根本原因就在于缺少内心的整合,即使事业成功,也仍然感觉人生空虚。因此,这就涉及心理治疗的第三个层次:心灵层次。

用超个人心理学大师肯·威尔伯的话来说就是:"用揭露技术,使问题浮现,将其整合,这些障碍是被语言制造出来的,被罪恶感支撑的,我们鼓励病人说出心中浮现的每一句话,目的是要和阴影面建立友谊,并重新承认它的存在。使用禅的技术不足以放松我的全部,譬如那些被压抑的障碍,因为压抑的障碍常被避开,因此禅的作用不应该只被诠释成揭露的技术。反之,你可以尽量使用揭露的技巧,但是你不会因此而得到彻底的解脱。弗洛伊德不是佛陀,佛陀也不是弗洛伊德。因此应该将心理治疗和静修结合起来使用,让他们各自发挥所长。"

3.心灵层面的治疗

身心的整合就是心灵的太极,以起源于印度的瑜伽为例(调息、体位、放松、冥想),强调的就是身心的整合。当你放下一切烦恼,让身体进入瑜伽的动静之中,此时的头脑不用那么累地去掌握每一刻的对错,让身体的每一个细胞开始动作活络起来,把原本的身体秩序打破,再重新组合,慢慢引导出内在的统一,你将会感受到一个全新自信的自己。

而内观禅修中的正念的训练也可以达到相应效果,正念训练要求如其所示地观察当下一刻及这一刻发生的身心内外体验,是一种特殊方式(有意地、活在当下及不做评判)的觉知。正念训练是一套技术(或一种方法),旨在鼓励有意的、非价值评判的,与此时此刻发生的事件连接。简单地说,正念训练就是以一种接纳和充满好奇心的态度,通过非价值评判的观察有意地注意个人当下身心内外的体验。1940年前后,缅甸佛教长老玛哈希等在政府赞助下开始大规模的正念练习普及教学,这一教学在1956年后传至欧美社会,并逐渐引起了临床医生和心理学家的注意。20世纪70年代末,美国麻省理工学院压力治疗中心开始运用正念训练让患者进行疼痛治疗和压力管理,并最终创立了正念减压疗法,开始使这一课程在美国得到了广泛的认可,随后发展出了一大批以正念训练为核心技术,或者以正念为基础的心理治疗方法,例如,正念认知疗法、辨证行为疗法,以及接受与投入疗法等。近年来,与正念训练相关的疗法如瑜伽疗法,也主要是以观想进入境界,运用三种相应方法,即手结契而不散、口诵直言不停、意做观想不乱,广泛应用于各类神经症、成瘾行为、人格障碍等的治疗。但是正念训练的有效性也仅仅限于人格基本健全,心理症结基本解决,为进一步寻求心灵超越的人。我们并不否认有很多像佛陀那样伟大的心灵,通过自我心灵的修炼可以达到某种心灵的超越,但是更多的人通过纯粹的心灵的修炼是难以真正达到某种超越,还可能会导致对现实的逃避。因此,首先应该要穿越自我的幻象,直面自己,在这个基础上再通过心灵的提升达到某种境界。

案例分析

未成年犯犯罪原因调查及传统道德教育实验[①]

1. 对 100 名未成年犯犯罪原因调查分析

道德是指以善恶评价为标准,依靠内心信念、传统习俗和社会舆论的力量,来调整人与人之间以及个人与社会之间关系的行为规范的总和。随着时代的发展,未成年人犯罪率呈时高时低、稳中有升的发展态势。多年来我们不加甄别地引用西方教育理念,重智育、轻德育,或德育不得法,加之影视作品、网络中不良传媒的污染毒害,长期忽视或遗弃我国博大精深的传统文化教育,从而导致少数青少年道德水平低下、是非不明、善恶不辨、金钱至上、享乐至上、个人至上,最终铤而走险,身陷囹圄。

为了解未成年犯道德状况,课题组对浙江省未成年犯管教所 100 名 14~18 岁的在押未成年犯进行了一项基本调查,分析结果如下:

(1)文化水平较低。根据调查,未成年犯里小学及以下文化程度的占 23%,初中文化程度的占 65%。由于未成年人文化水平较低,学校教育较少,因此对是非、善恶、荣辱、美丑等认识能力有限,容易导致思想和行为的盲从性。

(2)不当的家庭教育或者早期道德教育缺乏。一是父母教育方法不当。67%的罪犯父母很少对其进行教育,或者教育方法不当,只有 2%的罪犯认为父母对自己经常教育且十分有效。二是父母素质偏低。75%的父母文化程度都是初中及以下,90%的父母职业是经商、农民或打工,对子女的教育能力有限;63%的罪犯父母对其毫无原则地溺爱,使子女养成唯我独尊、我行我素的性格。三是父母缺乏对其日常行为规范的教育指导。由于我国现行的教育体制的局限,父母普遍重智育,轻德育,或德育不得法,70%的罪犯对父母的生日不知道或者记不清了;50%的父母对子女平日密切交往的朋友不了解且不感兴趣;对子女平日喜欢阅读的书籍不能给予正确的指导,其中有 50%的罪犯平日喜欢阅读武侠惊悚言情小说,这些都促成了未成年人的不良意识和行为的产生,最终走向犯罪。

(3)学校教育重智轻德,未成年犯道德意识淡漠。在调查中,对于学校开展的道德品质教育课程,普遍不感兴趣或者感觉一般,只有 12%的未成年犯表示喜欢,并且表示学校的道德课经常被主科课程占用。50%的罪犯希望中小学校能够加强在校学生的道德品质教育,40%的罪犯表示对未成年人的道德教育形式采取现身说法教育和参观纪念馆、博物馆等较好。

---

① 姚峰:《未成年犯犯罪原因调查及传统道德教育实验》,《安庆师范学院学报(社会科学版)》2011 年第 30 卷第 12 期。

(4)不良的社会环境和市场经济的负面影响,未成年人信仰缺失。68.3%的罪犯平日交往的朋友是在社会上混世的青年,以恶为友,沾染恶习;40%的罪犯捕前经常出入网吧,沉迷于网游,不能自拔;50%以上的罪犯认为金钱和健康是人一生之中最重要的;97%的罪犯完全同意"有钱就能办到一切"的观点或认为有一定道理;85%的罪犯没有任何信仰;近40%的罪犯最崇拜的人是自己,这些拜金主义、享乐主义和个人主义的思潮,不断冲击着未成年人脆弱的思想道德防线,威胁着未成年人健康成长。

(5)未成年犯的身心具有很强的可塑性,良知和良心并未泯灭。80%的罪犯对自己沦为囚徒感到羞愧,53%的罪犯对父母的养育怀着感恩之心,80%的罪犯入狱后最思念的人是父母和亲人;75%的罪犯认为在监狱里开展《弟子规》等传统美德教育对自己的成长和将来有很大好处;58%的罪犯愿意使用文明用语,并认为"使用文明用语是对现代人的起码要求",82%的罪犯愿意帮助有困难的人或者向社会献爱心,认为"助人为乐是一种美德,永远不会过时"等。

2.中国传统文化德行教育对未成年罪犯德行的正面影响

随着时代的发展,优秀传统文化思想已经越来越受到人们的关注。对罪犯进行传统文化教育,重塑他们的世界观、人生观和价值观,也成为越来越多司法工作者矫正罪犯的重要方法之一,他们认为传统文化中所包含的"孝悌仁爱"精神能够培养并改变罪犯的原有意识。主要表现在以下三个方面:

(1)感恩教育,能够改变罪犯的狭隘意识

90后作为未成年犯的主体组成部分,大多是独生子女,从小生活在优越的环境中,不知艰苦。家长过分的庇护和迁就,使他们几乎免受了生理、心理、肉体和精神的痛苦体验,不知痛苦和恐惧为何物。加之如今视听娱乐工具设备的普及,使得他们的闲暇时间都消磨在看电视、玩电脑上,缺乏与亲人的情感交流,不懂得体谅关心别人,待人冷漠,对他人很少宽容忍让,无理也要狡辩三分,得理更不饶人。不懂得感恩,对于父母的抚养认为是天经地义,对于朋友的帮助认为是理所应当。对于国家、集体、人民更是缺少基本的责任感和道义感,甚至藐视社会公德,他们喜欢反问"良心值几个钱"。在调查中,80%的罪犯在被问及他们犯罪时有没有想到对不起亲人或者他人,都回答说没有考虑那么多。

针对这些罪犯大多在心胸、气量、见识上存在的狭隘思想,极端自私、冷酷,没有感恩之心,我们教育罪犯要从世界观、人生观、价值观入手,深挖他们的犯罪根源,教育他们从狭隘的圈子里走出来,着眼于他人,懂得感恩。感恩世间所有人所有事物给予自己的帮助,首先应从感恩为自己成长付出毕生心血的父母双亲开始。"父母呼,应勿缓,父母命,行勿懒"、"亲所好,力为具,亲所恶,谨为去"、"身有伤,贻亲忧,德有伤,贻亲羞",感恩是中华民族的优良传统,是一个人的基本品德,是人的生存发展需要得到满足以后产生的主动寻求回报的一种心理体验,是人性高贵之所在。通过感恩教育,使他们可以从自我中心主义的牢狱中解放出来,主动无私地帮助别人,进而产生恩恩相报的连锁反应,在博大的仁爱之中,找回他们的赤子之心。

(2)信任教育,能够改变罪犯的处事观念

《孟子》记告子之言曰:"仁,内也,非外也;义,外也,非内也。"孟子也说:"仁,人心也;义,人路也。"可见,"仁"突出了人的内在因素即思想观念的特征,是人的真善美道德属性的表达。有"仁"的思想品质,才会有"义"的行为,故曰"仁者,义之本也",正义的行为准则是与仁爱的思想相伴的。未成年犯由于没有仁爱的思想做内核,他们的处事观念与常人有着本质差别。许多罪犯出于自我保护的敏感,总用怀疑与敌视的态度去评价他人的言行,内心排斥他人的善意劝导,甚至连管教干部的帮助、批评也被理解为"整人"、"找事"、"看我不顺眼"。这种心理的典型外在表现是极度自尊,做事不求他人,全凭臆断,固执敏感,但本质上是极度自卑的表现,对他人没有丝毫的信任,时时处处存在戒备心理,形成狭隘的人格。

因此,对罪犯的教育要从各自的性格入手,培养他们健康的人格。懂得信任,学会尊重,"凡出言,信为先,诈与妄,奚可焉,奸巧语,秽污词,市井气,切戒之"。看见他人的优点行为,心中就升起向他看齐的好念头,虽然目前还差得很远,只要肯努力就能渐渐赶上,"见人善,即思齐,纵去远,以渐跻"。看见他人犯了过错的时候,心里先反省自己,如果也犯同样的过错,就立刻改掉,如果没有就更加警觉不要犯同样的过错,"见人恶,即内省,有则改,无加警"。只要罪犯心中懂得信任,心怀仁爱,定能做出正义之举。

(3)关爱教育,能够提高罪犯的自省意识

案例1:梅某,15岁。父母在他小时就将其送给亲戚,10岁时接回,然而其父母没有成功地重建亲情,11岁时,梅某离家出走,由于无人管教,到处游荡,后加入抢劫团伙走上犯罪道路。

案例2:李某,12岁,家庭不和谐,父母在他小时就一直吵闹不休,父母离异后,随母生活,母亲为寻找新的生活,无暇照顾儿子,连一日三餐都不能正常。李某由于无人管教,到处游荡,后与社会闲散人员同流合污,直到加入盗窃团伙走上犯罪道路。

案例3:高二学生徐某遵守校纪,成绩居班级前10名,年年被评为三好学生。2000年1月17日,他因怨恨母亲苛刻的管教方式,丧失理智,用榔头残忍地杀害了母亲,被判有期徒刑12年。

从上述案例可见,如果从小未受到良好教育,或教育方法不当,缺少亲人关爱,他们在父母身上感受不到亲情的温暖,在亲戚朋友身上体验不到友情的关爱,心理上的迷茫和疑惑得不到及时的指点,内心的欲望和需求得不到满足和慰藉,在学习或生活上有了烦恼,都闷在心里,久而久之,心理问题积重难返,进而形成抑郁、敏感、多疑、易怒、冷漠、孤僻、缺乏责任感和同情心等心理障碍和人格缺陷,又由于他们自我控制能力不足，遇到不良习气和坏人的引诱就容易走上邪路。

我们教育改造罪犯就是让他们抛弃私心杂念，走出阴暗、孤僻、忧郁、自卑的阴影，矫正任性、暴躁、冷漠、内向、极端的性格，真诚地去关心他人，爱护他人"老者安之，朋友信之，少者怀之"（《论语》）；做到仁爱之心"老吾老以及人之老，幼吾幼以及人之幼"（《孟子·梁惠王上》）。通过对仁爱精神的领悟，感受到人间的真爱，提高自省意识，加强自身修养。孔子讲"克己复礼为仁"（《论语·颜渊》），即主体自觉提高道德修养，约束自己，自觉履行道德规范。首先是"由己"，要从自己做起，"晨必盥，兼漱口，便溺回，辄净手"、"置冠服，有定位，勿乱顿，致污秽"；其次是"克己"，即约束自己、抑制自己，加强自身道德修养，"步从容，立端正，斗闹场，绝勿近"、"用人物，须明求，倘不问，即为偷，借人物，及时还，后有急，借不难"。在仁爱的境界中，罪犯通过生活中的一点一滴的小事，不断地修正着自己的道德修养，完成彻底改造自己的终极目的。

总之，孝悌仁爱之道对教育改造未成年犯具有重要的作用。通过传统文化中"孝悌"、"谨言慎行"、"爱众亲仁"等博大仁爱思想对罪犯的点滴渗透，使他们常怀感恩之心，常抱信任之念，常有关爱之情，进而改变其自身狭隘的意识，改进处事的观念，提高自省意识，"能行五者于天下"，走出心理阴影，从而达到重塑罪犯、改造罪犯的积极作用。

第十三章　罪犯心理创伤和危机干预

第一节　罪犯心理创伤后的应激反应

一、应激的相关概念

(一)应激的定义

应激,其英文"stress"一词的意义是指我们通常所感受到的紧张或压力。医学心理学将应激定义为:个体在事件或环境刺激下通过生理、心理和行为反应表现出来的作用过程。在这个定义中,包括以下几层含义:应激是个体对环境威胁和挑战的一种适应和应对过程;应激源可以是生物的、心理的和社会的;应激反应可以是生理的、心理的和行为的;应激过程受个体许多内外因素的影响。近十几年来,以现代应激学说的代表人物佛克曼(Folkman)为首的研究者越来越强调认知评价在应激作用过程中所起的核心作用,将生活事件、认知评价、应对方式、社会支持、个性特征和心身症状等应激有关变量,分别从"应激源"(刺激物)、"中间(介)变量"和"应激反应"这三个方面进行认识(图 13-1)。并进一步指出,中间变量按其在应激过程中的作用又可分为内部资源(认知、应对以及个性等)和外部资源(社会支持等)。

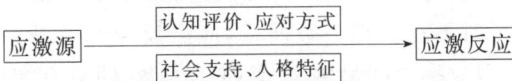

图 13-1　应激作用过程

(二)应激源

应激源是指引起机体产生应激反应的刺激物。广义的应激源的范围相当广泛,包括躯体的、心理的、社会的和文化性的应激源。

1.躯体性应激源

躯体性应激源是直接作用于躯体而产生应激反应的刺激物,包括理化因素和生物学因素,如温度、湿度、噪音、毒物、振动、微生物和躯体疾病等。

2.心理性应激源

心理性应激源是指各种心理冲突、挫折情境、人际关系的紧张不和睦、焦虑、恐惧和抑郁等各种消极情绪以及不切实际的凶事预感等。

3.社会性应激源

人们生活在自然界又活动在社会环境中,各种自然灾害和社会动荡都可以成为应激源,如战争、动乱、天灾人祸、重大的政治经济制度变革以及人们日常生活中各种负性生活事件。

4.文化性应激源

文化性应激源是指当一个人从一种熟悉的生活环境、生活方式、语言环境以及风俗习惯迁移到陌生的环境中所面临各种挑战时,需要人们去适应和应对的生活中文化方面的变化。

(三)应激反应

应激反应是指个体因为应激源所致的在生物、心理、社会方面的变化,常称为应激的心身反应。一般性应激反应可以分为躯体性、心理性和行为性三类,这是为了便于说明而从各个侧面去探讨的。实际上在强烈的应激源的作用下,三者是共同发生的,而这三种反应又是相互影响的。在我们实际生活中遇到的应激反应,是一种综合反应。近年研究的综合性应激反应有以下几种。

1.应激性亚健康状态

亚健康又称第三健康状态,是指人处于完全健康与疾病之间的状态。现代社会随着竞争和冲突的加剧,人们常感到"生活得很累"。这种慢性疲劳和精力低下的表现就是处于一种亚健康状态。亚健康精神状况的进一步恶化可导致崩溃的发生。这个过程是渐进性的,虽然每人的时程不同,但形式基本相似,大致分为三个时期:①应激唤醒阶段,主要是失眠、不安和焦虑;②能量储备阶段,有慢性的疏懒,持久的疲劳,烟、酒消耗增多,淡漠;③耗竭阶段,慢性的有抑郁、心身疲惫、社会孤独,极端的可产生自杀念头等。

2.应激性心理障碍

现代心身医学理论认为,机体在任何时候,只要有心理活动,就会有生理反应,也就是说,应激反应无时不在。但一般而言,应激反应并非都是坏事,心理学研究表明,应激与工作、学习效率之间呈倒 U 形曲线关系,即只有在适度应激反应的状态下,人才能取得最大业绩,过高或过低的应激反应均会使得业绩减退。因此,早在 20 世纪 30 年代,加拿大生理学家塞里(Selye)就提出过积极应激和消极应激概念,认为只要是适度和正常的应激反应,就不会对个体产生危害。因此,有应激反应并不一定就有应激性心理障碍的发生。

只有在应激反应过度时,才会导致个体功能障碍或器质性病变,即发生应激性心理障碍。应激性心理障碍主要是指应激造成的个体精神神经反应和心理功能障碍,具有如下特征:①发病因素与应激源有时间相关;②机体有神经或心理功能障碍;③多数与某种特殊个性类型相联系;④疾病经常有缓解或复发倾向;⑤不符合躯体疾病诊断标准。

3.创伤后应激障碍

有时人们处于高度应激情境时并不表现应激现象,只是在事件过去后一段时间才体验到应激反应。重大生活事件除了对健康造成即时损害以外,还会产生"余波"效应,也就是原发事件所引起的后续影响。这种在创伤经历一段时间后再发生的应激综合征称之为延缓应激障碍,《中国精神障碍与分类标准》(第 3 版)(CCMD-3)用创伤后应激障碍代替之。

创伤后应激障碍是一种焦虑障碍,常常发生于强烈应激和长期处在下列情境时:①个体的必需的基本需求受到威胁;②基本是无法控制的事件;③由于其他应对方法不能利用或无效而被迫使用防御机制。创伤后应激障碍常见于自然灾害如洪水、台风、地震,或者是突发的创伤性事故如火灾、飞机失事及爆炸、恐怖活动等。创伤的研究表明,只有少数人在事件发生时立即体验应激,而多数人均呈现延缓应激反应,出现在威胁过去后数天或数月之后,埃里克森(Erikson)对西维琴尼亚州水灾的两年后随访调查发现,每一个受灾者都在事件后有焦虑、激惹、夜惊、记忆损害及内脏不适的复合症状。

二、影响罪犯应激反应的因素

人们面对同样的生活事件时,可能表现出不同的应激状态,这是因为受到个体的认知评价、应对方式、社会支持和人格等影响因素的作用。

(一)创伤性事件

毋庸置疑,对于发生急性应激性心理反应和急性应激障碍的每一个个体,任何创伤性的事件都是其最直接、最明确、最关键的致病因素,因为这些创伤——无论是自然创伤还是人为的创伤——对于几乎任何人而言一般都是极其强烈的,所造成的心理刺激和心理冲击也是非常巨大的,通常超过了多数人能够承受的限度,且由于常常是突如其来的,事件亲历者对此往往是在没有任何心理准备的情况被突然暴露于创伤性事件中,因此,创伤对心理的冲击力和杀伤力是极大的。

(二)罪犯的心理素质

心理素质是指决定个体对心理疾病的易感性,通常形成于个体生命早期,是遗传负荷、母体子宫内环境、围生期损伤,以及婴幼儿时期心理和社会因素共同作用的结果,是在先天遗传和禀赋的基础上,在后天社会环境的影响下,个体在生长发育过程中逐渐形成的心理特质,主要包含气质和在气质背景上形成的性格特征,具体表现为个体对有害刺激因素的心理承受能力,包括情绪的稳定性、各种心理能力、气质特征等。这种心理素质是否健全,与个体的异常心理活动之间有着密切的关系,尤其是在处理和应对重大事件时,个体的态度、能力以及应对的方法和技巧等都能显示出其心理素质的健全与否①。虽然不良的心理素质并不等于心理异常，但具有不良或易感的心理素质，在生活环境中有害因素的冲击下，非常容易产生心理异常。

罪犯就正是心理素质不很健全的一群人，因此在遭遇创伤性事件时就更加容易发生急性应激性心理反应、急性应激障碍或是其他更严重的心理障碍。

(三)罪犯既往的精神健康史

这实际也是罪犯心理素质的一个组成部分。遭受到创伤性事件之后，罪犯是否会出现急性应激性心理反应、急性应激障碍或是其他更严重的心理障碍，既往的精神健康状况并不是必要的条件，但明显的情况是，既往发生过精神健康问题（罹患某种精神障碍或出现过某些精神症状）的罪犯比其他未曾发生过精神健康问题的罪犯更有可能发生急性应激性心理反应、急性应激障碍或是其他更严重的心理障碍②。

(四)罪犯既往的社会文化背景

人的心理活动来源于社会，因此，从本质上看，心理现象实际上是一种文化现象。罪犯的心理活动与其既往的社会文化背景和生活经验及阅历密切相关。遭受羁押之前罪犯所生活和生存的社会文化环境，使其形成了表现各异的性格特征；而罪犯不同的生活经历，也使其具有了不同的人生经验。基于这些不同的社会文化氛围，当在监狱场所内遭遇到创伤性事件后，是否会出现急性应激性心理反应和急性应激障碍的症状表现，以及症状表现的严重程度，不同的罪犯是不一致的。这主要是因为文化背景直接影响到了罪犯对创伤性事件的认知评价。

(五)罪犯的认知评价

从罪犯的认知评价角度看，在创伤性事件发生后之所以会发生急性应激性心理反应、急性应激障碍，以及其他精神障碍，原因只有两个：一是不希望发生的事件发生了，而且是在没有任何预兆的情况下突然发生了；二是希望发生的事件却没有出现或没有按照个人的预期出现。

认知行为主义心理学派的"S—O—R"公式和认知心理学派的"ABC"理论都认为，个体针对自己所承受之刺激的反应形式、内容和程度等，不仅与刺激的性质、类型、严重程度等因素有关，更与个体对该刺激的认识和理解有关，与该刺激对个体的意义有关，也与个体曾经的经历和经验有关。因此，在遭遇创伤性事件后是否会出现急性应激性心理反应和急性应激障碍，很大程度上取决于罪犯基于个人既往的生活经历和社会阅历而对创伤性事件的认识、理解和评价，取决于创伤性事件对罪犯切身利益的影响范围和影响程度。

---

① 陈立成：《罪犯心理障碍——识别与处置》，群众出版社 2008 年版，第 59—64 页。

② ［美］尤萨诺(R. J. Ursano)等著：《创伤精神病学》(*Textbook of Disaster Psychiatry*)，周东丰、王晓慧主译，人民军医出版社 2010 年版，第 13 页。

此外,罪犯曾经所接受的文化教育、个人的爱好与兴趣、愿望、价值取向、对生活和社会所持的信念和态度等,对于其在经历创伤性事件后是否会发生急性应激性心理反应、急性应激性障碍等精神障碍也有很大的影响和作用。

(六)罪犯的社会支持

人是社会性动物,社会性的特点之一就是个体难以独立生存于自然状态。因此,每个个体从出生开始,伴随着终生的发育和成长,就逐渐在自己的周围编织起了巨大的社会网络,这个网络中的各种人际关系形成了每个罪犯独特的社会支持系统。这个系统的成员包括其家庭成员、朋友、曾经的同学同事或战友等,对于罪犯而言,这个社会支持系统中还包括监狱人民警察及其他周围的人,他们会在需要的时候自动运转起来,从而对其提供及时且必要的社会支持和及时帮助,这个支持主要体现在精神方面①,且与犯罪人员对这些支持和帮助的感受与评价有关。研究表明②,能够获得良好社会支持的个体罹患各种疾病的概率比较低。

这类社会支持虽然不是犯罪人员急性应激性心理反应和急性应激障碍发生的直接致病因素,但创伤性事件发生后,良好、充分、有效和及时的社会支持对于减少犯罪人员的急性应激性心理反应和急性应激障碍的发生率,或者及时缓解与减轻其发作时的症状表现形式具有极为积极影响和作用,可以对各种心理应激起到保护、缓冲、支持等积极作用。而不良和不足的社会支持将可能会起到消极作用,加重创伤心理应激的危害③④,因此在创伤性事件发生后,那些难以及时获得来自其家庭成员和其他亲朋好友为其提供的必要且有效的各种社会支持的罪犯,急性应激性心理反应和急性应激障碍的发生率及症状的严重程度都要更加严重。

因此,那些社会支持系统存在着各种问题的罪犯——如:已经离婚,家庭成员的关系一直处于紧张与不和睦状态,家庭中充满争斗与暴力,父母早已离异或一直单亲,或者是入监前一直处于社会底层等——更容易发生各种急性应激性心理反应或急性应激障碍,也更容易被创伤性事件诱发出其他精神障碍。

同样,有些罪犯虽然拥有比较良好的社会支持与可利用的各种社会资源,但由于其本身早已存在的其他方面的心理问题,使其不会利用、不善于利用这些社会支持和社会资源,并因此而感觉自己缺乏社会支持。这类罪犯在遭受到创伤性事件时,也是非常容易发生急性应激性心理反应或急性应激障碍的。

(七)罪犯的身体素质与创伤前的健康状态

与心理素质一样,个体的身体素质同样也是形成于生命早期,是受先天的遗传

---

① 当然,个体社会支持系统为其提供的这类社会支持并非都是积极的和正面的。犯罪心理学的研究成果早已经证实,不良的社会支持是很多罪犯当初违法犯罪的一个非常重要的原因。

② 王玉凤主编:《精神病学进展(第二辑)》,长春出版社2001年版,第59页。

③ [美]尤萨诺(R. J. Ursano)等著:《灾难精神病学》(*Texbook of Disaster Psychiatry*),周东丰、王晓慧主译,人民军医出版社2010年版,第15页。

④ 陈立成:《罪犯心理障碍——识别与处置》,群众出版社2008年版,第59-64页。

和禀赋与后天发育过程中环境的影响而逐渐形成的,并决定了个体对很多疾病的易感性。由于身—心的交互影响和作用,身体素质将会影响到精神活动。如果创伤性事件发生时,罪犯的身体健康状况不佳或是正在罹患某种躯体疾病,将更容易导致急性应激性心理反应、急性应激障碍等严重的心理障碍。

三、罪犯应激后反应

(一)应激后心理亚健康状态

在经历重大事件之后,一部分人会出现急性应激障碍或创伤后应激障碍,但更多的人是处在应激后心理亚健康状态。

从应激理论看,亚健康状态发生的基础是紧张的积累。紧张是全身动员与紧张源作斗争的自我保护即修复损伤的反应。紧张具有两面性,当对于机体有利的一面居于矛盾的主要方面时,称为"生理性紧张";当不利一面为主时,称为"病理性紧张"或"劣性紧张"。人们对紧张的反应不仅取决于紧张源的强度,还取决于人体的身体和心理素质,后者决定了人们对紧张源的敏感性和耐受性。适当的紧张是有益的和必要的,但持续的紧张即紧张的积累,却有害于身体健康并使人消沉。

1. 亚健康状态的主要类型

亚健康是机体在无器质性病变情况下发生了一些功能性改变,因其主诉症状多样且不固定,因此也被称为"不定陈述综合症"。亚健康状态可分为以下三种类型:

(1)躯体化亚健康状态。躯体化亚健康状态表现为躯体性疲劳,虽不像癌症、心血管病那样直接而迅速地威胁生命,但已严重影响了人们的工作和生活,可视为一种危害现代人健康的杀手,需要引起高度的重视。

(2)心理性亚健康状态。最惨表现是焦虑、担心、恐慌。担心和恐惧是一种发自内心的不安,这种精神状态若持续存在,无法自我解脱和控制必定会产生心理障碍、易怒、睡眠不佳等。因此,常常觉得生活中危机四伏,没有能力解决问题。严重者感到心慌、心烦、不安、胃绞痛,处理事情慌乱、手足无措,无所适从。这些可怕的心理疾患,可诱发心脏病、癌症的发生。

(3)情感性亚健康状态。主要表现为与他人之间的心理距离加大,交往频率下降,人际关系不稳定等。随着社会进步,竞争日益激烈,人际交往复杂。初步研究发现,人们受教育程度的独立意识和自我意识的增强,信息接收来源的广泛,及时和量的扩充,个性多样化,最终导致人际关系的淡化。孤独、冷漠、自卑、猜疑、自闭,在人与人之间铸起屏障,这是现代人心理障碍又一个重要的因素。尤其是年纪比较大的人们容易患上感情综合症和社会不适应症,产生一种被社会抛弃和遗忘的强烈孤独感。

2.亚健康的临床表现

其主要的表现为：①躯体亚健康主要表现为慢疲劳,如经常感到乏力、困倦、肌体酸痛、咽喉痛、低热、眼睛易疲劳、无缘由的头晕、头痛,耳鸣,目眩,颈肩僵硬,容易感冒,易出汗、易便秘、易晕车,胸闷心悸,晨起有明显的不愉快感,食欲下降或有饥饿感却没有胃口等;②心理亚健康最常表现的是焦虑,主要表现为担心、恐慌,其次是精神不振,记忆力减退,注意力不集中,失眠、健忘,反应迟钝,想象力贫乏,情绪易激动,遇到小事容易生气,爱钻牛角尖,过于在乎别人对自己的评价等;③情感亚健康主要表现为人际关系的淡化,对人对事的态度冷淡、冷漠,常感到无助、无望、空虚,自卑质疑,自闭,溺爱以及婚外恋,早恋等。

(二)急性应激反应

急性应激障碍又称为急性应激反应,是指以急剧、严重的精神打击作为直接原因,患者在受刺激后立即(1 小时之内)发病,表现有强烈恐惧体验的精神运动性兴奋,行为有一定的盲目性,或者为精神运动性抑制,甚至木僵。如果应激源被消除,症状往往历时短暂,预后良好,缓解完全。

临床表现的初期为"茫然"阶段,以茫然、注意狭窄、意识清晰度下降、定向困难、不能理会外界的刺激为特点;随后,患者可以出现变化多端、形式丰富的症状,包括对周围环境的茫然、激越、愤怒、恐惧性焦虑、抑郁、绝望以及自主神经系统亢奋症状,如心动过速、震颤、出汗、面色潮红等。有时,患者不能回忆应激性事件。这些症状往往在 24～48 小时后开始减轻,一般持续时间不超过 3 天。如果症状存在时间超过 4 周,考虑诊断为"创伤后应激障碍"。急性应激障碍还有一种临床亚型,称为"急性应激性精神病",是指由强烈并持续一定时间的心理创伤性事件直接引起的精神病性障碍。以妄想、严重情感障碍为主;症状内容与应激源密切相关,较易被人理解。而与个人素质因素关系较小,一般病程时间也不超过 1 个月。

急性应激障碍出现与否以及严重程度与个体的心理素质、应对方式、当时躯体健康状态等密切相关。因此,在遇到突发事件时,监狱工作人员应该密切关注罪犯的心理健康状况,及时排查出现急性应激障碍的人员,并进行治疗干预。

治疗干预的基本原则是及时、就近、简洁、紧扣重点。

由于本病由强烈的应激性生活事件引起,心理治疗具有重要的意义。如监狱罪犯发生急性应激障碍,让其尽快摆脱创伤环境、避免进一步的刺激是首要的;在罪犯能够接触的情况下,建立良好的关系,与其促膝交谈,对其进行解释性心理治疗和支持性心理治疗可能会取得很好的效果;要帮助罪犯建立自我的、有力的心理应激应对方式,发挥个人的缓冲作用,避免过大的伤害;不要避免和罪犯讨论应激性事件,而应让其详细地回忆事件的经过,及其所见所闻和所作所为。这样的讨论将有助于减少有些患者可能存在的对自身感受的消极评价。要告诉患有急性应激障碍的罪犯,在大多数情况下,人们面临紧急意外时,不大可能做得更令人满意。

药物主要是对症治疗的,但在急性期也是采取的措施之一。适当的药物可以使患者症状较快地获得缓解，便于心理治疗的开展和奏效。

(三)创伤后应激障碍(PTSD)

创伤后应激障碍(PTSD)是个体经历强烈的精神创伤后导致的最为严重的精神障碍。具有以下特征性的三组症状：①再体验——反复闯入意识、梦境的创伤体验，或者面临相类似的情景(如在电视上见到地震的画面)时出现强烈的心理痛苦和躯体反应，如出汗、坐立不安、心悸或极度焦虑、恐惧，导致患者痛苦；②警觉水平增高——高度焦虑警觉状态，难以睡眠，易激惹，难以集中注意力，过度警觉，以及躯体的植物神经紊乱症状；③回避行为——回避与创伤事件有关的活动、地点、想法、感受，或拒绝交谈与创伤事件有关的信息，对通常的活动失去兴趣，与他人相处无亲密的感觉，内疚、抑郁也很常见。

这三大类症状常常在创伤后数天或数周出现，一般不会超过事件发生后的6个月，极少数人也可能更迟出现。如果个体在经历创伤后出现上述症状且持续至少1个月，导致个体严重的痛苦或者重要的功能损害，应该高度警惕可能患有PTSD，此时可以根据诊断标准来进行诊断。

第二节　罪犯心理危机干预的内容及方法

监狱可以对处于心理危机状态下的罪犯进行心理援助的方式主要有心理讲座、健康教育、团体辅导、心理咨询、心理治疗或者药物治疗等，主要内容是让罪犯有归属和安全感，消除负面情绪，帮助回归正常的生活。

一、团体心理辅导

开展团体心理辅导，宣泄不良情绪，激发罪犯心理潜能，充分发挥心理咨询师与罪犯群体的互助功能。

团体心理辅导，即通过交互作用的方式，模拟社会生活的真实情景，促进个体在交往中认识、调整、改善与他人的人际关系，促进自身发展和完善。

由于团体辅导具有：效率高、省时省力；感染力强、影响广泛、多向沟通、多个影响源、相互学习模仿、相互支持、集思广益等特点。因此对于在绝大部分罪犯中出现的焦虑、敏感、恐惧、易紧张等共性心理危机，咨询师应针对现状分类开展一些能在短期内缓解、改变、消除症状的团体心理辅导，做到有计划、有制度、有重点。针对监狱罪犯人数多而心理矫治工作人员人数较少的具体情况，对震后监狱的罪犯实施团体心理危机干预，无疑是一个经济、便捷、高效的途径。

在辅导的过程中，罪犯可以学会处理情绪、调节情绪，挖掘自身资源，寻找出解决问题的方法。监狱有针对性的团体心理活动可以包括：

（一）开展心理运动会

心理运动会上的游戏是针对地震灾害发生后存在一般心理问题、年龄较小的罪犯的心理特点安排的。人在童年时的心灵是最纯净、最本真的。游戏可以让学生们回归到童年，再次体验生命本体的愉悦，从而减轻创伤带来的焦虑。心理运动会上的大部分运动项目都是罪犯们童年时经常玩的游戏。比如开展"老鹰抓小鸡"、"贴鼻子"、"弹珠"、"击鼓传花"、"背猪"、"爱心接力"等游戏，既令大家开心不已，也让罪犯感受到民警真诚的爱。

（二）开展以体验互动为特点的团体辅导

如某监狱开展以"我在那个艰难的时刻"为主题的个人所经历的情景以及感受在小组内交流的活动，协助罪犯们初步释放自己的情绪，学会接纳自己的情绪；通过分析自身资源和外部资源的积极因素，引导罪犯领悟到：害怕、恐慌、抑郁、无助等情绪和自信、乐观、坚强、责任心等都是每个人的真实存在，当每个人发现和运用自己的积极资源时，那些负性情绪就会减少。开展"疾风劲草"的团体活动，每个人都感受到了来自他人的关爱和力量，也少了一份孤独，使团队的凝聚力和罪犯的信任感倍增。

（三）情感宣泄的团体辅导

干预工作在一定程度上就是为了让罪犯适当发泄情绪。如鼓励他们回想创伤发生的过程。哭泣、述说内心感受也是很好的宣泄方式。通过团体辅导，旨在释放紧张情绪，倾吐郁积在内心深处的痛苦、担忧与悲伤，从悲观、绝望、无助中逐渐回到现实的心理层面。

（四）缓解压力的团体辅导

在团体辅导中，我们主要通过一些放松练习，调整心理防御机制：尽可能鼓励当事人减少愤怒、愧疚、自伤、逃避的消极方式，改以较积极的方式来面对伤痛。

（五）降低恐惧的团体辅导

此辅导针对一些心理承受能力低，表现出闪回、梦魇、惊恐、入睡困难的罪犯开展。

咨询师通过营造安全和支持的气氛，让罪犯学习互相支持和关怀的方法，以相互照顾的方式来帮助他们走出困境。在充满恐慌和不确定的时期，罪犯需要可依赖的人、事、地，以获得安全、保证和支持。鼓励他们谈论受灾经验，表达害怕和忧虑，让他们知道表达感觉和想法是可以的，感到气愤、悲伤或惧怕是相当自然的，说出这些感受会觉得好过些。同时，不能逼迫他们说出想法，不管是多么奇特的想法，咨询师都应该表示充分接纳，并让他们知道出现这种想法是正常的，并分享自己的感觉，以帮助其降低和消除恐惧情结，树立信心，战胜创伤。

(六)生命的关怀团体辅导

当罪犯是因为亲友去世而受到创伤时,咨询师应将他们列入个案辅导,并应设计一些团体活动;转移其哀思和伤痛。哀思和伤痛一旦陷入垂直思考,就会不断联想,做白日梦,受到消极情绪的困扰。如果能转移思考的事件,做点别的事,参与团体活动、游戏等,则能转移原来困扰的思考线路,朝向具有积极意义的思路,这称作水平思考。

在生命关怀的活动中,每个人讲一段祷词,祷告、祈福、写信给亲友,目的是表露情感,缓解情绪。诚心地祝福逝世者安息,并说出自己会珍重自爱,创造光明的人生。陈述感恩的心情和珍惜生命,并表达互相友爱、支持和合作;传递关爱。

附录

某团体干预具体实施方案

干预目标:安抚情绪、宣泄悲伤、接受现实、面向未来
人员:3名一组(一人主持,两人辅助观察)
时间:2小时
参加人数:30人左右
单元内容时间:参见备注

1.建立联系

(1)主持人介绍和设置:
a.自我介绍
b.目的:我们要干什么
c.保密原则
d.小组活动的基本规则(时间:1～1.5小时,自由发言、谈话等)
(2)参加人员自我介绍
a.相邻的两个人互相介绍自己的情况,并介绍自己平时经常带在身边的一件东西(5分钟)
b.每个人依次发言,介绍刚才的伙伴(20分钟)

2.述说悲伤

(1)开始陈述事件
a.每个组员按年龄从大到小解释事件(每人5～10分钟)
b.越详细越好
c.采用目光的接触、无条件积极关注和热情接纳等技术,调动大家倾听,促使

发言者识别和表达情感。

（2）表达所经历的感受、体验

a. 看到、听到、闻到

d. 感觉到了什么（害怕、悲痛、伤心）

e. 你认为发生了什么

f. 你的看法和解释是什么

g. 这些对你的生活有什么影响

（3）表达情绪反应（40分钟）

a. 对事件、对自己、对同伴

b. 你的感受和情感是什么

c. 充分表达愤怒

d. 愤怒的原因是什么

3. 告别过去（20分钟）

（1）主持人帮助复习生理和心理反应，并结合大家的反应分析正常化个体反应

（2）提示当事人当看到与死者有关的事情的时候（地点、纪念日、东西等）会引起自己的不舒服是正常的

（3）讨论生命失去的意义

（4）建议每个人对死者说一些纪念的话

（5）鼓励当事人用自己的方式来表达对死者的纪念

（6）鼓励当事人参加追悼会等纪念活动

4. 寻找力量（教育）

a. 如何应对以后可能会出现的痛苦

b. 如何得到帮助

c. 我们可以为亲人做什么（20分钟）

合唱：《让世界充满爱》《感恩的心》

5. 面对未来（结束）（20分钟）

a. 总结

b. 给出建议

c. 告别再见

合唱：《歌唱祖国》

二、积极开展心理干预后续工作

有研究表明，经历了重大创伤事件的当事人中，70％的可以在没有专业人员帮助的情况下自己愈合其心理创伤，但这可能需要半年或几年的时间，30％的当事人在创伤后几年甚至几十年后会出现一些心理问题。心理援助不仅使罪犯情绪得到稳定，而且使个别心理问题严重者安然渡过心理危机，但急性干预与中长期目标衔接仍是个不容忽视的问题，在此可以借鉴一些监狱在这方面做的四项工作：第一，把创伤后心理援助内容制定实施细则，努力完善心理救援体系；第二，壮大心理援助专业化队伍，提升咨询师从业素质和技能；第三，加强罪犯心理健康教育，把创伤教育融入其中，促使罪犯在学习中成长；第四，做好个别罪犯的追踪回访工作，保证整个咨询过程的完整，效果持续。

三、罪犯的哀伤辅导

一个人的死亡，不仅仅只是影响到至亲的人，他的亲戚、好友都会因此而悲伤和痛苦，内心同样会受到长久的创伤。这里的哀伤辅导是特指对失去亲人的心理辅导，但如果我们把哀伤定义为"对丧失的心身反应"，那么可以说每一受到创伤的罪犯都需要哀伤辅导，因为很多创伤对当事人来说，几乎都面临着财产、身体或关系的丧失。所以哀伤辅导是心理援助中很重要的一项内容。

（一）哀伤辅导概述①

1. 哀伤辅导的概念

（1）丧失。丧失是人生命中难以避免的部分，丧失挚爱的亲人更给当事人带来了无尽的伤痛。在霍姆斯（Holmes）与雷赫（Rahe）很有影响的生活应激事件评定中，丧偶所带来的应激最大，其他家庭成员的去世列在第五，由此可见丧失亲人对当事人生活的巨大影响。

（2）哀伤。香港学者陈维樑将其定义为：任何人在失去所爱或所依恋的对象（主要指亲人）时所面临的境况，这境况既是一个状态，也是一个过程，其中包括了悲伤与哀悼的反应。

2. 哀伤的理论假设及依据

（1）哀伤过程假设。弗洛伊德最早对哀伤的过程提出自己的观点，他认为，当旧有的联结由于逝者离世而消失时，如果心力从关系中被抽离释放出来的话，过渡性精神投入的过程便会开始。生者的情感会随着投入重温与逝者有关的每一个记忆，并持续地发现逝者不再存在这一现实而产生波动与抽离。随着时日的过去，这

---

① ［美］吉尔·萨夫著：《客体关系入门》，邬晓燕等译，世界图书出版公司2009年版。

些经过不断投入和抽离的经历会逐渐转移到新的对象身上,直到生者的哀伤最终可以画上休止符。他还进一步推测,如果这一过程遇到异常的外在或内在干扰,当事人仍然停留在某种与逝者矛盾或被内疚支配的关系下,生者的精力难以转移,因而形成延迟、夸大或病理性的悲伤。

心理学者大多接受了弗洛伊德的看法。研究哀伤的荷兰心理学者斯特伯(Stroebe)将他们的看法总结为"悲伤过程假设",即"当事人的一系列认知过程,包括直面丧失、回顾去世前后的事件、在心理上逐步与逝者分离的过程。它是一个积极持续和需要付出努力的过程。最重要的是当事人需要意识到亲人丧亡的事实,压抑情感表达是病态现象"。

(2)依恋理论。很多学者将依恋理论用于研究哀伤,研究发现:安全型的个人能毫无困难地接近与依恋相关的记忆,叙述也前后一致。他们对亲人的去世感到悲伤但不会因此被完全压垮。"不安全—冷漠型"的个人对他人缺乏信任感,有某种强迫性的自立,这一类型的个人往往在亲人丧亡后压抑或逃避和依恋关系有关的情绪。"不安全—专注型"的个人表现得比较情绪化,他们沉溺于丧失亲人的悲痛中,不能建设性地应对与依恋相关的情绪。而"不安全—恐惧型"的个人对他人和自身都缺乏信任感,以往的创伤损害了他们以至他们不能正常地思考和谈论丧失依恋,前后的叙述也不一致。

(3)创伤理论。哀伤与创伤研究有重合的部分。Zisook 等人仔细研究了大量丧偶者的研究数据,他们发现如果配偶是自然死亡的,有约 10% 的居丧者出现创伤后应激障碍症状,主要表现为反复的侵入性记忆(如噩梦、闪回、侵入性记忆)和保护性反应(如情感麻木、健忘症、认知回避等);而死于意外事故或自杀身亡的,有超过三分之一居丧者的表现符合 PTSD 诊断标准。

3. 哀伤辅导的特点

综合哀伤辅导的理论,"与逝去的亲人在内心逐步分离"是"悲伤过程假设"的核心论点,也是基于此发展出了许多哀伤咨询理论。加上对个体的关注及哀伤的动态过程。现代哀伤辅导有下面几个特点:

(1)普遍注重哀伤研究的生态性;

(2)关注了哀伤应对过程中灵活性的重要性;

(3)重视不同文化背景(价值观、风俗习惯、宗教信仰)对哀伤过程的影响。

4. 哀伤辅导的方法与注意事项

对失去亲人的急性心理创伤服刑犯人来说,实施哀伤干预不失为一种较好的干预办法。通常,人们容易走进一个疗伤误区,即掩埋逝者的一切痕迹,采取回避态度郁积伤痛。

实际上,疗伤的有效方法是让患者拿着逝者的照片、遗物等,在睹物的过程中释放悲伤,如此做法,旨在让患者有个宣泄的地方,以此补偿心中的隐痛与愧疚。聆听、陪伴是最基本的支持。罪犯通过诉说、回忆、分享,悲伤可以找到一个宣泄的出口,即使勾起伤心,如此的面对仍是绝对必要的。对于强烈的情绪表达,无须制止、建议、说教,任何人遭此巨变,都会有难以承受的悲痛、愤恨;此时听者的接纳、尊重、给予空间,是很重要的。面对一些由于受到刺激表现出暂时性的情感冷漠,或难以宣泄情绪表达哀伤的罪犯,我们可以采用一些相关心理技术进行处理。如可以采用个体或团体的音乐治疗、绘画治疗、催眠等技术帮助来访者释放悲伤,进行仪式化告别,达到情感升华等。

哀伤辅导需要经验、敏感与同理心,要自觉示范稳定施助者的情绪,让受助者在施助者的现实表现中懂得处理自己的消极情绪,保持积极情绪和平稳开朗的心情。给予他们极需要的安定感、稳定感;还要在助人历程中自然释放心灵深处的感动,让罪犯体味相互扶持走过的艰难过程。

(二)祭奠仪式

祭奠仪式有着重要的心理动力学意义,表现为:①通过固定的仪式,提供了一个特定的时间和空间,完成与丧失的客体的分离;②众人聚集得以缓解伤痛和获得支持,也是一种对丧失与死亡的修通;③所致悼词和个人对死者的哭诉,也是个体的冲突和痛苦用社会和文化可以接受的方式得以表达。

1.事件回顾

2008年8月19日,是"5.12"汶川大地震"百日祭奠"活动日,四川灾区的绵阳北川广大群众又到创伤现场祭奠遇难亲人。实际上,8月13日即农历"七月半"以后,群众为亲人烧香祭祀的活动就越来越多。当地政府尊重民情,经评估后,将在地震中死难失踪人员达一万五六千人,对已经成为一座"死城"且危险四伏的北川县城开禁,为老百姓祭奠亲人提供方便,派各级公安部门维持交通秩序,并提供交通工具给前往北川县城遗址祭奠亲人的群众。回顾哀悼日的第一天5月19日14:28,正是地震发生后第七天,也就是民间所说的"头七"。

2.习俗

按照中国的传统,亲人逝去的百日祭奠应该是一件大事。子曰:"祭如在,祭神如神在。"我国民间自古以来就有祭奠死者要"做七"的习俗,即从人死后算起,第一个七天要隆重纪念,而后每一个七天头上都要纪念,直到"七七"四十九天。当然,后面的一百天也是非常重要的日子。在"头七"、"七七"、"百日"这些特殊的时刻缅怀逝去的亲人,寄托对他们的哀思,就好像他们仍然在自己的生活中存在着。这是一种与过去、与逝去的亲人们的一种连接方式,给人们提供了一条宣泄心中悲痛情绪的途径,在心理上跟痛苦的过去、逝去的亲人告别。这在特定时刻,具有特殊的抚慰幸存者心灵的治疗功能。实际上,在汶川、青海地震以及舟曲泥石流灾害后,我们也在中国传统的习俗基础上,适当地应用合适的方法,抚慰灾区幸存者们的心灵,并唤起其他普通中国人对死难同胞的深切怀念。这件事无疑会成为我们每个人一生中的重大生活事件。

在内心和死者做一个告别是哀伤辅导中很重要的一个环节,是基于哀伤过程的假设,如前文所述,"与逝去的亲人在内心逐步分离"是"悲伤过程假设"的核心论点。

(三)面对哀伤痛苦的自我心理调适

(1)了解这种情绪冲击需要一段时间调适,允许自己在适当的时候感受、发泄情绪。

(2)维持日常生活的规律,饮食、睡眠正常。

(3)不要孤立自己,多与朋友保持联系,谈论自己的感受。

(4)避免不恰当的发泄情绪:乱发脾气、自虐、虐待别人。

(5)把心中的忧郁、愤怒、紧张等情绪逐渐消除、发泄,这些负面的情绪对人生有极大的伤害。

(6)接受事实是一个很重要的关键。

(7)从怀念过世者当中转移到如何化悲痛为力量,继续他未完成的心愿,为家庭社会贡献心力。

(8)宗教在某种程度上可以帮助人们面对死亡。

(9)逐渐让过世者慢慢离开我们,在世的人需要继续人生的路程。

(10)情绪的失落可以寻找另外的人、事、物来取代。

如果哀伤的程度严重、持续时间超过 4~6 周,影响到日常生活功能、或有许多情绪存在时,需要转介精神医疗专业人员接受心理治疗,以免妨碍他的人生发展。通常是跟过世者关系密切、人格脆弱、年龄较轻、情绪障碍的人需要悲伤辅导。监狱也可以根据需要对创伤后狱所的相关罪犯进行团体或个体的哀伤辅导。

四、生命教育[①]

创伤后心理重建到底怎么做更为有效,这不仅是一个实践问题,也是一个理论问题。我们认为,创伤后心理重建应该融入生命教育理念,在重建心理的同时复原生命,而不只是单纯地进行心理康复或者心理治疗。这是我们对心理与生命、心理重建与生命复原及其关系的理性思考所得出的基本结论。

(一)心理不只属于心理,更属于生命

我们认为,人的生命是一个整体,是身、心、灵有机协和的整体。身心不仅不是分离二元的,而且它们在灵性(精神)的引领下相互协和,构成与环境有机互动的生命整体。心理不只是一个孤零零单独存在的"心理",而是人之完整的、富于灵性的生命整体中的一个部分。对心理的认识不应该只存在于心理层面,而应该是在整个生命中。相应地,心理问题其实也不单纯是"心理"问题,某种心理现象其实可能

---

① 姚峰主编:《犯罪心理学》,中国检察出版社 2011 年版。

是身、心、灵甚至环境多个维度共同产生的，是整体的生命困顿。

(二)心理重建同时也应是生命复原

经历创伤的人之所以需要心理重建，是因为在创伤过程中，维系人的心理和谐及整个生命完整的各种关系受到了损害甚至摧毁，人的知、情、意等心理活动不能在原有平衡的境况和状态中形成，导致诸多心理要素的分裂；或者知与情分裂，如明明知道人死不能复生，可就是不能抑制严重的悲伤情绪；或者知与意志分裂，如明明知道应该控制自己过度悲伤的情绪以免伤害身体，可就是不能控制自己；或者情与意分裂，如在遭到严重的外来事件打击时明明有极端情绪应该发泄，可情绪就是不能宣泄出来；如此等等。这些心理因素的分裂表明，各心理要素之间的内在平衡和谐是需要外在因素的引导而重新建立的。这就是创伤后需要心理援助的基本缘由。

与此同时，心理要素的彼此分裂，其本质是生命内在的自我分裂。不管是知、是情，还是意，它们都是我们生命及感知或者控制我们生命自身的一个部分。而且心理要素之间的这种分裂不仅是心理平衡与和谐的丧失，而且还会导致人的生命的心身失调，人的知情意都不能左右我们自己的肉体生命；也会导致人的生命内部的心灵失调，人的精神灵性不能主宰心理和身体。由此，心理的失衡在本质上就成为生命的自我分裂与自我破坏。也因此，心理重建的过程只有纳入整个生命的自我复原过程，即让生命的各个部分能够回归到正常的平衡与统一中，才会收到真正的实际效果。

从生命教育视野看，心理干预和心理重建，本质上是一个用生命触摸生命的工作。心理援助同时也是一个用自己的生命工作的过程，是对生命无条件的关注、接纳和尊重。

(三)心理健康教育应揉入生命教育内容

创伤后心理重建与生命复原的成功实践，使我们进一步坚定了要将生命教育融入心理健康教育中的信念，在心理咨询的同时进行生命辅导，在心理重建的同时进行生命复原。同时，面对心理健康教育正受到越来越多的重视，而生命教育相对来说还没有引起足够重视的现状，我们认为，为了罪犯和罪犯的心理健康和谐及生命成长，应该充分利用现有的心理健康教育条件(包括人力、物力和财力)大力推进生命教育，心理健康教育必须走向生命教育。

心理咨询和心理健康教育的一个基本出发点是同理，即咨询者和教育者站在来访者或受教育者的立场，充分理解来访者所遭遇到的各种心理烦扰，帮助来访者自己梳理清楚自己遭遇这些困惑和烦恼的原因，并协助来访者寻找化解烦恼的出路，达到心理和谐健康，即心理咨询中的"助人自助"。在这个过程中，咨询者不能把自己的价值观或者某种特定的价值观"灌输"给来访者，不能有任何先入为主的"偏见"，只能是通过同理达到"助人自助"的目的。这就是心理咨询过程中的"价值中立"原则。

但是结合监狱实际,一方面,很多罪犯心理问题的根源并不是单纯的"心理"问题,而是自己所持守的人生观、价值观所导致的观念冲突或者意义冲突,实际上是生命困顿。因此,单纯的同理化的心理咨询和心理健康教育,实际上并不能找到这些生命困顿的解决出路。另一方面,如果一味地在监狱罪犯中秉持"价值中立"原则的心理咨询和心理健康教育,由于不能给予罪犯以价值引导,往往导致心理咨询和心理健康教育只能解决当下问题而不能"综合治理",只能治标而不能治本。生命教育坚持从生命的完整性、从身心灵多层面关注生命本身。生命教育不仅强调生命的和谐平衡,而且更加强调生命的意义赋予;不仅强调血肉之躯的生命和心理感受的生命,而且强调生命的人文本质和人文意义,强调在文化中、在社会中安顿生命,寻找生命的意义。

(四)采用冥想的技术恢复身心亚健康状态[①]

冥想是用身心体验当下,目标是看破、宽恕、放下、圆融、活在当下、爱与慈悲,实现身、心、灵层面整合。我们可以在创伤后的罪犯中进行冥想技术的训练,这种训练不仅能够起到稳定内心的作用,同时还可以对身体、心理的亚健康群体的恢复有着非常好的效果。

1. 冥想的基本训练

静静地以一个舒服姿势坐着,并闭上你的眼睛,完全放松你全身的肌肉,从脚逐渐到脸;用鼻子呼吸,注意每一次吸气和呼气,但不要刻意做深呼吸;在你呼气的同时,默念"一";轻松、自然地呼吸,持续 10～20 分钟;当你的思绪不可避免地游离时,慢慢地将你的注意力拉回到呼吸和重复"一"上。

2. 身体层面的恢复

中医治疗学强调治疗要从整体出发,注意整体的阴阳气血失调情况,并从协调整体阴阳气血及脏腑的平衡出发,扶正祛邪,消除病变对全身的影响,切断病变在脏腑间相互传变所造成的连锁反应,从而通过整体的治疗效应,达到消除病邪治愈疾病的目的。中医临床学的辨证论治,实际上即是整体治疗观的具体体现。许多医学研究证明:冥想可预防冠心病、高血压、前列腺疾病,还可预防、降低或控制癌症等慢性疾病所产生的疼痛,同时能提高人体的免疫力。有研究者表示,冥想者的技术越高,其免疫系统功能便越好。

3. 心理层面的恢复

心理层面的恢复强调的是身心的整合,当你放下一切烦恼,让身体和心理进入冥想,此时的头脑不用那么累地去掌握每一刻的对错,让身体的每一个细胞开始动作活络起来,把原本的身体秩序打破,再重新组合,慢慢引导出内在的统一,你将会感受到一个全新自信的自己。

[①]　郭永玉著:《精神的追寻》,华中师范大学出版社,2002 年 6 月。

案例分析

某监狱在大地震后采取的心理危机干预案例

本案例以四川某监狱在"5.12"大地震后采取的心理危机干预措施为例,阐述创伤后一般心理问题的干预内容和方法。该监狱构建了较为成熟的心理援助三个层次的工作模式——全体罪犯心理援助、部分罪犯心理咨询、个别罪犯心理危机干预,形成了监狱、监区、分监区的心理援助三级工作网络。"5.12"地震后该监狱运用这三种工作模式和三级工作网络对罪犯开展心理援助取得了积极的效果。

1. 及时提供亲情支持

"5.12"汶川地震发生后,受到地震波及的监狱在安全转移监内人员后,在通信基本恢复时,立即把亲情电话开通到各监区,为罪犯第一时间关注家庭安危开辟了绿色通道。

民警坚持二十四小时值守,以方便罪犯接听或拨打,以便及时地让罪犯了解外面亲人的情况,让罪犯和亲人在电话中相互安慰和鼓励,为罪犯提供及时的亲情支持。这不失为地震中对罪犯进行心理危机干预最直接、最有效的办法。

2. 宣讲救灾知识,消除恐慌

震灾过后,在基本的安全及温饱得到保证之际,心理危机干预工作小组及时介入。在全体罪犯中开展"防震减灾"的专题知识讲座。

讲解防震避灾的科学知识,告诉罪犯余震来临时的求生常识。此外还让罪犯收看电视,关注新闻媒体对灾区的报道,了解抗震抢险的最新情况。这些方法对仍在余震恐惧与威胁中的罪犯而言非常重要。

积极广泛地对罪犯宣讲有关地震方面的知识、如何做好疏散准备、地震时的避震原则、地震时怎样保护自己、抢险救灾及恢复重建知识等,提高大家的防震减灾意识,增强自救和互救的能力。从而消除罪犯可能产生的负面效应及恐慌心理,达到维护好场所稳定,减少人员伤亡,有效地减轻地震造成的损失。在管理区制作地震后心理健康宣传栏并利用监狱小报出版地震后心理健康专辑。在中队心理健康辅助小组的基础上组建震后心理互助组,使罪犯尽量减少无助、害怕、悲伤等情绪。

在群体性教育疏导的过程中,大部分狱所采取的是举办讲座和团体咨询的模式。主要针对犯群中由于地震引起的轻度焦虑、恐惧等情绪进行疏导。这个环节上存在的问题是:大部分罪犯觉得地震对自己影响不大,没有必要学习相关的心理调适知识。我们可以采取的做法有,首先针对罪犯中普遍存在的同情灾区人民的不幸遭遇,惋惜自己不能直接帮助灾区人民的悲悯、遗憾心理,进行悔罪教育,引导罪犯反思自己的过去;其次,利用地震带来的心理震荡效应,引导罪犯重新省视自己的人生,确立具有积极意义的生活目标;更为重要的是将自然灾害视为一类特殊事件,类比罪犯服刑过程中常见的家庭破裂、亲人亡故、财产损失等应激事件,引导罪犯在面对突如其来的变化时建立正确的认知、疏解情绪压力、寻求人际支持,等等。从而引起罪犯学习的兴趣,同时避免犯群中出现歧视因为应激事件表现异常的罪犯的现象。

3. 开展心理健康教育,普及震后心理调节知识

告诉罪犯人在面临自然灾害的时候,都会有一些生理上、心理上、行为上的反应。比如,在生理上很可能会出现疲劳、头痛、失眠、食欲不振、腹泻、晕眩等植物神经系统紊乱症状;而在心理方面,可能会表现出安全感降低、情感休克(如发呆、反应迟钝、精神麻木)与情绪烦躁、逃避、退化、注意力不集中、恐惧、焦虑、忧郁等情绪反应;在行为方面会表现出社交退缩、沉默、典型行为习惯改变、过度活动、逃避与疏离等行为现象。以上反应都属于正常现象,让罪犯学会以平常心态面对。

对于一般的急性心理反应,在采取保护、倾听、陪伴等方法基础上,介绍有利于地震后的情绪舒缓和调整的心理自助方法:如哭出来,喊出来,说出来,写出来,多运动,理出来,不忘记,按时吃东西,睡一觉等。让罪犯根据自己震后的心理状况进行调节并做一些放松和锻炼的活动,帮助罪犯恢复平静。

"5.12"地震后,监狱及时在地震后出现惊慌、不知所措、恐惧等反应的罪犯中,广泛开展了心理干预,进行"精神救灾"。

5月19日,监狱自制的《创伤后心理自救互救宣传手册》和《抗震救灾中的大众心理危机干预〈三字经〉》两本小册子迅速发放到了罪犯手中。

5月20日,监狱组织全狱罪犯开展了"抗震救灾共渡难关,共保平安"的心理辅导。

随后各押犯监区以个别谈话、个别心理咨询等方式对罪犯,特别是家在重灾区的罪犯开展心理救助。同时加大宣传教育力度,告诉罪犯:"我们或许不能预测创伤,但至少我们可以与创伤做斗争。"监狱民警告知罪犯,党和政府正在举全国之力进行抗灾。大家要帮忙,而不要添乱。所谓帮忙,就是要让党和政府、让监狱和民警、让你们的亲人心无旁骛,专注抗灾;就是要安心服刑,力所能及地参与抗灾。

监狱民警融理于情,推心置腹地教育,让心系灾区亲人的罪犯心境洞开,有效缓解群体中恐慌心理的感染,遏制住了影响监管隐患的不稳定苗头。

监狱还对所有罪犯进行心理创伤知识的教育,科学地讲解地震发生后,人们会伴随有哪些负性情绪和心理症状的表现。让他们比对自查,有心理问题的积极主动求助。

参 考 文 献

[1]罗大华,何为民主编.犯罪心理学.北京:中国政法大学出版社,2009.

[2]梅传强主编.犯罪心理学.北京:中国法制出版社,2007.

[3]姚峰主编.犯罪心理学.北京:中国检察出版社,2011.

[4][意]龙勃罗梭著.犯罪人论.黄风译.北京:中国法制出版社,2005.

[5]邱国梁主编.犯罪与司法心理学.北京:中国检察出版社,1998.

[6]张保平,李世虎编著.犯罪心理学.北京:中国人民公安大学出版社,2007.

[7]吕瑞萍著.犯罪与侦查行为心理.郑州:郑州大学出版社,2007.

[8]张明主编.走向歧途的心灵——犯罪心理学.北京:科学出版社,2007.

[9][美]布伦特·E.特维著.犯罪心理画像——行为证据分析入门.李玫瑾,屈名,庄东哲,于阳,
    刘杰,王子涵译.北京:中国人民公安大学出版社,2005.

[10]徐俊文著.犯罪现场之犯罪心理痕迹解读技术.北京:中国人民公安大学出版社,2006.

[11]付有志,刘猜著.破解测谎的密码——心理生理检测在探案中的运用.北京:中国人民公安
    大学出版社,2006.

[12]邱国梁著.犯罪心理学的理论与运用研究.北京:群众出版社,2005.

[13]刘邦惠主编.法制心理学理论与实践.北京:中国政法大学出版社,2002.

[14][美]约翰·道格拉斯,马克·奥尔沙克著.变态杀手——恶性犯罪深层次心理探究.岳盼
    盼,白爱莲译.海口:海南出版社,2001.

[15]张春兴主编.教育心理学.杭州:浙江教育出版社,2002.

[16][奥]阿德勒.挑战自卑.李德明译.北京:华龄出版社,2001.

[17]罗杰·R.哈克著.改变心理学的40项研究.白学军等译.北京:人民邮电出版社,2004.

[18][美]维特·赖特.犯罪学导论(中译本).北京:知识出版社,1992.

[19]姚峰.潜意识创伤:天使还是魔鬼——对一名服刑人员犯罪原因的分析.第四届泛亚太地区
    心理学研讨会论文集,2005.

[20]Datong Huo. Complexe de generation. la relation de mere fils dans le reve chinois(代情
    结——中国人梦中的母子关系),EHESS(法国高等社会科学院硕士论文),1990.

[21]sous la direction de J.-D. Nasio . Introduction aux oeuvres de Freud. Ferenczi. Groddeck .
    Klein. Winnicott . Dolto . Lacan. editions payot et Rivages ,Paris,1994.

[22]姚峰.对一名服刑人员心理动力学分析与启示.犯罪与改造研究,2004(7).

[23]马立骥主编.罪犯心理与矫正.北京:中国政法大学出版社,2009.

[24]姚峰.早期环境对于犯罪心理形成的影响.重庆工商大学学报(社会科学版),2011(1).

[25]姚峰.未成年人犯罪的特点、原因及预防对策.安徽警官职业学院学报,2009(1).

[26]杨持光.犯罪心理学导读.北京:中国水利水电出版社,2006.

[27]中国社会科学院语言研究所词典编辑室.现代汉语词典.北京:商务印书馆,2002.

[28]连春亮主编.社区矫正理论与实践.北京:中国检察出版社,2010.

[29]姚峰.潜意识创伤:天使还是魔鬼.科技风,2008(28).

[30]张保平编著.犯罪心理学.北京:中国人民公安大学出版社,2011.

[31]刘邦惠主编.犯罪心理学.北京:科学出版社,2009.

[32]杜红梅.论家长素质对未成年人犯罪的影响.青少年犯罪研究,2003(6).

[33]蒋索,何姗姗,邹泓.家庭因素与青少年犯罪的关系研究述评.心理科学进展,2006,14(3).

[34][日]森武夫.犯罪心理学.邵道生等译.北京:知识出版社,1982.

[35]姚峰.未成年人的犯罪原因与心理矫治对策.长春理工大学学报(社会科学版),2011(1).

[36]彭聃龄主编.普通心理学.北京:北京师范大学出版社,2004.

[37]张远煌著.现代犯罪学的基本问题.北京:中国检察出版社,1998.

[38]李伟兰.从弗氏人格结构理论的角度分析犯罪心理形成因素.法制与经济,2008(173).

[39]公安部通报七起全国打黑除恶专项斗争典型案例.中国平安网,2009-09-01.

[40]全国十三所高校《社会心理学》编写组.社会心理学.天津:南开大学出版社,1995.

[41]时蓉华.社会心理学.杭州:浙江教育出版社,1998.

[42]徐乃龙.犯罪心理学.北京:群众出版社,2000.

[43]燕振安,油新红.打击和预防黑社会性质犯罪的几点思考.青少年犯罪研究,2000(4).

[44][美]艾滋恩·蒂默著.犯罪学(中译本).北京:群众出版社,1988.

[45]康树华.比较犯罪学.北京:北京大学出版社,1994.

[46][德]汉斯·施奈德著.犯罪学(中译本).北京:中国人民公安大学出版社,1990.

[47]邓又天,李永升著.试论有组织犯罪的概念及其类型.法学研究,1997(6).

[48]陈显荣编著.犯罪与社会对策——当代犯罪社会学.北京:群众出版社,1992.

[49]马立骥.大墙内心理问题探秘.北京:人民卫生出版社,2009.

[50]康树华主编.当代有组织犯罪与防治对策.北京:中国方正出版社,1998.

[51]孙建军.有组织犯罪的心理成因.青少年犯罪研究,1997(8).

[52][日]菊田幸一.犯罪学(中译本).北京:群众出版社,1989.

[53][美]斯蒂文·哈桑著.走出邪教.杨善录,杨菲译.合肥:安徽文艺出版社,2001.

[54]佩佩·罗德里格斯著.痴迷邪教.石灵译.北京:新华出版社,2001.

[55]康树华主编.犯罪学大辞书.兰州:甘肃人民出版社,1995.

[56]马立骥主编.罪犯心理及矫正.北京:中国政法大学出版社,2013.

[57][美]玛格丽特·泰勒·辛格著.邪教在我们中间.刘宇红,黄一九译.长沙:湖南人民出版社,2000.

图书在版编目(CIP)数据

犯罪心理学:理论与实务 / 马立骥,姚峰著.
—杭州:浙江大学出版社,2014.12(2019.8 重印)
ISBN 978-7-308-14193-2

Ⅰ.①犯… Ⅱ.①马… ②姚… Ⅲ.①犯罪心理学—
研究 Ⅳ.①D917.2

中国版本图书馆 CIP 数据核字(2014)第 295898 号

犯罪心理学:理论与实务

马立骥 姚 峰 著

责任编辑	石国华	
封面设计	刘依群	
出版发行	浙江大学出版社	
	(杭州市天目山路 148 号 邮政编码 310007)	
	(网址:http://www.zjupress.com)	
排 版	杭州星云光电图文制作有限公司	
印 刷	浙江省良渚印刷厂	
开 本	710mm×1000mm 1/16	
印 张	15.25	
字 数	290 千	
版印次	2014 年 12 月第 1 版 2019 年 8 月第 3 次印刷	
书 号	ISBN 978-7-308-14193-2	
定 价	29.00 元	